青春知行录

浙江工商大学大学生"乡村振兴"社会实践优秀调研报告集

郑晓春 主编

浙江工商大學出版社 | 杭州
ZHEJIANG GONGSHANG UNIVERSITY PRESS

图书在版编目(CIP)数据

青春知行录：浙江工商大学大学生"乡村振兴"社
会实践优秀调研报告集 / 郑晓春主编. —杭州：浙江
工商大学出版社，2020.1

ISBN 978-7-5178-3533-2

Ⅰ. ①青… Ⅱ. ①郑… Ⅲ. ①农村—社会主义建设—
调查研究—研究报告—中国—文集 Ⅳ. ①F320.3

中国版本图书馆 CIP 数据核字(2019)第 232139 号

青春知行录：浙江工商大学大学生"乡村振兴"社会实践优秀调研报告集
QINGCHUN ZHIXINGLU：ZHEJIANG GONGSHANG DAXUE DAXUESHENG "XIANGCUN
ZHENXING" SHEHUI SHIJIAN YOUXIU DIAOYAN BAOGAOJI
郑晓春 主编

责任编辑	沈敏丽　王黎明
封面设计	林朦朦
责任印制	包建辉
出版发行	浙江工商大学出版社
	(杭州市教工路 198 号　邮政编码 310012)
	(E-mail：zjgsupress@163.com)
	(网址：http://www.zjgsupress.com)
	电话：0571-88904980,88831806(传真)
排　　版	杭州朝曦图文设计有限公司
印　　刷	虎彩印艺股份有限公司
开　　本	787mm×1092mm　1/16
印　　张	15.5
字　　数	368 千
版 印 次	2020 年 1 月第 1 版　2020 年 1 月第 1 次印刷
书　　号	ISBN 978-7-5178-3533-2
定　　价	48.00 元

乡村振兴是包括产业振兴、人才振兴、文化振兴、生态振兴、组织振兴的全面振兴,实施乡村振兴战略的总目标是农业农村现代化,总方针是坚持农业农村优先发展,总要求是产业兴旺、生态宜居、乡风文明、治理有效、生活富裕,制度保障是建立健全城乡融合发展体制机制和政策体系。

　　　　　　——党的十九大做出了实施乡村振兴战略的重大决策部署

编 委 会

卷 首 语

青年兴则国兴,青年强则国强。2018年5月2日,习近平总书记在北大师生座谈会上对青年学生提出了"爱国""励志""求真""力行"八字要求,鼓励广大青年成为实现中华民族伟大复兴的生力军,肩负起国家和民族的希望。多年来,浙江高校始终坚持将立德树人作为第一要义,浙江大学生奋力担负起作为社会主义合格建设者和可靠接班人的使命与担当。大学生社会实践,作为高校实践育人的重要载体,重点突出了"专业性""服务性""科学性""参与性""能动性"等原则,不断推动着浙江大学生在社会实践中受教育、长才干、做贡献。

党的十九大报告指出,农业农村农民问题是关系国计民生的根本性问题,必须始终把解决好"三农"问题作为全党工作的重中之重,实施乡村振兴战略。作为"绿水青山就是金山银山"理念诞生地,浙江省坚持绿色发展理念,加强顶层设计,在全面深化改革中深入推进乡村振兴战略。助力浙江乡村振兴建设,深入推进实施大学生暑期社会实践,是浙江大学生以实际行动积极投身乡村振兴的重要举措之一;大学生在深入实施乡村振兴战略中发挥着重要作用,也将在助力乡村振兴过程中实现自身的人生价值。

近年来,浙江大学生暑期社会实践内容丰富,针对性强,成果显著。本书编委紧扣时事热点,以大学生助力乡村振兴为主题,精选来自浙江工商大学暑期"三下乡"的真实案例,汇编成此读本,填补该校近年来社会实践校本读本的空白。读本共选取了38篇大学生暑期社会实践专题报告,编委会根据实践内容分为精准扶贫、乡村教育、乡村经济、乡村生态和乡村文化五个篇章。在乡村经济篇,大学生实践团立足农村转型升级、现代化建设,走进杭州、湖州、台州、丽水等地乡村,运用博弈论、SWOT分析等理论,探寻农村因地制宜、"美丽经济"、"机器换人"等多元创新的现代化经济发展之路;在乡村教育篇,大学生实践团关注乡土教育,关爱农村留守儿童,从大学生支教、乡土教材开发、农村素质教育及国学教育等方面探讨青年助力乡村教育的有效措施;在乡村文化篇,调研团队实地走访调研景宁畲族模式、临安《钱氏家训》、上虞项家村自主治理、村嫂志愿模式及乡村文化礼堂,多方位多角度关注乡村振兴新模式;在乡村生态篇,调研团队将专业知识学以致用,关注新安江流域、海宁长安镇河道,运用科学的研究方法总结水环境污染的演变方式及影响,并提出建议与对策;在精准扶贫篇,调研团队深入基层了解民情,从农业产业发展、人力资源开发、食品安全创建工作等方面探讨精准扶贫之策,为乡村振兴献计献策。本书一方面作为大学生助力乡村振兴社会实践成果的展示,另一方面可作为在校大学生开展暑期"三下乡"社会实践的参考用书。

本书的出版要感谢浙江工商大学全校师生的大力支持,每名大学生在大学本科期间至少参与一次假期社会实践。经过数十年的不断推进与发展,学校团委积累了颇为丰厚的指导经验,专业教师积累了较为直观的课外教学经验,大学生积累了更为广阔的社会经验。因此,本书要献给为了参加每一年开展的实践而牺牲寒暑假的师生们,是他们的努力才得以让这一内容丰富的校本读本以现在的面貌和读者见面。

此外,本书的汇编过程得到了数十位青年团干部的大力支持。整本书在原有成果的基础上保留大学生作者署名,分别再经由浙江工商大学丁汀、王玲炜、韦诗婷、张华、郑云华、郑晓春、谢晓梅等多位青年教师改写与反复校对后,才得以汇编出版。当然,由于编者水平有限,这次汇编的社会实践读本尚且稚嫩,还存在许多不足。不当之处敬请各位读者批评指正。

浙江工商大学团委

2019 年 2 月 20 日

目　录

精准扶贫篇

欠发达地区乡村振兴的问题与对策

　　——以丽水市青田县村庄为例 ………………… 吴巧巧　水芬叶等 / 3

聚焦精准扶贫,助力乡村振兴

　　——宁夏中卫沙坡头贫困村专题调研 …………… 徐　明　尹诗芳等 / 9

乡村振兴·走进美丽大洋镇

　　——丽水市缙云县大洋镇利民项目调研 ……………………… 胡文豪 / 17

打造特产电商,助力精准扶贫

　　——以广西博白县为例 ……………………………………… 庞飞翔 / 23

乡村振兴视角下"果旅结合"模式的实施效果及推广

　　——基于浙江省丽水市莲都区太平乡的实证研究 ……… 叶鑫涛　陈怡茗等 / 28

调研食品基地,助力乡村振兴

　　——桐庐钟山乡暑期社会实践 …………………………… 何方舟 / 41

乡村振兴视域下的人力资本研究

　　——以丽水市青田县为例 ………………………… 钱优楠　王　蕊 / 45

"同走霞客'申遗'路,共筑乡村振兴梦"暑期实践调研报告 ………… 贾健苛　岳　梦等 / 50

乡村教育篇

关于流动党课进基层情况的调查

　　——以湖州市龙溪街道为调查对象 …………………………… 唐诗婕 / 63

绩溪上庄镇本土文化教育调研报告 …………………………………… 金哲毅 / 72

探索大学生"春泥计划"关爱留守儿童健康成长的有效模式

　　——以浙江工商大学财会学院彩虹小分队为例 ……………… 吴姣姣 / 76

丽水市莲都区外来务工人员随迁子女及留守儿童教育现状调查

　　——以三胞树人小学八个家庭为例 ……………………………… 梅文韬 / 80

大学生暑期支教社会实践活动现状分析及对策研究

　　——以安徽省宣城市上庄毓英学校支教队为例 ……………… 傅妮彬 / 86

浅谈农村经济发展情况下小学素质教育现状

　　——以建德市三都镇为例 ………………………………………… 黄丽雯 / 90

基于安徽寿县刘岗镇农村留守儿童生活现状的调研报告 …………… 冯　钰 / 93

外来务工子弟国学兴趣培养调查

　　——以桐庐县创业学校为例 ……………………………………… 舒诗倩 / 99

乡村经济篇

美丽经济的发展之道

　　——以丽水市青田县为例 …………………………… 黄之隽　杨　欢 / 105

博弈视角下信用合作社应如何建设稳定农村金融体系的机理研究

　　——以温岭农商银行为例 …………………………… 谷建瀛　郭航希等 / 110

机械为刃，破茧成蝶

　　——基于 Logistic 模型的农户农业机械投入意愿分析 ……… 黄　骏　平垚锋等 / 117

在乡村振兴背景下针织产业转型升级的思考

　　——以浙江省桐庐县横村镇为例 ………………………………… 汪洋帆 / 123

SWOT 分析视角下合村乡旅游吸引力的提升调研报告 ………… 卢　湘　黄绍婷等 / 128

民宿经济体对乡村带动效应的研究

　　——以丽水市松阳县云上平田民宿群为样本 ……… 陈　盼　钟家琪等 / 133

丽水市松阳县产旅融合发展路径探索 ……………………… 徐梦洁　陆慧梅等 / 141

新时期海岛背景下的乡村振兴

　　——以台州市椒江区大陈岛为例 ………………………………… 陈　静 / 145

乡村生态篇

基于市场激励的农村水环境污染协同管理机制创新研究

　　——以新安江流域为例 ……………………………… 嵇乐君　许蒋鸿 / 153

海宁市长安镇"碧水行动"暑期实践调研报告 ………………………… 丁婧雯 / 165

乡村振兴战略背景下的"美丽乡村"建设

　　——以浙江龙泉部分乡村为例 …………………………………… 陈东美 / 173

建设绿色家园　提倡垃圾分类

　　——基于杭州市萧山区党湾镇梅东村"美丽乡村"建设的调研报告 …… 吴　筱 / 177

关于绍兴市上虞区蒿东村"垃圾分类、五水共治"进展情况调研报告

　　　　　　　　　　　　　　　　　　　　　　　　潜浩杰　李楚妍等 / 181

十年"限塑"再审视

　　——以浙江省杭州市桐庐县横村镇为例 …………… 马　萌　胡佳柯 / 187

关于农村居民对"资源再利用"的认知度调研

　　——以杭州市余杭区普宁村为例 ………………………………… 陶宁遥 / 191

关于改革开放 40 年来我国农村环境变革与居民环保意识的调查研究

　　——以浙江塘栖古镇为例 ………………………………………… 沈灿丽 / 196

乡村文化篇

从文化参与走向自主治理的路径探索

　　——绍兴市乐和家园项目的经验启示 …………… 杨绪杨　王国栋等 / 203

寻村嫂志愿服务模式　探乡村振兴发展方向 …………… 褚鑫蕊　孙　澜 / 209

关于杭州市临安区"家风家训"建设的调研报告 ………………… 金　硕 / 219

文化礼堂建设如何走向新高度

　　——关于浙江省丽水市文化礼堂发展的调研报告 ………………… 詹莉琦 / 224

少数民族乡村的振兴之路探索

　　——基于丽水市景宁畲族自治县的调研报告 …………………… 戴　月 / 228

乡土文化的传承与传授

　　——以田洋陈村暑期乐园乡土教材实践调研为例 ……………… 黄施施 / 233

精准扶贫篇

扶贫要实事求是,因地制宜。

要精准扶贫,切忌喊口号,也不要定好高骛远的目标。

三件事要做实:

一是发展生产要实事求是,

二是要有基本公共保障,

三是下一代要接受教育。

——习近平 2013 年 11 月 3 日至 5 日在湖南考察时的讲话

欠发达地区乡村振兴的问题与对策

——以丽水市青田县村庄为例

浙江工商大学公共管理学院　吴巧巧　水芬叶　葛佳楠

摘　要：农业农村农民问题是关系国计民生的根本性问题。实施乡村振兴战略,解决好"三农"问题是全党工作的重中之重。欠发达地区的乡村如何进行开发和建设,是乡村振兴战略全面实施的难点。本研究选取丽水市青田县村庄为代表,对村庄经济、文化等各方面存在的具有典型性的问题进行深入探讨,合理规划具有普适性的欠发达地区乡村振兴之路。

关键词：乡村振兴　欠发达地区　因地制宜　融合发展

一、调研背景

随着乡村振兴战略的提出,"三农"工作成为今后一个时期内全党工作的重中之重。中国农村基数大,各乡村发展程度参差不齐。其中,欠发达地区的乡村如何进行开发和建设,给乡村振兴工作提出了更高的要求,也是乡村振兴战略全面实施的堵点、难点。

本研究选取丽水市青田县村庄作为"欠发达地区"的村庄代表进行调查研究,主要原因如下：一是青田县村庄集体经济薄弱,基础设施落后,多为"空心村",且老龄化严重,村庄存在的问题具有一定的典型性和代表性；二是在乡村振兴大背景下,青田县村庄利用自然禀赋,巧用侨乡资源,合理规划村庄振兴之路,其经验易复制借鉴,可为各乡村提供参考。

二、调研目的

(1)推动青田县村庄乡村振兴战略的实施。

(2)总结"青田"经验,拓宽发展道路,推广优质模式。

(3)促进脱贫攻坚与乡村振兴战略的结合与共同发展。

三、调研内容

(一)村庄现状及存在问题

以青田县村庄为代表,欠发达地区在乡村振兴中存在诸多共通性问题。

1. 村庄布局分散,资源浪费矛盾凸显

首先,青田县的村落布局分散,19万多的农村人口分布在414个行政村和560个自然村；其次,因青田县精壮劳动力多数外出就业,村庄实际常住人口不足百人,且多以老人幼童为主；再次,青田县山地丘陵面积广阔,交通不便,偏远村庄村民多在县城买房居住,农村房屋大量闲置。面对分散的村庄布局、人口分布和偏远的地理位置,政府拨巨额资金用于基础建设及后期维护。但如此规模的投入,由于常住人口的年龄限制,使用效率并不高。青田县村庄布局不仅造成了大量土地资源和公共基础设施的浪费,还增加了政府的管理难度。

2. 村民缺乏主动性,自主发展意识薄弱

青田县是中国有名的侨乡,村内缺乏有效劳动力和治理主体,村级产业凋敝。虽市县历届党委、政府都制定出台了鼓励村级集体经济发展的相关政策,但因多数村干部存在"等、靠、要"的惰性思想,极度缺乏主观能动性,安于现状,缺乏经营管理、自我发展理念,以及村民缺乏建设村庄的主动性,导致政策落实不到位,资源优势未能转化为经济优势,村级集体经济落后。

3. 村级人才缺失,人力资本流失严重

农村实用型人才队伍建设是农业农村人才工作的重点领域,是乡村振兴战略、人才强农战略的关键环节。青田县人力资源和社会保障局全面落实农村实用人才建设和农村人力资源开发有关政策,为农民提供技能培训。但参训农民可选择的受训技能比较单一,拿到职业资格证后多出国就业,人才流失严重;现留在农村的"土专家"多靠其实践积累,难以将其技能应用到实际项目建设中。农村实用人才分散作业,难以集中,缺乏主动性和积极性,实用型人才队伍建设举步维艰。

4. 村庄治理乏力,村级社会认同弱化

青田县村庄治理乏力,经走访调研,主要情况如下:第一,各村干部年龄普遍偏高,学习能力、政策处理能力偏低,在推动村庄发展过程中心有余而力不足;第二,村庄人力资本积累不足问题突出,村内多是"三留守群体",因此村内的文化活动几乎为零,村级事务参与程度低,村内组织化程度堪忧;第三,村庄外来劳动力流入多,且多租用村内闲置房屋,使得村庄边界趋于模糊化、村庄治理趋于无序状态,存在就地城镇化倾向。村庄治理结构、组织程度、管理方式均落后于村庄发展的现实要求,村级社会认同感亟待增强。

5. 产业业态单一,农产品附加效益弱

村庄农特产品是村内常住人口收入结构的重要组成部分,然而,受制于村庄自身能力和发展思维局限,农特产品的作用并未得到很好的发挥。一方面,村庄内产业业态单调;另一方面,村庄没有形成整体化思路,无力形成品牌集聚效应,缺少宣传推广销售渠道。以青田的杨梅、田鱼等特色农副产品为例,此类农特产品多采用"周边消化、个体销售"的方式,未形成产业链模式,缺乏农特产品衍生品探索,附加价值几乎为零。单一的农产品在此种经销思路下,自身的价值并未得到充分展现,既不利于规模化经营,也无益于品牌宣传。

(二)治理措施

完成青田县现状调查后,本小组对相关治理措施进行了调研。基于"产业兴旺、生态宜居、乡风文明、治理有效、生活富裕"的总体要求,青田县立足于自身资源禀赋,依托华侨力量建设世界青田品牌,通过以点带面、靶向投入的方式,形成具有青田特色的乡村振兴之路。

1. 立足特色资源,促乡村产业兴旺

乡村振兴,产业兴旺是推进经济建设的首要任务。在乡村振兴工作中,青田县因"九山半水半分田"的地理形态,产业结构以二、三产业为主,第一产业占比最小,且不同地区之间存在较大差异。在此现实基础上,青田县以"农居旅"融合、"工旅文"互通,探索三产融合之道,助力乡村振兴。

2．以点带面，着眼"农居旅"融合

青田依托生态资源优势，通过农业与民宿特色村相结合，农业与观光体验相结合，农业与美丽乡村风景线相结合，深拓"农居旅"融合之道。依托"稻鱼共生"系统，青田在继承传统农业技术的基础上，深入挖掘稻鱼农耕、民俗饮食等文化元素，积极推动集稻鱼共生系统保护和技术示范、农业文化遗产展示、农耕文化体验观光为一体的稻鱼共生观光农业发展。

目前，青田县采用"靶向整合资源、示范先行"的工作方式，成功打造3条精品旅游线路——"侨石风景线""方山非遗线""千峡探源线"，为游客提供"品味农家菜肴""体验农耕文化""采摘新鲜作物""走进农家生活""欣赏乡村风情"等休闲服务项目，形成"农业生产＋农民生活＋游客观光"的生动局面。

3．创新发展，探索"工旅文"互通

工业在青田三产结构中占比最大，其中采矿、石雕是青田工业经济中的两大支柱。基于可持续发展和美丽乡村建设理念的提出，青田在吸取原有无序开采导致资源枯竭的教训上，促进工业、旅游业和文化产业的互通发展。目前，青田县已打造全国唯一石文化主题景区——国家4A级中国石雕文化旅游区、石雕博物馆、千丝岩文化公园、中国石雕城。

此外，青田县紧紧围绕打造"中国石文化之都"的目标，以"文旅＋"的形式推进青田石雕文化产业转型升级，立足石雕产业特色建设石雕文化旅游休闲集聚区，积极拓展石雕文化、生态景观、休闲度假等多种延伸功能，发展集观光、购物、休闲为一体的石雕文化旅游，借助特色石雕资源带动产业融合、促进经济发展。

4．坚持品质提升，助乡村生态宜居

乡村振兴，生态宜居是关键。只有在充分发挥乡村资源优势，认清乡村生态价值、生活价值的基础上，才能更好地展现乡村宜居之功能，更好地满足村民对生活品质的现实需求。

（1）落实垃圾分类。

在农村生活垃圾分类处理上，青田县主抓四方面的工作机制。一是强化组织保障，青田以县长为组长，成立工作小组，以"一级抓一级、层层抓落实"的工作机制，大力推进农村生活垃圾分类工作落到实处。二是完善资金保障，全县2018年共计安排农村生活垃圾治理资金4200万元，其中2500万元用作农村生活垃圾分类处理设施建设资金。三是落实工作任务，全县累计完成63个行政村105处农村垃圾分类宣传建设和11个村86处固定投放点建设，共发放户内垃圾桶10856个，户外垃圾桶1944个。10个省级试点村涉及的7个三化处理站（减量化、资源化、无害化）。目前已开工建设的有2个站，完成财审进行招标投资的有1个站，其余4个站分别在设计当中。四是做好人员配备工作，全县除环卫工人和保洁外包的村，已配备村级保洁人员632人，落实村庄的日常保洁工作。在实地走访的乡镇街道和村庄中，垃圾分类的宣传标语随处可见，整体营造出干净整洁、分类有序的生活环境。

（2）整治生活污水。

青田县级层面今年预完成15个村庄的提标改造任务和302个村庄的审计验收工作。目前已完成8个村庄的提标改造任务，6个村庄处于建造过程，1个处于设计阶段。审计验收工作完成182个村庄，审计率达到60.26％。同时各村庄配套硬件设施，并通过宣传、教育、引导等方式做好村民思想工作，摒弃"随意排污水、用农药"的旧习惯。

（3）坚持厕所革命。

随着厕所革命在全省范围内的广泛开展，青田县今年预完成642座农村公厕对标改造、提升改造和补缺建设任务。目前县农办已整合相关工作资源,抽调 3 人专门负责农村厕所改造提升工作,并对全县 407 个行政村进行两次摸底调查。数据显示,乡镇上报全县有公厕的行政村 349 个,公厕共计 748 个,还有 58 个行政村无公厕。青田县将完善配套设施作为现阶段厕所革命的第一步,下一步将着眼于落实公厕的日常管理,培养村民的卫生意识,平衡公厕与家厕的关系,切实提升乡村人民的生活质量。

5. 激活人力资本,促乡村生活富裕

美丽乡村建设中,产业兴旺是基础,生态宜居是关键,但核心要义在于充分重视并且发挥人力资本的作用,立足生活富裕,走人才振兴之路。

(1)把握结构特征,分析人力现状。

青田县作为华侨之乡,不管是在人口结构还是人力资源的流动、积累上都存在独特性,总体呈现出以下特征:一是华侨的"桥梁"作用弱化。实地调研表明,华侨出国就业方向主要为餐饮服务类,与故乡的联系主要在于家中的老人与孩子;归国华侨多是抱着"落叶归根"的心态,而不是旨在助推乡村发展,即华侨这一"金名片"多发挥于自身和家庭生活的改善,而少有以乡贤身份参与村庄的发展与治理。二是本地人口老龄化与外来人口流入并存。青田县各乡镇街道现阶段多为"三留守人群",参与村庄建设发展动力不足,协同村庄治理能力欠缺,导致现阶段乡村几乎无文体队伍活动,鲜有发展活力,使得条件一般的村庄或就地城镇化,或趋于衰退和边缘化。与此同时,青田县内大批的城镇项目工程与就业机会,吸引着大量的外来人口流入。

(2)着眼华侨优势,集聚品牌效应。

目前,青田主要从三方面入手:一是以华侨力量建造侨乡进口商品城,推动实现"出口商品看义乌,进口商品看青田"的目标。该商品城中集聚了 60 多个国家的 4 万多种商品,并于 2017 年底成功建成一期第一、二、三、四市场,总量首次突破 100 亿元大关。二是以华侨文化形成独有的欧式风格。青田提出"国际名品集散中心"的建设构想,把世界各地精致商品带回青田,策划侨乡进口商品城项目,搭建面向全国的进口商品展销平台,让不同国家的文化集聚于此。三是以华侨优势举办红酒博览会,打造青田红酒集散中心。以"世界青田"为品牌,助力乡村振兴。

四、调研分析与建议

在对青田县村庄存在的问题及治理措施完成调研后,本小组进一步剖析扶贫政策、振兴战略,学习青田模式,总结建议如下。

(一)统筹规划村庄布局,引导村民搬迁

坚持"合并小型村、缩减自然村、拆除空心村、搬迁高山村、保护文化村"的工作思路,合理规划村庄布局,对自然条件恶劣或居住条件不便的山区村,纳入下山转移范围,对常住人口稀少的小型村、空心村进行适当合并。

坚持因地制宜、因户施策的原则,综合考虑搬迁群众的生存环境、自然条件、经济能力、劳动技能和生产生活习惯,合理确定搬迁对象和安置方案。

(二)做强基层干部队伍,激发村庄活力

健全村干部的考核机制,加强奖惩力度,对多干事、干实事的村干部进行物质和精神奖

励,对于"做一天和尚撞一天钟"的村干部及时进行警告或惩罚,推动村干部对于职责的自我认识,为村庄治理主体注入强心剂。

政府应发挥宣传引导作用,转变村民"出国好"的落后思想,鼓励村庄村民独立经营、创造收入,减少对外经济的依赖。针对村民创收建立一定的激励机制,鼓励村民在乡就业创业,实现人力资本积累,激发村民、村庄自我发展的主动性,以激活村庄活力。

(三)加强基础设施建设,积累人力资本

根据乡村地方情况,从农业水利、交通及市政、公共服务工程、文化旅游、生态环境等方面入手,通过各个项目的建设,带动当地产业振兴和经济发展,增加就业岗位,为当地发展吸引优秀人才、留住优秀人才。同时加快乡村基础设施的建设和社会公共服务的提供,保障农村居住人口的民生权益。在为农民创造良好就业、生活环境的基础上,加强农村实用人才培训,打造一支真正的农村实用人才队伍,助力人才强农战略的实施。

(四)优化乡村治理结构,带动乡村发展

针对村干部能力不足,政府应当在选优育强乡村"领头雁"上下功夫。第一,要加强对现有村级干部的培训教育,重点关注与村庄现阶段密切相关的工作意识和技能的培养。第二,政府应当做好后备人才的培育工作,发现和集聚一批"懂农业、爱农村、爱农民"的工作队伍,做实人才衔接工作。第三,针对村庄范围内社会认同不足的问题,应当积极探索"文化走亲",要发现和培育一批专门服务于乡村的社会化组织,为村民提供多样化的生产生活宣传与帮助。

(五)依托区域公共品牌,形成乡村名片

县级层面应当积极探索和发现具备发展优势的农特产品,做好产品的推介和品牌的培育,形成区域公共品牌。同时,要重点引入和培养一支集"品牌设计、推介宣传、市场营销、后期服务"于一体的品牌设计团队,集中力量打造区域农特产品"金名片"。在此基础上,要通过发挥涉农平台的作用,提升区域内具备相关农特产品村庄的整体效益,将区域公共品牌的作用辐射到村社,切实拓宽村民增收致富的渠道,提升生品质。

五、总结

在中国特色社会主义新时代,乡村振兴战略的制定与实施举足轻重。在乡村振兴不断推动的过程中,振兴成效在区域发展上不平衡的特点也越来越明显,形成了发达地区和欠发达地区的两极分化。乡村振兴作为一个整体战略,欠发达地区的乡村振兴是事关战略有效推进的关键问题。只有因地制宜,采取有效措施,打破欠发达地区乡村振兴停滞困境,才能实现农业强、农村美、农民富的美好愿景。

欠发达地区的乡村振兴任重而道远。通过浙江丽水青田县的个案调研,本小组发现欠发达地区乡村振兴具有诸多的共通性问题,而这些问题的解决正是乡村要振兴的基础和核心。因此,欠发达乡村应在现有条件下,依托已有的优势基础,充分利用当地独特的人文、自然资源,通过政府、村两委、村民、乡贤以及外部资本等多元主体的联动治理,打破现有困境,发展特色产业,提高治理能力,打造生态文明,将劣势转换为优势,从而形成具有特色的乡村

振兴道路。

编者按

　　积极引导大学生"了解农村、关注农业、关心农民",增强大学生的社会责任感和团队意识,激发大学生投身乡村振兴的热情,是高校社会实践活动的一个主题。该实践团队以丽水市青田县村庄为调研对象,从地理、人文、制度等多方面对村庄发展现状、典型性问题及治理措施进行深入调研,总结"青田经验",为欠发达地区走乡村振兴道路提供借鉴。通过实地走访考察,让实践团队获得直观感受,促进大学生认知社会、了解民情、服务乡村振兴建设,具有现实的指导意义。

聚焦精准扶贫，助力乡村振兴

——宁夏中卫沙坡头贫困村专题调研

财会学院　徐　明　尹诗芳　胡杨怡　谢雨涛　尤林慧

余锁锁　许新益　陈思怡　盛宇洁　周亭廷

摘　要：我国城乡发展不平衡、农村发展不充分的问题在少数民族地区尤为显著。因此少数民族地区乡村振兴战略的实施困难重重。为扎实推进宁夏回族自治区乡村振兴战略，我校联合清华大学、中南大学、华东师范大学、华南理工大学、苏州大学、北京化工大学、西北政法大学、上海立信会计金融学院等8所高校学生组织成立宁乡筑梦实践联盟，以"聚焦精准扶贫，助力乡村振兴"为主题在宁夏回族自治区中卫市沙坡头区贫困村开展专题调研，通过对接政府、走访农户、召集乡村干部、参观企业等方式，广泛听取各方面的意见、建议，形成此调研报告，为乡村振兴献计献策。

关键词：宁夏回族自治区　精准扶贫　学生组织　专题调研

一、调研背景

党的十九大报告提出实施乡村振兴战略。这是党中央着眼全面建成小康社会、建设社会主义现代化强国做出的重大战略决策，也是中国特色社会主义进入新时代，对解决"三农"问题提出的新要求。

在乡村振兴战略推进的过程中，不平衡性与不充分性是推进的巨大阻力。其中，最大的不平衡是城乡发展不平衡，最大的不充分是农村发展不充分。宁夏回族自治区的发展就存在这样的弊病，其兼有发展不平衡地区与少数民族地区发展落后的特点，具有典型性与特殊性。

为扎实推进宁夏回族自治区乡村振兴战略，宁乡筑梦实践联盟作为一个高校联合实践团队，以"聚焦精准扶贫，助力乡村振兴"为主题在宁夏回族自治区中卫市沙坡头区贫困村开展实地调研，为农村的改革发展献计献策。

二、调研概况

（一）宁乡筑梦实践联盟概况

宁乡筑梦实践联盟由浙江工商大学财会学院学生第一党支部发起，联合清华大学、中南大学、华东师范大学、华南理工大学、苏州大学、北京化工大学、西北政法大学、上海立信会计金融学院等8所高校学生组织，以"聚焦精准扶贫，助力乡村振兴"为主题开展专题调研。该联盟总人数多达40人，且有30人为各高校学生组织骨干。此外，参与此次活动的预备党员多达 7 名,他们在本次活动中起到了良好的模范带头作用。

在此次活动开展过程中,我们联盟使用扁平化的组织结构,设置团长 1 人,执行团长 1 人,分管团长 4 人,下设政府部、企业部、宣传部、访谈部、后勤保障部等 5 个部门,其中政府部兼任秘书处工作。联盟强调"三个最大化",即人员利用最大化、资源配置最大化、工作效率最大化。在工作中,各部门间分工明确、相互协作,给本次活动注入了不竭的动力,也进一步丰富了社会实践内涵,深化了实践育人实效,提升了实践联盟成员的综合素养。

(二)调研地概况

宁夏回族自治区有 8 个国家级扶贫开发工作重点县,1 个自治区扶贫开发工作重点县。

中卫市贫困地区共涉及 28 个乡镇 210 个重点贫困村,其中:沙坡头区 6 个乡镇 28 个村,中宁县 4 个乡镇 41 个村,海原县 18 个乡镇 141 个村,海原县为国家级贫困县。2017 年,全市减少贫困人口 3.87 万人,36 个重点贫困村销号,贫困发生率由 2016 年的 11.3% 下降至 7.2%,下降了 4.1 个百分点。

目前,全市各县区基本建档立卡贫困人口统计情况如下表所示。

表 1　中卫市 2018 年建档立卡贫困人口统计表

县区	贫困乡镇（个）	剩余重点贫困村（个）	未脱贫建档立卡人口		贫困发生率（%）
			户数	人口	
海原县	18	35	12212	44535	11.0
中宁县	4	33	3630	13648	5.5
沙坡头区	6	21	1814	6927	2.8
总计	28	89	17656	65110	7.2

其中位于宁夏回族自治区中卫市沙坡头区兴仁镇的泰和村,收入来源以物流、劳务输出、畜牧养殖及退耕还林等国家政策性补助为主。泰和村贫困现象严重,精准扶贫迫在眉睫。

为确保通过国务院扶贫开发领导小组考核评估,中卫市计划加强脱贫销号及提高农业人均可支配收入。通过易地搬迁、金融扶贫、扶贫培训、扶贫资金管理、精准识别等项目深化落实专项扶贫政策;通过产业扶贫、社会扶贫、改革试点,推进中卫市脱贫攻坚重点任务计划的完成。

三、调研内容

(一)地区现状及贫困落后原因

实践团经过调查分析,发现当地无法聚焦精准扶贫、顺利开展乡村振兴的主要原因有如下几个方面。

1. 自然条件恶劣

多数贫困户居住地区十年九旱,靠天吃饭,农业得不到发展;且地貌上沟壑纵横,山峦起伏,以致交通不畅,通讯落后,信息闭塞。在这种条件下,传统产业得不到增值,有效资源不能充分开发利用,难以形成增收致富的支柱产业。

2. 劳动力素质偏低

多数贫困户家庭成员文化素质相对较低,发展家庭经济缺计划、缺技术、缺管理能力。加之贫困户小农意识根深蒂固,思维方式和行为方式落后,小富即安,"等、靠、要"的依赖思想严重,凡事都等国家和社会的救助。尽管有些贫困户有摆脱贫困的愿望,但由于思路不清、观念不明、缺少引导,导致尝试失败,最终失去了脱贫致富的信心和勇气。

3. 子女上学致贫

农村大部分幼儿园和小学班级软硬设施不全,导致农村孩子在幼儿、小学阶段就跟随父母外出上学。同时还有一些家长为了照顾子女上学,只能寄居或租住在有学校的城镇,这大大增加了家庭负担。实践团通过访谈了解到,一个高中生每年需支出3000元左右,一个大学生需10000—20000元,而贫困家庭的人均收入每年却不到3000元,一些贫困户家庭因子女上学已负债累累。

4. 因灾因病返贫

一方面,自给自足、靠天吃饭的农业生产无法抵御旱、涝、风、雪、雹、霜和虫害、疫情等频发的自然灾害;另一方面,贫困户中有长期生病或重大疾病患者,不能通过劳动获得收入,高昂的医疗费用导致一些农民债台高筑,甚至重新返贫。

5. 因婚致贫

实践团通过调查发现,回族贫困家庭大多都有3个及以上孩子。结婚时,对于男方家庭而言,需借贷近30万元的债务,其中20万元用于彩礼,剩下10万元用于婚宴等各方面支出;对于女方家庭而言,出嫁女儿类似于"卖女儿",大量收入将贴补自家男性结婚时使用。除此之外,回族婚嫁份子钱也是一笔不小的开支,近亲随1万—3万元已是家常便饭。这样的风俗导致结婚会给家庭带来巨大的经济压力。

6. 子女养育负担较重

回族同胞宗族意识强,养儿防老的观念深入人心,甚至不生男孩誓不罢休。在走访的过程中,一户贫困家庭生有7个女儿,家徒四壁,生存都成了问题;家中父亲表示:还要继续生,生到男孩才踏实。众多孩子造成极大的家庭负担,且教育质量跟不上,一贫就是几代人。

(二)地区推进乡村振兴战略存在的问题

1. 精准扶贫工作存在的问题

自精准扶贫工作开展以来,中卫市沙坡头区多措并举、分层施策,在扶贫工作中动脑筋、讲策略,在扶贫攻坚战中取得显著成效。但具体实践中,仍存在一些不容忽视的问题。

(1)精准识别信息不准确。

扶贫识别是精准扶贫的基础工作,其目的是把贫困的对象找出来,避免扶贫资源投放打偏跑漏,使真正符合帮扶政策的个体得到有效扶持。然而现实中由于贫困户成员的文化素质低,思想觉悟有偏差,加之部分群众对贫困识别工作不了解,对入户调查工作不支持,影响了精准识别的准确度,导致了以下状况。第一,农户参与度不够。真正贫困的农户因家庭困难,部分家庭成员疾病缠身,部分成员外出打工,对乡村扶贫工作无心过问;也有部分贫困户对建档立卡不关心,不愿配合镇村干部入户调查,觉得无所谓,又耽误自己时间;更有些非贫困户得知有优惠政策又抢着当贫困户,造成识别不准。第二,扶贫工作者掌握农户家庭收入情况及对其信息进行动态化管理难度很大。因为仅凭人均纯收入并不能准确地界定贫困户，且农民的隐性收入和银行存款也无法准确把握。第三，一些农村干部工作方式方法不能适应新形势的要求，对贫困人口认识有偏差，认为精准扶贫建档立卡是搞形式，扶贫到户不一定能兑现，对建档立卡动态管理工作不够重视；且识别过程缺乏刚性标准，难以做到让群众心服口服。

（2）精准帮扶缺乏差异性。

贫困户致贫原因多种多样，有因病致贫、因婚致贫、因学致贫、要素缺乏致贫、自然规律致贫，等等。因致贫原因不同，贫困户对帮扶有着不同的需求，如生产救助、学业救助、大病救助、房屋改造、低保救助、担保贷款等各有差异。在扶贫工作中，一户一策与一村一策的扶贫理念是很有必要的，但是现实层面看，扶贫工作者缺乏这样的人力、物力和财力，所以这样的理念只能束之高阁。因村制宜和因户制宜的扶贫措施做得并不到位。

（3）部分贫困户素质较低，"等、靠、要"思想严重。

俗话说："人勤地生宝，人懒地长草。"调研发现，部分贫困户是因为懒惰而导致贫困的，他们宁愿躺在家里等待救助，也不愿用辛勤劳动去致富。例如，实践团从金沙村老支书口中了解到这样的情况："有些被扶贫的农户不懂得感恩，'等、靠、要'思想严重，完全是因为自己懒惰不愿意劳动而贫困，给他补助一些，拿了钱就吃喝玩乐，甚至打麻将赌博去了。所以，扶贫也要扶勤不扶懒，有些人真是不值得一扶。"

尽管懒惰和不务正业而导致贫困的农户在贫困农户中只是较小的比例，但是这些人对扶贫物资与资金的使用，让扶贫工作遭遇了极大的正义性挑战，反而产生了消极效应。

（4）部分村干部工作积极性不高。

村干部处在农村工作的第一线，担负着贯彻落实党的路线、方针、政策，密切党和政府同人民群众的联系、带领群众致富奔小康的重任，是确保党在农村实施核心领导作用的关键群体。村干部的工作积极性与村内工作和村内事业发展有着直接联系。

实践团在调研中发现村干部工作积极性并不高，原因如下：一是干部职位缺少吸引力。村干部待遇偏低，无发展空间，且大部分村干部都是当地的能人，致富能力强，谋求其他机会会比当干部工资收益更高。二是由于近年来农村工作量不断加大，导致多数干部需把80%以上的精力都投入工作中，成为事实上的"半脱产"干部，任务繁重，压力过大。三是村干部综合素质偏低，其政治水平和文化素质仍然难以满足农村工作的需要，面对复杂的基层工作感到吃力，主观能动性较弱，过分强调客观困难，畏难情绪严重。四是由于监督考核机制不完善，缺乏监管和激励机制，导致部分干部缺少工作激情。

2. 农产品供给质量差的问题

当地农产品的供给有时供给大于需求，有时又供给不足。在当地，主要以硒砂瓜、土豆、玉米等农产品为主。供大于求时，农产品滞销，形成所谓谷贱伤农的局面；供给不足时，又因为交通运输不便造成市场农产品短缺紧张、物价上涨、影响人民生活的局面。此外，由于当地市场供需信息不灵、农产品运输物流滞后、农产品贮藏方式落后等原因，农产品供给质量差的问题十分严重。

3. 产业链不完备问题

在调研地，普遍存在"能生产、难经销，能经销、难畅销"的问题。由于资金劳动力跟不上，农产品深加工成了问题，这使得农产品附加值大大降低，价格只能停留在商品价值附近，而无法为农户带来更大收益。

4. 农民素质不高的问题

当地农民普遍受教育水平低，且小农经济意识强，农民难以适应生产力发展。在农业产业化发展迅猛的今天，农民缺乏与之匹配的现代生产观念和生产技能，无法运用或使用网络获取现代农业技术，进行农业生产、实现产品销售的能力不足，这直接导致了土地承包制度难以落实，规模经济无法发挥作用。

5. 农村党建薄弱的问题

村两委是乡村振兴最基本单位的核心。农村党建存在薄弱环节，村两委党组织难以承担起乡村振兴的重任。在调研过程中，普遍存在村主任和村支书权力制衡不到位、职责划分不明确等一系列问题。而村两委是乡村振兴的基层战斗堡垒，所以加强村两委的党建工作应该是乡村振兴的关键。

四、思考与建议

解决好少数民族地区农业农村发展不平衡、不充分问题，对标全面建成小康社会，必须要按照产业兴旺、生态宜居、乡风文明、治理有效、生活富裕的总要求，大力实施乡村振兴战略。实践团结合调研内容，给出如下建议。

(一)扎实打好脱贫攻坚期的硬仗，完成基本任务

中卫市沙坡头区全面建成小康社会，确保贫困人口如期脱贫是底线任务。目前脱贫攻坚已经进入啃硬骨头、打硬仗的攻坚期。脱贫工作要坚持稳扎稳打，既不吊高胃口，也不降低标准，一步一个脚印推进脱贫攻坚。

(1)要把产业扶贫作为稳定可持续脱贫的治本之策，引导贫困群众立足资源禀赋，发展适宜的特色产业，夯实稳定增收的基础。近年来，中卫市沙坡头区因地制宜，扶持贫困群众培植富硒枸杞、小杂粮、苜蓿等地方小品种和土特产，已经成为增加农民收入的重要支撑。

(2)要一边抓脱贫一边防返贫。切实落实精准扶贫各项政策，实施金融推动、能力提升、劳务输出、社会保障等脱贫行动和兜底政策，既保基本，更突出"造血"能力。对于已摘帽的贫困户，要及时跟进掌握生产生活状况，坚持"扶上马送一程"，保持扶贫政策的连续性，推动形成稳定脱贫的内生机制。

(3)要实行最严格的脱贫责任制。强化村脱贫攻坚主体责任，保持干部队伍相对稳定，建立年度脱贫攻坚报告和督查制度，对脱贫中出现的形式主义、弄虚作假等问题严肃问责，确保脱贫工作务实、脱贫过程扎实、脱贫结果真实。

(二)扎实推进单一的农业发展向农村产业综合发展转变

乡村振兴，产业兴旺是根本。要跳出单一农业固有模式，推动农业向全产业链、多功能、综合性转变。

1. 要推进产业链的纵向延伸和横向拓展

纵向要推进农业产业化发展，拉长链条，开展精深加工，满足群众个性需要。依托龙头企业推进农产品标准化生产、集约化加工、品牌化营销，形成"拳头效应"和品牌经济。横向要引进互联网技术，推进农业与旅游、生态、服务业等叠加融合，形成新动能。要通过订单农

业、入股分红等形式建立龙头企业和农户契约关系,打造产业联合体。

2. 要充分挖掘和发展农业的多种功能

农业兼具生态、休闲、体验、文化传承等多种功能,要顺应城乡居民消费需求的新变化,支持和鼓励农民参与农村"双创",建设田园综合体、休闲农庄、农家乐等,推进农业与旅游、教育、文化等产业的深度融合,培育新产业新业态,拓宽农民增收渠道。

3. 要大力发展生产性服务业

不仅要紧扣现代农业建设需要,扶持发展农资供应、技术服务、统防统治、测土配方施肥等社会化服务组织,还要顺应互联网经济发展趋势,大力发展农村电子商务,建设农村物流配送服务站点,提高对农村就业人口的吸纳能力。

(三)扎实推进少数民族地区农村改革,为城乡融合发展释放更多政策红利

全面深化农村改革是建立健全城乡融合发展体制机制和政策体系、培育农业农村发展新动能的破题之举。当前受城乡二元体制束缚,劳动力、资本等生产要素从城市流向农村不太顺畅。必须从顶层设计着手,引导人口、资本、技术等要素在城乡之间合理流动。

1. 要完善城乡融合发展的政策体系

加快建立土地、资金和人才资源城乡平等交换机制和补偿机制。把政府掌握的公共资源优先投向农业农村,优化增量用途;加大支农资金整合力度,把原本条块分割的资金聚合起来,优化使用结构,提高使用效益。

2. 要完善农村基本经营制度

二轮土地承包到期后政策再延长 30 年,给广大农民吃上了"定心丸",也稳定了新型经营主体的预期,使他们可以放心投入、扩大生产。下一步要探索完善"三权分置"的多种实现形式,通过为流转大户赋权、引导农户互换地块等措施,实现小农户生产与现代农业发展有机衔接。

3. 要全面激活农村各类产权

扩大农村产权确认范围,开展农村集体资产折股量化,增加农民财产性收入。总结农村土地征收、集体经营性建设用地入市和宅基地制度改革"三项试点"改革经验,扩大试点,盘活利用农村空闲土地和房屋,实现资源、资产的活化增值。

(四)扎实推进农村生态建设,由表及里、由物及人

过去讲村容整洁,更多强调被动整治;现阶段生态宜居强调对生态文明观的高度重视和保护农村环境,实现人与自然和谐共生。农村生态建设还存在重面上整治、轻长效治理,重硬件投入、轻内涵建设的"两重两轻"问题,亟待扭转。

1. 要建立改善农村人居环境长效管护机制

坚持先规划、后实施,先建机制、后建工程,加大对农村环境保护的投入,加强农村污水、垃圾处理等环保设施建设。有条件的地区逐步建立农村保洁员队伍,探索财政和村集体补贴、农户付费、社会资本参与的农村环境整治投入运营机制。

2. 要把保护生态、可持续发展理念融入农业生产全过程

加快建立以绿色生态为导向的农业补贴制度,制定和完善相关技术标准和规范,推进农业废弃物资源化,完善农作物秸秆综合利用多元补贴制度,强化对农业水土环境修复、治理

和监测,建设环境友好和资源节约型农业。

3. 要推动农村生态文化建设

深入开展生态宜居村庄创建,倡导绿色家庭、绿色学校等"生细胞"建设,逐步扮靓扮绿农村环境。充分利用广播、新媒体等平台,开展生态文明知识和环保法律法规宣传教育,营造互学互助、比学赶超氛围,引导农民追求科学、健康、文明、低碳的生产生活和行为方式。

(五)扎实推进乡村治理由只重过程向重过程和重结果兼顾转变

改革开放以来,我国乡村社会由相对封闭的静态转型到流动加剧的动态,农业生产方式日益变革,农村社会结构日益分化,农民思想观念日益多元,给乡村治理带来了新的矛盾和挑战。治理"有效"涵盖了过去管理民主的要求,强调了由管到治的治理思维,也提出了追求农村社会稳定结果的更高要求。

1. 要重视培养新生力量

结合返乡创业和农村新业态培育,把致富带头人、新型经营主体等"能人"培养成乡村治理的骨干力量,通过他们创办的各类经济和社会组织把农民凝聚起来,提高农民的组织化程度,始终让农民融入先进群体。中卫市沙坡头区在乡村推行党组织带头人和致富带头人"两个带头人"工程,通过党组织引导,把各类精英引流到农村,使他们成为带动群众发展产业的"火车头";立足致富带头人在群众中具有一定威望的实际,通过思想和组织培养,将他们中的优秀分子吸纳到村"两委"当中,切实建强基层组织。

2. 要推进民风建设

抓好党员等重点人群的示范引导和道德楷模的榜样宣传,以点带面,培育与社会主义核心价值观相契合、与乡村振兴相适应的优良家风、文明乡风和新乡贤文化。用核心价值观武装教育农民。

3. 要强化村民自治

做实村民代表会议制度,发挥好村"两委"、村监会作用,引导农民依法参与村民自治和其他社会管理活动。

五、总结

(一)调研成果

本次专题调研活动成效显著,硕果累累:

(1)联盟完成了近500户家庭的走访,20余名村干部的访谈,10余名科级干部的访谈,1名副处级干部的访谈。

(2)企业部同学共争取到近5万元的生活物资、学习物资、医疗物资。

(3)通过走访当地3家龙头企业,在协商产业助力乡村振兴的同时,龙头企业同意提供长期劳动岗位近20个,短期劳务工数十名。此外,各农业科技公司可免费为调研地提供5年的农业技术咨询服务。

(4)项目启动仪式获得当地媒体专题报道,由中卫市新闻联播播送、当地报纸进行刊登。

整个活动过程,人民网、中国青年网、新浪微博,各省级、校级、院级公众号持续转发我们的推送,累计浏览量超20000次。

(二)结论

本次调研表明,贫困地区要如期实现脱贫目标,稳步推进乡村振兴战略,应找到地区落后原因,发现脱贫工作中存在的问题,对症下药。在工作过程中,首先,将发展生产扶贫作为主攻方向,只有带动当地产业发展,才是"脱贫不返贫"的长久之策;其次,要把生态补偿扶贫作为双赢之策,劳动力应当实现生态就业,在加强生态环境的同时实现增加就业收入,既要金山银山,也要绿水青山;再次,要把教育扶贫作为治本之计,确保农村家庭的基础教育,提高村干部素质,培养后备人才,为乡村振兴工作提供不竭动力;最后,要通过各项政策保障,确保扶贫措施落实到位。只有多管齐下,才能推进扶贫工作,改善乡村人民生活,实现精准扶贫目标。

▶ 编者按

本次实践有不少可圈可点之处:一是有组织,有规模。实践团队参与人数多,涉及面广,实践主题明确,立意高远,实践过程中计划翔实,分工明确,扎实推进。二是有目标,有成果。团队成员积极对接政府、企业,走访农户、村干部,通过多个主体、多角度、多维度地把握实践地情况,深入剖析贫困根源,较为全面地分析问题。三是有思考,有实效。实践团队结合走访情况,就如何进行农村制度体系改革、如何"脱贫不返贫"、如何实现乡村的可持续发展等方面提出合理建议;同时,在实践期间,通过与企业积极沟通,团队成员为实践地争取到部分资金、就业资源及技术服务,在提升自我的同时服务社会,充分体现了"受教育、长才干、做贡献"的有机结合,具有良好的实效。

乡村振兴·走进美丽大洋镇

——丽水市缙云县大洋镇利民项目调研

金融学院　胡文豪

摘　要：为积极响应国家"乡村振兴"战略，笔者参与了丽水市"新青年乡村振兴创梦丽水行动"，以志愿者身份深入农村基层，开展调研和服务工作。笔者以村助理身份，在丽水市缙云县大洋镇环湖村进行了为期4周的暑期社会实践，参与"三改一拆"、"无违建"创建、危旧房治理、"食安县"创建等多项工作的开展，通过实践活动深入了解大洋镇多项利民项目。

关键词："无违建"创建　危旧房治理　"食安县"创建　便民服务

一、实践背景

乡村振兴战略，是党的十九大提出的"决胜全面建成小康社会，开启全面建设社会主义现代化国家新征程"的重要战略举措。习近平总书记在党的十九大报告中提出，"坚持农业农村优先发展，按照产业兴旺、生态宜居、乡风文明、治理有效、生活富裕的总要求，建立健全城乡融合发展体制机制和政策体系，加快推进农业农村现代化"。

丽水市作为中国特色乡村振兴的排头兵，为充分发挥大学生在乡村振兴战略中的积极作用，为大学生创造在社会实践中大施所能、大展才华、大显身手的机会，由丽水市委组织部（市委人才办）、市农办、团市委、市人力社保局联合开展了"新青年乡村振兴创梦丽水行动"。该活动落实了百名丽水大学生乡村振兴暑期社会实践项目，引导百名丽水大学生以志愿者身份深入农村基层，围绕农村政治、经济、文化、生态、教育等方面开展调研和服务工作。为积极响应乡村振兴战略，笔者参与了此次活动，以村助理身份，在丽水市缙云县大洋镇环湖村进行了为期4周的暑期社会实践，参与了缙云县大洋镇多个利民项目的开展工作。

二、实践目的

(1)深入基层，深入了解利民项目的开展情况，了解居民生活状况。

(2)提高自身实践能力，增强服务意识和责任意识，锻炼吃苦耐劳的实践精神。

(3)通过参与此次活动，积极投身乡村振兴建设，为家乡建设贡献绵薄之力。

三、实践内容及过程

(一)"三改一拆"和"无违建"创建工作

全面开展对城市规划区内旧住宅区、旧厂区和城中村的改造，拆除浙江省范围内违反土地管理和城乡规划等法律法规的建筑是城市品质提升、经济转型升级的有效途径。在"三改一拆"和"无违建"创建工作中,笔者主要跟进违章建筑整治和乡镇危旧房治理两个项目。

1. 违章建筑整治

违章建筑整治包括拆除、处置、拆后利用和拆后复绿等多个步骤。拆除违建是第一步,也是基础工作。在该项目中,笔者的实践过程分为两个阶段:第一,跟随当地工作人员开展知识普及工作,同时排查违章建筑,落实违章建筑整治工作;第二,了解当地工作进度,并学习大洋综合执法大队先进经验。

第一阶段中,大洋综合执法大队带领村干部及拆违工人对大洋镇违章鸭棚、猪圈、露天粪坑和路边简易厕所等进行了集中拆除。在农村违章鸭棚拆除过程中,"创梦丽水行动"的多位成员对当地村民进行知识普及,与其进行拆违沟通,相关工作进展顺利。

图 1 为大洋镇寮坑村违章鸭棚拆前拆后对比图。

图 1 违章鸭棚拆前拆后对比图

第二阶段中,笔者向大洋综合执法大队了解了拆后工作进度。据统计,截至 2018 年 5 月,缙云县 18 个乡镇(街道),已创成"无违建"乡镇 13 个,基本"无违建"乡镇 5 个,创建率 100%,并力争年底前达到"基本无违建县"创建标准。

拆后利用方面,仅 2018 年,大洋综合执法大队拆除违章建筑面积为 1602 平方米,拆后利用面积为 1417 平方米,拆后利用率达到 88%。同时,违章建筑拆除后的石料可用于打造新建筑。大洋镇桥上亭台建筑(如图 2)是典型的拆后利用建筑,所用的石材绝大部分来自大洋镇多处违章建筑和古石房拆除后的石料。

图 2 桥上亭台建筑图

拆后整治方面,拆后复绿是拆除违法建筑后的修复工作重点。当地政府"拆""绿"并举,对拆除后的土地及时进行绿化、美化,从源头上控制拆后回潮现象,通过"拆后复绿"来严控"新增"违章建筑。此外,在多数村庄拆后工作中,拆后复耕更为重要,拆除违章建筑后村民可以进行农作物种植(如图 3)。"三改一拆"工作开展以来,大洋镇实施了各项复耕、复绿、复建等工作,注重拆、改、建有机结合,快速推进。

图 3 拆除复耕前后对比图

2. 乡镇危旧房治理

农村危房是指依据住房和城乡建设部《农村危险房屋鉴定技术导则(试行)》鉴定属于整栋危房或局部危险的房屋。属整栋危房的应拆除重建,属局部危险的应修缮加固。危房改造应执行"三最两就"原则,"三最",即优先帮助住房最危险、经济最贫困农户,解决最基本的住房安全问题;"两就",即采取就地、就近重建翻建的改造方式。大洋镇在全面排查基础上,坚持了"拆、治、改、建、管"多措并举,学习了"拉网排查、分类治理、挂图作战、驻村指导"的治危解危模式。

目前,大洋镇大部分的危旧房为纯木制房和土制房,这两种构造的房屋在狂风暴雨下危险程度大大加深。实践期间,由于大洋镇受到台风影响,连续 3 日狂风暴雨,大洋综合执法大队安排了熟悉地形的巡查员前去各处危房开展巡查工作。

笔者随同巡查员进行了两次危房巡查。在危房未拆除之前,首先要做好警示警戒标志张贴。在危房的显眼处张贴危房的标识标牌(如图 4),一方面有效防止村民腾空后返迁,另一方面警示过路人注意远离以免造成不必要伤害。在此基础上,危旧房治理工作再逐步开展。

图 4 危房的标志标牌图

据统计,截至 2018 年 8 月,缙云县完成了农村困难家庭的危房治理。原址重建 881 户,已经全部完成验收。对于地质灾害治理对象的危房,按照大搬快治的政策推进工作,异地重建共计 359 户。对于符合拆建条件的农村危房,高效办理拆建审批手续;对于局部危险的房屋及时修缮,共计修缮加固 1038 户;对于确实无力修缮的群众,督促他们的子女尽到赡养责任,鼓励他们投亲靠友,腾空 488 户。

(二)"食安县"创建工作

2013年12月23日至24日中央农村工作会议在北京举行,习近平在会上发表重要讲话。会议强调,能不能在食品安全上给老百姓一个满意的交代,是对执政能力的重大考验。食品安全,是"管"出来的。

2018年浙江省"食安县"创建工作在如火如荼地进行,各乡镇因地制宜,划分不同主题进行"食安县"创建工作。大洋镇的"食安县"创建工作可简单分为三个部分。

1. 对流动食品摊贩规范管理

笔者深度参与了该次规范管理的部分策划和现场行动。工作流程如下:

时间:2018年7月20日—7月22日。

地点:大洋镇前村村。

主要内容:第一,加强流动食品摊贩规范管理,配合县政府、乡镇人民政府(办事处)划定食品摊贩经营指定区域和经营时间。经过调查统计,从经营种类上看,果蔬占58.4%、小吃占12.2%、夜排档占17.7%、店外店占11.7%,所以应当在前村村设立专门的应季果蔬临时摊位。第二,加强流动食品摊贩违法设摊行为的监管,严厉打击擅自占用城市人行道、桥梁、地下通道以及其他公共场所设摊经营、销售食品及临时经营区域的经营者未在划定或者指定的场所、区域、地点、时间经营的行为。第三,探索建立流动食品摊贩管理长效机制。图5左图是最典型的擅自占用机动车道、人行道设摊贩卖蔬果案例实图,右图是规划管理后实图。

图5　规划管理前后对比图

2. 开展食品安全宣传工作

深入开展食品安全县创建需要各责任部门层层宣传,广泛发动,使创建省食品安全县的目的、意义、任务、措施家喻户晓,深入人心,提高群众对创建工作的知晓度、支持率和参与率。

笔者与大洋执法中队共同进行如下食品宣传工作:第一,下发食品安全资料至大洋镇各个村委会,由村委会进行张贴和广播宣读;第二,笔者随同实践团队对大洋镇的中心村——前村村各个副食店、超市、熟食店、小吃店、快餐店进行了食品安全检查和到店宣传。同时留存备用资料,为有关部门报送"食安县"创建相关宣传信息。

3. 不定期抽查全镇各村果蔬农药残留

大洋镇全镇耕地共计11467.68亩,其中水田6015.78亩,主要种植高山蔬菜、马铃薯、水稻等。其中高山蔬菜基地8000亩,夏菇基地300万袋,板栗基地1500亩。夏季大洋镇农民主要收入来源于茭白种植,农民靠着被誉为"美人腿"的大洋茭白来养活全家老小,因此茭白的质量和价格决定了大半年的收入。

大洋镇人民政府设有农技站,专门不定期抽查各村果蔬农药残留,茭白就是重点抽查对象。抽查通过的茭白不仅可以卖出高价,更保障了食品安全。做到真正的卖家安心,买家放心。

(三)便民服务工作

所谓"三农"问题,就是指农业、农村、农民问题。只有了解农民,走进农村,才能真正因地制宜发展农业,从根源上解决"三农"问题。由于大洋镇便民服务中心人员调剂困难,笔者被调派至服务中心协助开展工作。在便民服务中心工作的几天内,笔者接待了若干名前来咨询业务的村民,并耐心解答村民的疑问,如关于农家乐改造审批流程,关于农田承包等的问题。在答疑的过程中,笔者对村民的生活情况也增进了了解。

四、实践的思考与启示

(一)关于"三改一拆"和"无违章"创建工作

1. 违章建筑整治工作

通过此次实践,笔者对违章建筑整治工作有了进一步认识,并总结了相关工作经验。第一,在违章建筑整治工作中,必须抓住重点突破,同时系统谋划整治;第二,要强势推进"治旧",扎扎实实开展宣传;第三,从实际进度来看,全面严格"控新"已经占据很重要的地位,要以巡视督导、"七办"问责问效的模式倒逼"控新"责任,形成"制度+网格+督查"相结合的"1+1+1""控新"模式。

同时,大洋综合执法大队工作人员的敬业精神给笔者留下了深刻印象。他们同时兼顾多项工作,"白加黑""五加二"地加班加点是工作常态,但他们依然背负巨大的工作压力积极推进违章建筑整治工作。

在科学的整治模式指导下,通过工作人员的积极推进,违章建筑整治工作势头前所未有,工作成效显著。据统计,截至2018年5月,缙云县18个乡镇(街道),已创成"无违建乡镇"13个,"基本无违建乡镇"5个,创建率100%,并力争年底前达到"基本无违建县"创建标准。

2. 乡镇危旧房治理工作

就乡镇危旧房治理全局而言,大洋镇乃至整个缙云县的危旧房治理工作中有两大优点:第一,分类施策抓进度;第二,守住底线抓安全。不足之处在于宣传力度还不够。

笔者认为可通过以下途径增强危旧房治理宣传力度:

(1)充分利用农村大广播宣传方式。于每日固定时间在大洋镇各村广播中宣传危旧房治理的重要性,把避灾避难知识以通俗易懂的方法讲明白讲清楚。由于村内人口多为高龄老人,建议使用方言广播。

(2)效仿田山村的张贴公告法。在村口告示栏与村委会公示窗张贴全村危房"作战"图,以红、蓝、黄对应不同等级的危房,明确相应负责人,并标明应急避灾的线路和地点。

(3)鼓励村民积极主动地参与乡镇危旧房治理工作,自下而上的整治模式更有利于保护好村民财产和生命安全。

(二)关于"食安县"创建工作

在对流动摊贩的管理中,良好的沟通十分重要。因流动摊贩中近80%为60岁以上老人,通过耐心的沟通让老人理解摊贩管理的重要性和必要性是工作的重点和难点。只有经过耐心和有效的沟通,才能将摊贩管理工作落实到位。

同时,"食安县"的创建离不开日常宣传。只有将"食安县"创建工作宣传到位、深入人心,才能更有效地开展创建工作。

"食安县"创建工作,不仅需要大力的宣传,更需要工作人员的积极推进,流动食品摊贩的积极配合,果蔬种植户的认真负责,各方共同努力才能做好"食安县"创建工作。

(三)关于便民服务工作

便民服务中心应是最贴近村民的地方,一个可以听到村民真正诉求的地方。在笔者看来,每个乡镇、社区都应该重视便民服务中心的建设:设立的地点应该便于寻找,门牌要敞亮、标志应简明,任用的工作人员要耐心、细心、善于记录,并且要学会当地方言和俗语。既然取名为便民服务中心,就要做到真正便民和服务于民。

五、总结

乡村振兴的稳步推进,需要"三改一拆"、"无违建"创建、"食安县"创建、便民服务等多项措施的有力结合。在政策导向上,要始终将"三改一拆"和"无违建"创建、"食安县"创建作为改善乡村风貌建设、提升村民生活品质的有效途径,继续积极打好"拆、治、归"组合拳,集中力量,狠抓推进。同时,在日常工作中要做好便民服务,及时了解村民诉求,真正服务于民。在人才培养上,新青年是人才的重要来源,应注重引导一批思想好、作风正、能力强的优秀年轻干部和高校毕业生到贫困村工作,为乡村振兴带去新资源、新血液。

通过为期一个月的暑期社会实践,笔者对大洋镇乡村建设情况和村民生活情况有了进一步的了解,体会了基层工作人员的艰辛与不易。同时通过本次实践,锻炼了自己的实践能力,增强了服务意识和责任意识,为家乡建设贡献自己的一分力量。

▶ 编者按

"新青年乡村振兴创梦丽水行动"为大学生构建了暑期社会实践平台,引导广大青年积极投身乡村振兴建设,拓展社会实践项目,契合社会、学校、地方、大学生的多方需求。作者积极响应号召,充分利用返乡的机会,通过参与"创梦行动",不仅得以深入了解家乡发展情况,同时通过协助开展多个利民项目,在服务家乡建设的同时也充分锻炼了自身实践能力,实现服务基层与自我提升的双向受益。

打造特产电商，助力精准扶贫

——以广西博白县为例

工商管理学院　庞飞翔

摘　要：为积极响应乡村振兴战略的号召，激发大学生投身乡村振兴建设的热情，广西玉林市博白县政府组织就读于外省高校的博白籍学子返乡参与社会实践，并根据专业进行实践单位的分配。笔者被分配至当地工商行政管理局，进行了为期一个月的暑期实践。实践期间，笔者通过走访博白特产管理部门、博白政府、博白行政管理局、桂圆特产之镇获取资料，将走访情况与国内电商发展趋势相结合，从特产电商化的迫切需要、发展难点等方面进行深入分析，并提出建议，助力家乡特产电商化进程。

关键词：博白县　特产电商化　经济发展　精准扶贫

一、调研背景

贫困问题关乎人民生计，关系国家尊严。当前，脱贫攻坚已进入"冲刺"阶段，脱贫攻坚必须拿出真办法、实施新举措，激发脱贫地区内生动力，才能实现脱贫。实施乡村振兴战略是新时代"三农"工作的总抓手，而产业发展则是乡村振兴的重点和根本途径。

本次实践调研由广西博白县政府组织，引导就读于省外高校的本地籍学子返乡进行暑假社会实践，以此响应国家乡村振兴战略的号召，促进大学生进一步了解乡情、关注民情。县政府根据各人专业进行了实践单位的分配，并提供博白经济、精准扶贫、教育公平、人才培养等多个调研课题。结合所学专业，笔者在当地工商行政管理局完成了为期一个月的暑期社会实践，参与了"打造博白县特产电商化魅力之都"课题调研。在调研过程中，笔者积极走访相关部门，查阅相关文献，结合现实情况分析问题，并提出建议。通过调研，笔者对家乡特产电商化的迫切性、必要性及发展的难点有了进一步了解。

二、调研过程及内容

（一）调研地概况介绍

1. 博白县地域状况

博白县位于广西东南部，古称白州。博白县属于桂东南丘陵区，地貌类型复杂多样，平原、谷地、盆地、岗地、丘陵、山地互相交错；地处北回归线以南的低纬度，属南亚热带向热带过渡的季风气候，光照充足，夏长冬短，夏湿冬干，处于以玉林为中心、"东靠南下，通江达海"的重要位置。

2. 博白县特产状况

博白具有得天独厚的地理位置,传统的亚热带季风气候、丰富的雨水和光照,有利于植物的生长、动物的栖息、人类的生活。所以,博白集聚了许多独特的农产品作为当地特产,具体包括博白桂圆、博白蕹菜、瘦肉型猪、那林鱼、博白编织、牛腩粉、牛骨汤、黑皮冬瓜、博白黄瓜皮、甘蔗、菠萝等。

3. 博白县扶贫状况

博白县辖 28 个镇,总面积 3835 平方千米,人口 188 万,是广西壮族自治区扶贫开发工作重点县。"十三五"期间,博白全县共有 138 个贫困村,占全县 317 个行政村的 43.5%。经 2015 年精准识别和 2017 年动态调整后,共有建档立卡贫困户 27818 户 133737 人,贫困人口总数排全区第 3 位。2016 年至 2017 年,在博白全县上下的共同努力下,实现了 45900 贫困人口脱贫、47 个贫困村摘帽。

(二)博白县发展特产电商化的必要性

1. 电子商务及其优点介绍

21 世纪初期,随着互联网不断的普及和深入,改革开放的不断发展,我国逐渐进入了互联网时代,网络新运营模式应运而生,电子商务(E—Commerce)就是其中的一种形式。

电子商务是线上与线下结合的新型商贸运营活动。在全球各地区广泛的商业贸易活动中,基于浏览器与服务器的应用,买卖双方无须面对面进行商贸活动。实际生活中,电子商务可以实现消费者的网上购物、商户之间的网上交易和在线电子支付以及各种商务、交易、金融活动等。电子商务的主要领域有 ABC(代理商、商家和消费者共同搭建的集生产、经营、消费为一体的电子商务平台)、B2M(针对的客户群是该企业或者该产品的销售者,而非消费者)、O2O(线下商务与互联网相结合)。

电商化具有诸多优点:

(1)市场全球化。通过互联网,任何人都能参与市场交易,都有机会或可能成为企业的网上客户。

(2)交易快捷化。电子商务能超越时间和空间的限制,由计算机自动完成信息处理,无须人员干预,节约人力成本的同时加快了交易速度。

(3)交易虚拟化。通过以互联网进行的贸易,双方从洽谈、签约到订货、支付等,无须当面进行,均可通过计算机互联网络完成,整个交易完全虚拟化。

(4)成本低廉化。通过网络进行的商务活动,足不出户便可完成交易,可节省交通费,且减少了中介费用,大大降低了交易成本。

(5)交易透明化。电子商务中双方的洽谈、签约,以及货款的支付、交货的通知等整个交易过程都记录在系统中,随时可查看,交易过程透明。

(6)交易标准化。电子商务的操作要求按统一的标准进行。

2. 实践地特产产业现状

博白县虽拥有丰富的自然资源,人口众多,但经济落后,属于贫困大县,特产产业是当地为数不多的经济支柱产业之一。

产业单一是博白县经济落后的重要原因之一。此外,由于博白县特产的产量每年剧增,远超过省内人口总需求。因此,让博白县特产走出博白、迈出广西、面向全国、拥抱世界,以此拉动当地经济发展，尤为必要，且迫在眉睫。

随着"互联网＋"的广泛运用，中国—东盟自由贸易区建设进程的推进、及泛北部湾区域合作的深化，广西国际电商迎来了千载难逢的机遇。特产电商化是博白县打开特产对外销售窗口的一条必经之路，更是实现产业扶贫的重要一环。

（三）博白县发展特产电商化的进程

实践地的电商化进程由广西壮族自治区政府牵头，自上而下，多地协同开展。主要措施如下：

第一，针对电子商务迅速发展给传统流通领域和各行各业带来的广泛影响，广西提出了"电商广西""电商东盟"的创新性工程。第二，为了有效打开区外市场，广西壮族自治区商务厅积极牵头，重点推进"南菜北运""广西特产，行销全国"等活动和项目建设，并在北京、南宁等地建成了4个广西特产展示营销中心，组织了14个地区轮流举办产销对接活动，举办广西名特优农产品（香港）推介会，进一步提升了广西产品知名度，有效推动了广西产品正式走向全国，拥抱世界。

博白县在"广西特产，行销全国"活动中取得了可喜的成绩，电商化之路有了萌芽之势。该活动主要围绕"1123450"工作思路组织开展，即突出1个主题——以"广西特产，行销全国"为主题，努力打造在全国有影响力的广西特产外销活动品牌；编织1张网——依托淘宝、京东等主流第三方电商平台；编制2本书，组织编制《广西特产宝典》《广西名品大全》作为宣传展示广西特产的权威指南；开拓3个重点市场——重点开拓北京、上海、天津3个核心市场，辐射带动华北、东北和长江三角地区等重点目标市场；培养4个核心企业——选择广西壮乡河谷农业科技有限公司等4家企业作为广西特产行销全国的核心龙头企业，发挥示范引领作用；开展50场全国行销活动——统筹自治区、市县和企业3个层面，组织50场遍布北京、上海、杭州、武汉、广州、哈尔滨等国内重点市场的促销活动。

但电商化的发展之路困难重重，博白县当地的交通情况、基础设施、人口素质等多种因素极大地限制了特产电商化发展，在销售方面屡屡受挫。尽管如此，博白县依旧没有放弃这一路线的指引，结合本县的特点，不断创新，与时俱进，锐意进取，目前正在积极推进特产电商化更好、更快地发展。

三、思考与建议

（一）博白特产电商化存在的难点

1. 农村教育程度落后，农民缺乏新思想新知识

首先博白县乡镇农民长期生活在封闭的环境中，受教育程度偏低。笔者经调查得知，博白县大部分农民受教育程度为小学水平，少部分因小时候家庭贫困无法接受教育，与外界交流不多，信息闭塞，农民缺乏对新知识、新技术的了解。这导致博白县虽拥有丰富的特产资源，但由于农民知识的匮乏，缺乏经营意识，对于特产的深加工、包装、广告宣传等环节没有形成完整的产供销链，进而导致互联网对于产品销售的巨大优势难以在博白县得到充分利用。其次，博白县多数受过高等教育的学生也由于家乡贫困落后，毕业以后不愿意返乡发展，这也使得博白县极度缺乏人才，造成了政府即使有意愿投资、发展乡村特产电商化，而村

民却毫无意向的尴尬局面。

2. 家庭结构化不平衡,缺乏自主生产能力

在博白县,大部分农村家庭的常住人群都是老、少、弱、病、残等弱势群体,无自主生产能力;有能力、有技术的青壮年人口均已外出务工、另谋出路。这些青壮年劳动力在异地发展,只在春节期间回家看望家人,有条件者甚至举家搬迁。因此,在博白县发展特产电商化极其缺乏有效的人力资源,这使得博白县的特产电商化之路发展缓慢,难以推进。

3. 农村电脑拥有量低,配套基础设施差

走访县政府以及相关的特产管理部门之后,笔者得知,一方面由于博白县属于贫困县,对于大部分农村家庭来说,家里拥有电脑的户数相对于大城市来说非常少;另一方面,在博白县,农村网络覆盖面积较少,即使有一些家庭拥有电脑,也无法正常上网。笔者通过采访当地三大通讯运营商,他们均表示,当地大部分家庭平日上网人数极少,很多外出务工人员只有节假日偶尔回家一次,宽带使用率不高。因此,尽管有个别家庭会考虑安装宽带,但由于安装成本太高,大多数家庭实际上并无配备网络的需求。

4. 特产生产分散,生产规模小

生产分散和规模小的特点,对建立现代农村市场体系和物流体系会有着更高的要求,难以形成产业链。在当地,家庭生产目前仍是基本的生产单位,每家农户就是一个生产经营单位。博白县农村人口居住分散,导致特产生产难以集中,各地生产规模小,特产难以形成规模效应和集体优势。

5. 农村电子商务交易存在安全隐患

首先,在大部分农村地区,电子商务应用属于新兴产业,人们接受起来有一定的难度,农民更愿意"一手交钱,一手交货"的传统交易模式;其次,网上诈骗的案例屡见不鲜,也使得农民产生了畏惧;再者,现代电子商务主要是通过网络途径实现的,而网络经常会受到各种病毒、木马程序的攻击,加上农村网络设备的落后性以及不完善性,使得农村网络系统缺乏安全技术支持,给不法分子提供了犯罪机会,农村的特产电商化存在巨大的安全隐患。

(二)博白特产电商化发展的建议

1. 全面实行义务教育,传播互联网新时代新思想

针对因农村缺乏教育,使博白县发展特产电商化之路的政策难以持续推进的现象,应首先在教育方面进行投入,一方面,让农村义务教育、学前教育、特殊教育等教育设施建设和办学条件得到相应改善,保证在农村的每一个孩子都能得到受教育的机会;另一方面,可以针对农村建立成人职业教育学校,主要学习关于电子商务的知识以及博白县特产方面更专业的产供销链建立等。

2. 加强基层医疗卫生建设,为特产电商之路提供保障

要想留住农村青壮年,为特产电商之路提供人才,政府还要大力发展村镇医疗,方便农村地区农民看病,减少"因病致穷""因病离乡"的现象发生。农村家庭之所以出现不平衡的年龄结构,只剩下一些老弱病残的农民,很大程度上是因为基层的医疗卫生条件相对落后。在博白县边缘山区,医务人员数量少,医疗水平相对较低,医务人员自身获得外出学习提高的机会少,医疗设备落后,这就导致农民只要有较严重的病,基本就要去县级、市级以上的医院来治疗。诸多家庭因此不堪重负,再加上交通不便,许多人选择举家搬迁。因此,加强基层医疗卫生建设,为特产电商之路提供保障是必行之路。

3. 加强农村信息基础设施建设

政府要想发展特产产业,发展农村经济,提高农村个体收入,必须先要做好基础设施建设。一方面,要加快农村网络基础设施建设;另一方面,可以利用中小学电脑室的建设,与其合作投资扩建。学校机房对外开放可以为农村电子商务网站的建设节约成本,这样既满足了学校教育的需求,也为农村电子商务的发展奠定了良好的基础。另外,普及移动手机,也是农村信息化的有效途径之一。由发达地区电子商务发展的过程可知,采用手机支付是更为方便的买家与卖家交易的途径。电脑与手机移动商务相结合,可以进一步完善农村网络系统。

4. 集中特产,统一销售

针对博白县特产生产分散和规模小的问题,可以采用以下解决方法:第一,发展农村集体经济,主要就是针对特产种植的分散性问题把整个农村大队甚至整个农村的特产种植整合发展,不仅有利于解决农村特产种植统一管理化的问题,也有利于农民之间发展的平衡性;第二,建立农村收购站,收购负责人可以是任何有意愿有能力的个体,负责人的主要任务就是将个体供给变成整体供给,统一乡村供给价格,统一销售、统一配送,形成规模供应;第三,由专项负责人同第三方物流签订合约,与专业的物流公司深度合作,提高物流效率。

5. 建立健全特产电商化法律法规体系

国家应建立健全农业电子商务的法律法规体系,一是深度研究电子商务法律法规,充分借鉴国外关于电子商务方面的信息立法,以及其他地区先进做法和经验,逐步建立起适应我国电子商务发展方面的法律法规,用法律制度来规范和保障特产电子商务的健康发展;二是要加强市场监督管理,加强农村电子商务市场的监管,规范市场秩序,同时加强信用环境的建设,以保证网络正规渠道技术、产品、市场信息的可靠性,营造良好的网络市场环境。

四、总结

特产电商化的打造是乡村振兴战略中产业扶贫的重要一环,它不仅会为农村特产打开销路,带动当地农民脱贫,还能为电商平台注入新生血液,以互联网效应带来城乡、东西部地区的联动发展。农村电子商务的发展在博白县这类以特产为支柱产业的地区显得尤为重要。但骐骥千里,非一日之功。特产电商化道路任重道远。改变乡村特产经营模式,完善农村地区宽带设置,促进乡村快递业发展,培育现代服务业新增长点、电商化人才培养等都是农村特产电商化亟待解决的问题。

为期一个月的实践过程,让笔者的专业知识有了用武之地,同时也锻炼了自己的工作技能和团队协作能力,也更是体会到了实际工作过程中的诸多不易。通过这次实践,笔者对家乡的产业发展有了更进一步的了解,也为打造博白县特产电商化道路做出有益的探索。

▶▶▶ **编者按**

作者在实践中充分运用专业知识,结合目前电商发展热潮及家乡经济发展状况,通过走访及文献查阅获取资料,剖析家乡特产销售发展电子商务的迫切性、必要性、难点及原因,并提出自己的思考和建议。作者很好地把握了特产电商化对于拉动贫困地区产业发展的重要作用,选题结合热点,调研成果具有现实的参考价值。

乡村振兴视角下"果旅结合"模式的实施效果及推广

——基于浙江省丽水市莲都区太平乡的实证研究

管理工程与电子商务学院　叶鑫涛　陈怡茗　江玲红　吴欣宇

摘　要:本研究旨在通过对浙江省丽水市莲都区太平乡下属各村落的实地考察,采用文献查阅、问卷调查、实地考察等多种方法,以相关政策为切入点,调研太平乡下辖各村落水果产业和旅游产业发展状况,了解乡村振兴大背景下太平乡各村落"果旅结合"模式实施、推广的现状,分析其中存在的问题并提出改进方法,为推动"果旅结合"模式在太平乡的推广贡献力量。

关键词:乡村振兴　太平乡　"果旅结合"　旅游扶贫

一、研究背景

农业农村农民问题是关系国计民生的根本性问题,促进乡村经济发展,成为国家经济建设工作中的关键一环。近年来,国家通过各项政策倡导大力发展休闲农业和乡村旅游,推进农村产业融合,利用多种资源等方式发展休闲农业和乡村旅游,使之成为繁荣农村、富裕农民的新兴支柱产业。太平乡作为丽水市莲都区具有典型代表的水果之乡,通过结合果业、景点、休闲农业等资源,发展水果产业与农村旅游相结合的"果旅结合"模式,以此拉动经济发展,迫在眉睫。

为积极响应乡村振兴战略的号召,丽水市莲都区太平乡四校联合组成调研支队深入太平乡,以"果旅结合"发展模式为主题,开展了为期10天的暑期调研活动。其间,调研支队对9个典型村落进行实地走访,通过访谈各村村干部、村民,并以问卷调查的形式了解各村水果产业的发展现状,以及"果旅结合"模式的推广程度,总结各村当前"果旅结合"模式发展过程中出现的问题,并探讨解决措施。

二、实践地产业概况

太平乡是莲都区的水果大乡。据统计,全乡种柑橘、桃、覆盆子、杨梅、枇杷、葡萄、猕猴桃、树莓、李、梨等各色水果,其中:柑橘有4300亩(其中椪柑1800亩,瓯柑230亩),太平蜜橘品牌享誉全市。桃有4330亩,其中以横岗桃最为出名。白枇杷3500多亩,丽白枇杷成为莲都枇杷品种领航者。新发展猕猴桃200多亩,覆盆子全乡共计1600多亩,仅富山头村就种植了750多亩,成为山区农民增收的重要渠道。太平乡主要水果产业规模和产值如图1所示。

太平乡水果在20多年前繁极一时,太平蜜橘为主打品牌。但近年来,受自然灾害影响及激烈的市场竞争的冲击,太平乡大多数村子水果种植的规模减小,仅有少数村落能保持大

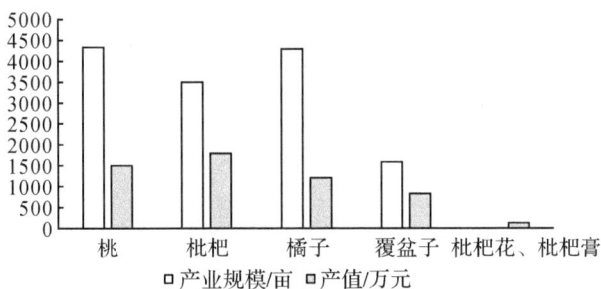

图1 太平乡主要水果产业规模和产值图

规模和高收益。由于收益不高,种植辛苦,乡中多数年轻人外出打工。留在村中的老人因年龄原因,也没有了年轻时种植水果的高度热情。

乡政府结合太平乡水果发展现状及水果产业在太平乡所处的地位,确定"立足优势产业,突显太平特色,种养结合,全力推进绿色精品水果发展,打造水果强乡"的思路,以重振水果产业,打响太平水果品牌,形成水果旅游多元发展。

三、研究目的

(1)通过初步实践,了解"果旅结合"的具体内涵以及发展措施;

(2)通过实地调研,了解太平乡果旅产业发展现状;

(3)将调研结果与所学知识结合,评估政策前景,为太平乡果旅结合的发展建言献策;

(4)通过社会实践提高团队综合能力,理论与实践相结合,为乡村振兴贡献力量。

四、研究思路及方法

(一)研究思路

为探究"果旅结合"发展模式的实施效果以及发展前景,团队通过阅读大量文献了解政策背景,确定主题,并对太平乡不同群体进行问题调查及访谈,最后将所得结果进行综合分析研究。研究思路如图2所示。

(二)研究方法

1. 实地调查法

社会实践期间,小组成员前往调研地,对其水果产业的发展现况、旅游业规划状况、果旅结合程度等进行实地考察,获取第一手资料。

2. 问卷调查法

团队通过收集和整理资料,根据主题对果旅结合发展现状及改进方法,针对不同的调研对象设计了不同问题。由不同群体的调研对象完成问卷后,获取调查结果并进行汇总。

3. 访谈法

在实践前期,团队根据不同访谈对象制定了访谈大纲。访谈对象主要有太平乡各村村干部、水果种植大户、村民代表,围绕果旅结合,针对传统散户种植方式需要改进之处、村落向旅游业和高精农业转型所面对的问题进行访谈。

```
┌──────────┐      ┌────────────────────────────────────┐
│ 政策背景 │─────→│ 2011年《全国休闲农业发展"十二五规划"》首次提 │
└──────────┘      │ 出发展休闲农业,2018年《关于实施乡村振兴战略》 │
      │           │ "实施休闲农业和乡村旅游精品工程"          │
      │           └────────────────────────────────────┘
      ↓                          ↑
┌──────────┐      ┌────────────────────────────────────┐
│ 政策解读 │─────→│ 最终目标:整合乡村资源,促进"三产融合",以 │
└──────────┘      │ "农旅一体化"为着力点,以旅游扶贫为手段,推 │
      │           │ 动农民增收,实现乡村振兴                │
      │           └────────────────────────────────────┘
      │                          ↓
      │                 ┌─────────────────┐
      │                 │  果旅结合发展模式  │
      │                 └─────────────────┘
      │                          ↓
┌──────────┐      ┌────────────────────────────────────┐
│ 问题提出 │─────→│    果旅结合发展模式的实施效果及前景      │
└──────────┘      └────────────────────────────────────┘
                             ↓
                 ┌────────────────────────┐
                 │ 查找相关资料,制作问卷、访谈提纲 │
                 └────────────────────────┘
```

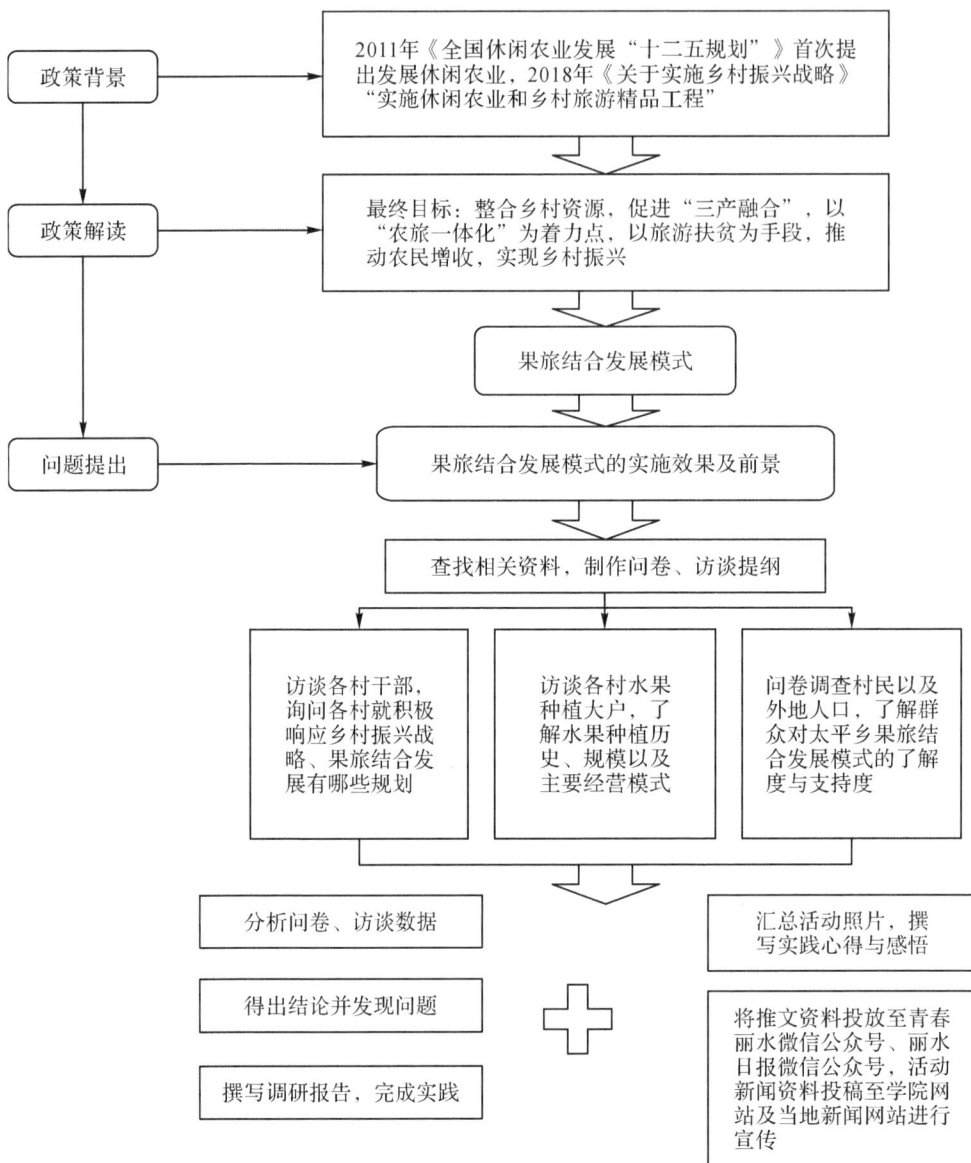

图 2　研究思路图

4. 统计分析法

团队整合访谈记录、问卷调查数据,结合相关文献,充分利用 Excel、Access 等统计软件建立数学模型和统计图表,直观地反映调研数据,挖掘出数据中更深层的信息,并在此基础上得出相应的结论。

五、研究内容

(一)太平乡水果产业发展现状以及"果旅结合"模式实施效果

团队通过问卷调查的形式,调研丽水市本地以及周边居民对太平乡水果的了解程度,对

"农旅一体化""果旅结合"发展模式的了解程度,以及他们对将水果产业与旅游业结合这种发展模式的认可度与参与度,由此分析出该模式的普及程度和实施效果。我们还通过访谈太平乡各村干部以及村民、水果种植大户,进一步了解到该模式的具体实施方案和村民从中受益的情况,从而对症下药,加大宣传力度,完善相关政策,促进"果旅结合"发展模式的推广。

(二)了解"果旅结合"发展模式的相关政策

团队通过查阅资料了解相关政策和实施效果,并收集了许多相关资料和数据,搜集国内水果产业发展现状、发展"果旅结合"的必要条件,以及国内外"果旅结合"发展成效显著的真实案例,在充分了解该产业的发展情况后,与太平乡各村干部和村民进行访谈,对各村如何积极响应乡村振兴"农旅一体化"和"果旅结合"发展模式有了一定了解。

(三)"果旅结合"发展模式前景

通过查阅资料、分析数据,团队了解到太平乡水果在丽水市以及周边地区享有一定的知名度,许多村落的水果产业发展仍保持着良好的势头,调查对象对"果旅结合"发展模式都有一定的了解,且对该发展模式有很高的认可度。通过实地调研,我们更加真实地了解了村民们在水果种植过程中存在的问题,以及"果旅结合"模式发展的困难,便于提出解决对策。

六、数据整理与分析

(一)调研对象分布情况

表1　答卷人员分布表

	分布情况	人数	百分比
性别	男	60	31.75%
	女	129	68.25%
年龄	18 岁以下	6	3.17%
	18～25 岁	72	38.1%
	26～30 岁	8	4.23%
	31～40 岁	16	8.47%
	41～50 岁	60	31.75%
	51～60 岁	20	10.58%
	60 岁以上	7	3.7%
籍贯	丽水籍	139	73.54%
	非丽水籍	50	26.46%

本次问卷调查我们采用了网络问卷调查和实地问卷调查相结合的方式,有效填写人次为189人。由于此次调查问卷针对的是太平乡的水果产业和旅游产业,是否为丽水本地人这一因素对于调查来说十分关键,所以我们对调研对象的籍贯也进行了统计。因留守乡村

的以妇女居多,故性别在此次问卷调查中也是一个不可或缺的调查因素。

(二)问卷分析

本次问卷调查"关于人们对太平乡'果旅结合'的看法"有效填写人次189次,人群分布于各个年龄段,样本覆盖不同地区、不同性别,抽样合理,具有一定的参考价值。

1. 平时是否会在电商平台上购买水果,每月购买频率如何(例如每日优鲜、天猫超市生鲜、京东生鲜等平台)

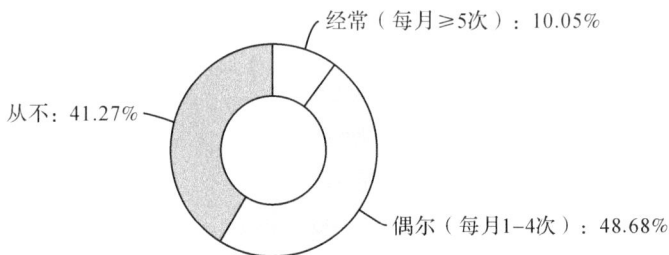

经常(每月≥5次):10.05%

从不:41.27%

偶尔(每月1-4次):48.68%

图3 每月在电商平台上购买水果频率占比图

关于是否会在电商平台上购买水果及每月购买频率的问题上,"偶尔"购买的每月购买频率为1-4次的人数占总人数的48.68%,"从不"在电商平台上购买水果的人数比例多达41.27%,"经常"在电商平台上购买水果每月购买≥5次的人数占总人数的10.05%。在实地进行问卷调查时我们了解到,选择"从不"在电商平台上购买水果的人认为这种方式带有延迟性,他们更加倾向于在实体店购买水果,一来具有实时性;二来消费者可挑选品质不同的水果。选择偶尔在电商平台上购买水果的人表示更加喜欢这种足不出户、方便快捷的方式,但是他们也时常会在实体店购买水果。经常在电商平台上购买水果的人则认为,这种购买方式与快节奏的社会生活更加符合。

2. 对于水果"统一交费,自由采摘"这种采摘游的售卖方式的看法

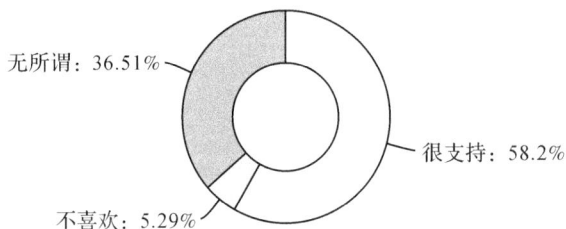

无所谓:36.51%

很支持:58.2%

不喜欢:5.29%

图4 对采摘游形式的水果售卖方式的态度占比图

在对采摘游形式的水果售卖方式的态度方面,超过半数的人很支持这种水果售卖方式,人数比例达58.2%,极少数人表示不喜欢这种方式,人数占比只有5.29%,还有36.51%的人对于这种水果售卖方式持保留意见,表示无所谓。作为"果旅结合"模式中的关键一环,这种水果"统一交费,自由采摘"的采摘游形式的售卖方式能在增强游客实地采摘体验的同时增加当地水果的销售量,实为两方受益之举。因此,多数人表示支持这种采摘游的水果售卖方式。5.29%的受访者不选择这种以采摘游形式的水果售卖方式,他们更喜欢"吃多少买多少"。

3．对"果旅结合"概念的了解程度(水果产业和旅游产业结合)

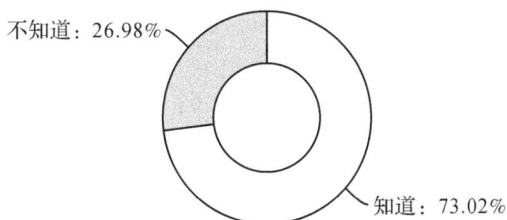

不知道：26.98%

知道：73.02%

图5 对"果旅结合"概念了解程度的占比图

在统计中,大家对于"果旅结合"的认知程度还是比较低的。实地调研发现,没有人完全了解这个概念;多数人仅知道这一个概念,对具体内容并不了解。而在较了解的人中,访问时可知大多数人也只是对"果旅结合"模式的表层概念有所了解,并不了解具体操作。少部分人则从未主动去了解过这一概念,认为并不是很重要。

4．是否对农产品文化节(例如西瓜节)感兴趣

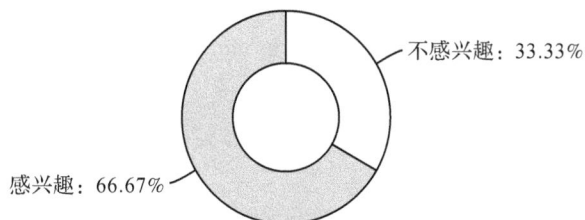

不感兴趣：33.33%

感兴趣：66.67%

图6 是否对农产品文化节感兴趣占比图

关于农产品文化节,66.67%的受访者对此表示感兴趣,33.33%的人表示不感兴趣。在对感兴趣的群体的采访中,他们表示空闲时间愿意去参加这类活动,一是能够开阔眼界了解水果相关知识;二是类似的农产品文化节具有趣味性。这对于没有参加过这类活动的人来说是比较有吸引力的。表示对此不感兴趣的人认为没有时间参加类似活动。总体而言,农产品文化节对于相关农产品的宣传具有一定的促进作用,可以吸引外来投资商,有利于农产品品牌的建立和推广。

5．是否支持将水果文化与民宿、旅游业等第三产业有机融合

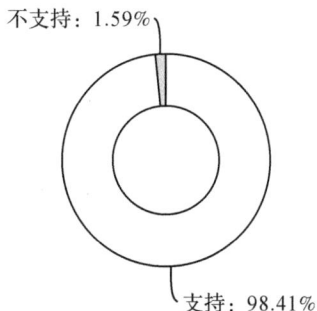

不支持：1.59%

支持：98.41%

图7 是否支持将水果文化与民宿、旅游业等第三产业有机融合占比图

支持将水果文化与民宿、旅游业等第三产业有机融合的人数比例高达98.41%,呈现压倒性优势,持反对意见的人数占总人数比仅为1.59%。多数受访者表示,这是有利于当地经济发展、符合农民切身利益的惠民实事,故对此表示十分支持。极少部分不支持的人表示可

行性不高,对此并不抱过高期望。事实上,将水果文化与民宿、旅游业等第三产业有机融合适应了乡村经济发展趋势,在保生态的同时促进发展,是形成乡村健康循环经济的佳选。

　　6. 对莲都区太平乡水果产业的了解程度

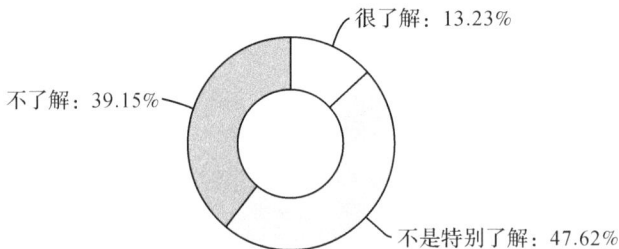

很了解:13.23%
不了解:39.15%
不是特别了解:47.62%

图 8　对莲都区太平乡水果产业的了解程度占比图

　　由图 8 可以看出,超过半数的受访者对莲都区太平乡的水果产业有一定的了解,认为"很了解"的人数占总人数的 13.23%,认为自己"不是特别了解"太平乡的水果产业的人数比例为 47.62%,接近半数,表示"不了解"的人数比例为 39.15%。对莲都区太平乡的水果产业很了解的受访者能够说出太平乡下辖各村落种植的水果种类,了解近几年太平乡水果的价格变化。47.62% 的不是特别了解的群体只是知道太平乡比较有名的几个水果品牌。对太平乡的水果产业完全不了解的人则表示没有接触过这方面的内容。

　　7. 知道太平乡的主要水果品牌有哪些

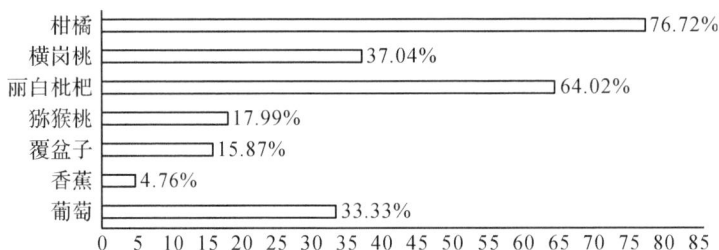

柑橘　76.72%
横岗桃　37.04%
丽白枇杷　64.02%
猕猴桃　17.99%
覆盆子　15.87%
香蕉　4.76%
葡萄　33.33%

0　5　10　15　20　25　30　35　40　45　50　55　60　65　70　75　80　85

图 9　太平乡的主要水果品牌占比图

　　如图 9,柑橘和丽白枇杷更加广为人知,分别有 76.72% 和 64.02% 的受访者知道这两种水果品牌。品牌熟知度从高到低依次为横岗桃、葡萄、猕猴桃、覆盆子,分别为 37.04%、33.33%、17.99% 和 15.87%。在这里香蕉只作为一个干扰项,不做考虑。从调查结果我们可以看出,太平乡的柑橘和丽白枇杷已经打响了知名度,其他水果品牌只是为一小部分人所知道,仍需不断进行品牌推广。

　　8. 如果有机会是否会选择去太平乡旅游

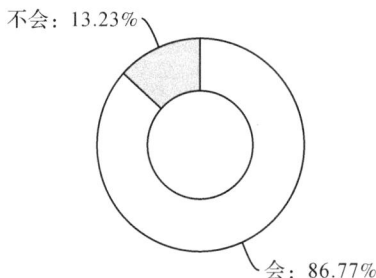

不会:13.23%
会:86.77%

图 10　"是否会选择去太平乡旅游"占比图

如图 10，会去太平乡旅游的人占比最多，达 86.77%，极少数人表示不会去太平乡旅游。选择去太平乡旅游的人占比超过 80%，可以看出太平乡旅游业市场存在尚待打开的现状。在实地与调研对象交谈时，我们了解到选择"不去太平乡旅游"的人，是因为一直在当地生活，无在本地旅游的需求。

(三)访谈内容与结果分析

1. 访谈内容

通过为期 10 天的实地调研，在走访了太平乡 9 个水果种植的村子后，团队选取了其中 4 个具有代表性的村落，将相关内容整理如下。

(1)太平乡竹舟村。

竹舟村与太平乡乡政府相隔约 1 千米，交通便利。在与竹舟村徐书记访谈过程中，我们了解到村里从 20 世纪 90 年代便开始种植橘树，后由于市面上橘子价格过低，果农收入不理想便放弃橘林的栽培。为了避免土地荒废，由农业开发局出资部分，村委修路并自发培训村民掌握桃树种植技术，现全村基本改种桃树。竹舟村拥有几百亩桃林，现基本为经销商前来进货，今年桃子收购价约 1 元 1 斤。桃树要 1—2 年才能结果，15 年左右便不再产出；而且村中的青壮年多选择外出打工开店，不再从事果树种植工作。

(2)太平乡长濑村。

长濑村位于太平乡西北部，是一个典型的农业村。早前以瓯柑、早橘种植为主，其中瓯柑种植面积较小，销路好，村子的瓯柑基地曾遇过霜冻导致产量降低，也进一步提升了瓯柑价格。但该村近年来椪柑产量不高，果树成活率不高，农户种植的积极性也不高。长濑村刘书记也表示过对村子未来水果产业的担忧，特别是江西等省份也生产柑类，对瓯柑销售产生竞争。

(3)太平乡下土夭村。

下土夭村为太平乡枇杷主要种植村，也是太平乡水果产业发展方向的代表。下土夭村曾举办过大规模的枇杷节，但未能达到理想效果，徐书记表示村委目前主要想法就是办好枇杷节与合作社，做好枇杷推广工作。现在枇杷线下虽销售良好，但由于枇杷仅有短短 15 天存活期，村子也计划在未来吸引大学生回乡发展枇杷线上销售业务。当询问到对于"以果旺旅，以旅兴果"的看法时，徐书记表示村中有过果旅结合的规划，但也面临许多实施的困难，可能会从民宿和农家乐入手进行尝试。

(4)太平乡富山头村。

富山头村为太平乡海拔最高、离城最远的村子，主要种植覆盆子，还有些许油茶。由于海拔较高，其他水果难以栽培，因此从 2014 年农户便开始种植覆盆子增收。与其他村子不同的是，富山头村生产的覆盆子产品主要作为中医药材而非水果直接售卖。村主任表示覆盆子收益效果明显，村中共有七八百亩覆盆子种植面积，仍供不应求，市场需求巨大。同时村委计划成立合作社规划整合村中覆盆子货源，大规模种植售卖覆盆子，后期同时开展线上销售服务。虽然现村中农户收益良好，但由于富山头村位置偏远、交通不便、基础设施落后、劳动力稀缺等原因，村子发展依旧面临困难；而且覆盆子市场价格近年波动大，能否保持较高的收购价是能否吸引青壮年回村的关键。

(5)村民代表访谈。

在调研过程中,我们与各村部分村民进行了访谈,并选取了傅陈波先生的对话,整理如下内容。

傅陈波先生是下土夭村丽白枇杷合作社的社长,从 1988 年开始种植枇杷,距今已有 30 年的历史,2009 年建立了合作社,2016 年建立了全国首个枇杷智能大棚。从谈话中我们得知,傅陈波先生的智能大棚可以自主调节控制棚里的温度、湿度,起到防冻害、高温、裂果、干果的作用。大棚里的枇杷树都会在省农科院做 DNA 认证,每棵树都有专属二维码,扫描即可知每棵枇杷树采摘的时间和品种。大棚里共有 36 个枇杷品种,后期枇杷结果时,傅先生会在一个枇杷包装盒里面放置所有不同品种的枇杷,即一箱枇杷尝遍浙西南的所有枇杷美味。傅先生是访谈过程中为数不多的已经打造采摘园的农户,同时与义乌网站合作以招揽游客前来采摘游玩。不仅如此,傅先生还开拓了线上销售业务,与顺丰快递合作并在微信售卖枇杷。由于傅先生的枇杷品质高、口感好,在浙西南地区久负盛誉,经推广,现全国各地都有人购买傅先生的枇杷,包括新疆、吉林等地,光江浙沪地区已支付的快递费便有 13000 元。

2. 访谈结果

通过访谈我们发现,太平乡各村干部和被访农户都表示村内仍在种植水果,政府也鼓励农户水果种植和发展。许多落都有发展果旅结合的想法,以达到乡村振兴"以果旺旅,以旅兴果"的效果,即把第一产业果树种植栽培与第三产业农产品加工业、旅游业相结合,来带动乡村整体发展。

但在实施过程中,由于乡村资金不足、人才匮乏、知识不充足等问题,各村果旅进展速度各不相同。另一明显问题是村中的青壮年多外出打工开店,村中没有足够的劳动力和人才大规模地发展水果产业,普遍散户分散经营,而这样的模式很难扩大村子水果的产值和销量。

七、调研分析

通过实地调研,并结合问卷结果、访谈内容进行综合分析,团队总结太平乡发展果旅结合模式存在如下的问题。

(一)发展电商困难

为适应当下电商潮流,增加村民收入,许多村落都有发展电商的规划,想让太平乡的水果在网络销售有一席之地。但由于村干部和村民文化水平普遍不高,村中人才匮乏,技术来源渠道狭窄,发展电商困难重重。

(二)年轻劳动力流失

年轻人多数外出打工,留在村中的以老人为主,这是太平乡各村普遍存在的问题。在发放问卷的过程中,我们发现接受问卷调查的多数是老年人,对村里水果产业的了解甚少。在与村干部和水果种植户的访谈中我们也了解到,近年来农村劳动力流失严重,尤其随着城市化进程的深入,越来越多的农村年轻劳动力进城务工,造成农村年轻劳动力数量急剧下降,想要吸引青壮年人口留村发展极其困难。

(三)基础设施较差

通过实地走访,我们发现太平乡目前偏远的村子基础建设较差,尤其是交通不够便利,许多村子的道路甚至只有一条水泥路,且道路狭窄,难以满足较大的车流量,因此部分村落尽管自然条件优越,适宜发展观光农业,但受限于交通不便。而拓宽道路以及完善基础设施需要大量的资金,因此资金的缺乏也是一个重要的限制因素。

(四)果农培训效果不佳

太平乡政府组织果农进行种植技术培训,但是名额有限,无法普及每一个村民,且培训内容无法帮助果农达到预期效果。

(五)竞争压力大,竞争力不强

太平乡位于以"九山半水半分田"之称的丽水市,土地多以山地丘陵为主,地形较不平坦,一方面难以采取大片种植和机械化种植的方式,另一方面,交通不便导致信息闭塞,获取的市场信息相对滞后,无法准确判断市场行情。而其他部分省份有大面积机械化种植,价格低,因此受市场价格影响,太平乡水果不得不压低价格,这使得太平乡果业竞争压力大,较为被动。

(六)旅游景点稀少且缺乏特色

通过实地走访以及与村干部的访谈中我们了解到,太平乡政府现对于下圩、太平、巨溪、小安村等几个村庄进行了旅游规划,但是缺少旅游特色。除已有的红色旅游景点三岩寺,高端农家乐天师楼·岑庄外,圩村的枇杷采摘园以及枇杷文化园在建,其余规划均未形成具体明确的安排,资金、人力是主要的限制因素。

八、调研建议

(一)加强对村民、村干部的文化教育

水果产业的发展更要注重对于种植户的培养,加强对果农们的教育培训,让他们学习新技术,掌握现代化营销模式,推广精细化管理,改变果农老观念,重视果品质量。同时加强对村干部的培养,努力提升干部的文化水平和管理水平。

(二)鼓励"大众创业"与"大众创新"

农村青年劳动力的流失,本质上是城市富足,乡村落后造成的。要彻底解决这一问题,要从城乡经济发展角度出发,搞好城乡统筹发展。同时政府要加强"双创"引导,吸引更多的青壮年回乡创业,促进农村经济发展,促进水果产业发展。

(三)加大统筹发展力度

要加大统筹城乡发展力度,增强农村发展活力,着力在城乡规划、基础设施、公共服务等方面推进一体化。乡村规划极力打造本村的特色,在基础设施方面重点解决交通问题。除了政府资金支持以外,可鼓励各村的成功人士进行集资建设家乡。

(四)根据实际调整村民培训班

政府结合实际情况,增加培训班的名额和加大培训频率,培训内容符合村民的接受程

度,适当调整教学模式和内容,力求让每一个村民在培训班都有所收获。培训结束后对村民的种植情况进行后续跟进,对培训后种植方式出色的,以及带动村民发展水果产业取得一定成效的种植户进行适当奖励,以鼓励村民积极参与培训。

(五)着力打造特色水果品牌

充分发挥气候、资源优势,加快水果产业的发展步伐,着力优结构、提品质、延长产业链,面向市场、因地制宜,打造具有太平乡特色的生态水果产业。通过品牌效应,扩大太平乡水果的知名度,为发展观光农业、休闲农业做准备。

(六)开发旅游资源,打造休闲与观光农业

太平乡可以在水源充足等优越的自然条件基础上,逐步完善基础设施,解决交通问题,开发自然旅游资源,汇集新思想,将文化与产业融合,依托河流、山地以及果林,打造水果采摘园与水果文化创意园,发展休闲农业与观光农业。

九、总结

为期 10 天的社会实践,让团队对"果旅结合"发展模式及太平乡发展该模式存在的问题有了深入了解,也锻炼了成员们的实践能力和团队协作能力。在调研过程中,团队创建的新媒体公众宣传平台对实践的过程进行了全方位的宣传报道,团队事迹在浙江新闻客户端进行了报道。团队成员深刻地体会到,作为大学生,应该时刻关注乡村现状,了解国家政策,响应号召,承担起新时代青年的责任与使命,为乡村振兴添砖加瓦。

附　实践团队照片

(一)实地考察

(二)访谈

 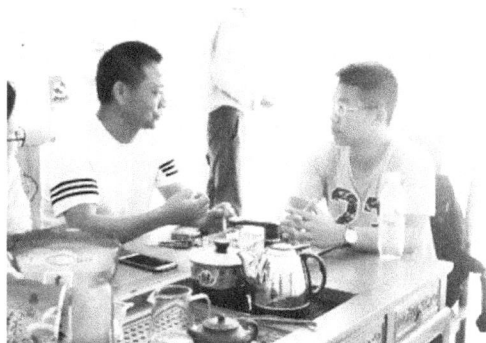

(三)合影

▶ 编者按

　　该实践团队前期进行了充分的准备工作,结合国家政策及相关理论知识,与相关部门工作人员研讨确定主题,同时结合了多种方法进行调研分析。问卷设计较为合理客观,结合不同群体进行多角度访谈分析,访谈内容较全面。调研报告结构合理、逻辑清晰,在报告中体现了明确的调研思路,数据整理翔实有根据,建议分析合理且有针对性,具有说服力。

调研食品基地，助力乡村振兴

——桐庐钟山乡暑期社会实践

食品与生物工程学院　何方舟

摘　要: 为助推浙江省乡村振兴战略,实践团抓住改革开放 40 周年的契机,深入桐庐基层开展社会实践。7 月上旬,实践团前往桐庐县钟山乡,进行了为期 7 天的实践活动。实践团深入各个食品基地开展调研,在当地进行问卷调查、开展食品安全宣传活动,并为当地孩子精心组织了为期 2 日的暑期夏令营。实践团通过此次实践,了解了食品安全建设现状。

关键词: 食安建设　基地调研　夏令营

一、实践背景

乡村振兴战略是促进食品安全保障的动力,食品安全保障是实现乡村振兴战略的基础;乡村振兴战略是农村发展和解决社会主义新时代主要矛盾的重要抓手,食品安全是确保这一重要战略顺利实施的可靠保障,也是乡村振兴的重点工程。

为推动浙江省食品安全县创建活动,进一步普及食品安全知识,营造"食安桐庐、人人共创"的良好氛围,桐庐县钟山乡启动了创建食品安全县的宣传工作,召开了食品安全工作会议暨食品安全县创建动员会。会议从"抓合力、抓迎检、抓宣传"三个方面对下一阶段主要工作任务做了详细部署。

实践团为响应乡村振兴战略的号召与桐庐县钟山乡的会议要求,深入钟山乡当地进行调查走访,并开展食安宣传活动,为乡村振兴贡献力量。

二、实践概况

(一)历年食品与生物工程学院"食安"实践概况

2017 年食品与生物工程学院携阳小队的同学们,本着宣传食品安全的目的,与其他组织的伙伴们一同前往杭州市桐庐县钟山乡开展宣讲活动,增强村民的食品安全意识,提高村民辨别真假伪劣食品的能力,推动当地食品安全知识宣传。

(二)钟山乡"食安"建设情况

在动员会后,钟山乡各村食品安全专管员积极开展食品安全县创建活动,方式多样。第一,发放食品安全县创建倡议书,以走村入户的模式发放倡议书,并在各村张贴宣传海报;联合学校将倡议书发放给幼儿园、小学的学生,由老师解读倡议书,并让家长一起学习;各村利用党员固定活动日组织党员统一学习倡议书。第二,钟山乡食安办通过电子大屏幕滚动播放食安县创建标语、悬挂横幅等方式,强化宣传效果,切实提高群众对创建省级食品安全县的知晓度。第三,钟山乡食安办在乡集镇街道举办了一场以"创建浙江省食品安全县,捍卫百姓舌尖安全"为主题的食品安全县创建宣传活动,通过发放宣传手册、开展食品安全满意度测评、现场咨询等多种形式吸引了大批群众参加。第四,乡食安办成员联合市场监管局横村所工作人员和各村专管员不定时对农贸市场、副食品店、餐饮店等场所进行检查,让人民群众对钟山乡的食品安全更放心。

三、实践内容及过程

(一)食品基地调研

本实践团选取钟山乡特色的食品基地,针对当地大批量生产的特色食品进行深度调研,了解食品安全县建设成效。

1. 高峰蓝莓基地

钟山乡的高峰蓝莓基地素有"钟山清秀蓝莓香,潇洒桐庐更繁华"的美誉。据蓝莓基地负责人介绍,高峰蓝莓基地位于海拔500米以上的大湾滩,正是桐庐独有的气候以及肥沃的红土,孕育了一株又一株的蓝莓树:蓝莓抗寒能力强,适合山区种植,而高峰村自然环境优越,土壤酸碱度也适合蓝莓的种植,加以仔细呵护,每年能生产大量优质蓝莓。

2. 歌舞茶叶基地

桐庐县歌舞乡天尊贡芽茶研制中心是有名的茶叶基地之一,天尊贡芽是半烘炒绿茶中的名茶,因产于浙江桐庐歌舞乡天尊峰东侧的天尊岩而得名。宋代曾作为贡品,系历史名茶。然而几经沧桑,多已失传。天尊贡芽于1985年研制成功,恢复生产。

在研制中心,负责人带领团队成员先参观了茶园。茶园种植着外来引进的"鹤羽白茶"。随后茶叶基地的师傅带领成员参观了茶叶的加工厂并模拟了茶叶的生产过程。据介绍,茶叶从采摘到包装出厂,要经历漫长且非常严格的过程。尤其在加工阶段,茶叶对环境的清洁度要求极高,进出人员必须穿防尘服。

3. 大市蜜梨基地

"大市蜜梨"的品牌成名已久,钟山大市的蜜梨专业合作社更是闻名全国,它是一家集蜜梨生产、管理、技术服务、收购、贮藏保鲜和包装销售为一体的示范性农民专业合作社。自2002年以来,获得了许多省市县的荣誉,最高荣誉是被中华人民共和国农业部授予全国农民专业合作社示范社。

实践团来到专业合作社,由负责人带领参观。刚踏入蜜梨基地,一眼望去,尽是碧绿的树叶与数不尽的纸袋。据负责人介绍,这些纸袋是为了防止鸟虫啄食,也是为了让蜜梨保持更好的外观,以便卖出更好的价钱。

梨园共有8000多亩,由多家分散种植,最后由合作社统一收购、统一包装、统一销售。自2002年建立蜜梨合作社以来,合作社一直坚持科技兴社,大力推广蜜梨标准化生产技术,提高蜜梨质量,坚持无公害、绿色、有机食品的建设。不可否认,蜜梨合作社已成为万亩优质蜜梨基地发展的第一推动器,与钟山乡蜜梨产业的发展紧紧地捆绑在了一起。

(二)食品安全宣传

"民以食为天,食以安为先",食品安全问题是和老百姓最密切相关的问题。实践团于7

月 11 日在当地农贸市场与超市门口进行食品安全宣讲和问卷调查。

实践团 1 组成员在农贸市场,分发食品安全宣传册,并耐心地给老人讲解宣传册上的内容。除此之外,组员们还对一些蔬菜、水果进行农药残留的查看,调查结果发现农药基本没有残留,果蔬都是当天采摘而来的,均为天然产物。1 组成员在工作结束后,会合 2 组成员共同开展工作。

实践团 2 组成员在超市门口,共分成两个小队,一队负责宣讲会开展,另一队则专门负责问卷调查,负责宣讲会的队员们提前做好了充分的准备,用生动形象的语言进行食品安全知识的宣讲,使得在场人员能很快地理解接受,并且回答了当地居民提出的多个问题。同时,实践团还准备了多份精美礼品,开展食品安全知识竞答活动。食品安全问题一直以来都备受关注,无论男女老少都积极参与活动,尽管大雨滂沱,也没有浇灭村民们对了解食品安全知识的热情。通过宣讲会和活动开展,实践团成员发现百姓对于食品安全知识了解程度不一,大部分食安知识来源于日常生活。

通过问卷调查组的资料整合,实践团也了解到钟山乡大部分住民为五六十岁的妇女,在我们设置的各种问题中均能意识到食品安全的隐患,并选择正确答案,但超过六成村民不能道出缘由,只是凭借生活的常识作答,显然食安意识已经扎根人心,但食安专业知识的宣传仍显不足。另外调查发现,当地很少出现食品安全问题,侧面反映钟山乡对待食品安全问题的谨慎严格。

(三)开展童真夏令营

食品安全意识应当从小抓起,本实践团与乡镇政府联合,在社区招募儿童并开展了为期 2 天的夏令营活动。实践团安排了翻转课堂与素质拓展两大模块活动,提高孩子们的团队意识,增长孩子们的食品安全知识。

实践团成员和小朋友们在钟山乡文化礼堂开展了各种各样的小游戏,如抢椅子、生死与共、根据关键词编故事等。在每个小游戏中间,实践团穿插了食品安全知识的宣传。这些游戏互动旨在提高小朋友们的竞争意识、团队意识,发挥小朋友们的想象力等。更重要的是,通过这些小游戏的内容小朋友们从小树立食品安全意识,让食品知识不仅仅停留在书本上,让食品知识渗透进生活的点点滴滴,以趣味性的方式深化孩子们的食品安全意识。

四、总结

为响应"桐庐创建浙江省食品安全区、杭州创建国家食品安全示范城市"的号召,本实践团走进桐庐钟山乡开展社会实践。

实践团先是走访三大食品基地,随后在农贸市场进行实地检测。两项实地调研使团队充分感受到了桐庐县创建食安县的决心。实践团还通过问卷调查、食安宣讲会、有奖知识竞答和童真夏令营等活动积极宣传食安知识,让食品知识更加深入人心。

通过实践,团队对当地食安创建工作有了更深入的了解。食安之路需要多方合力,既要从会议的部署开始,层层落实;也要从基层的工作开始,齐头并进。食品安全建设要通过推进食品安全检测能力建设、食品安全知识宣传、本地食品产业健康发展、搭建食品安全诚信体系等工作多管齐下,铸就食安壁垒。

▶ 编者按

在钟山乡启动食安县创建宣传工作的大背景下，实践团队结合专业知识，深入钟山乡开展调研，不仅通过基地调研了解食品生产情况，更是通过灵活多样的宣传方式进行食品安全知识宣传，以实际行动服务钟山乡食安创建宣传工作：通过开展街头宣讲和知识竞答，乡民了解了更多的食安知识，通过开展夏令营以趣味性的方式向儿童普及食安知识，通过与当地民众的良好互动收获了良好的宣传效果。团队在锻炼了自身实践能力的同时，也为当地营造食安县创建的良好氛围贡献了一分力量。

乡村振兴视域下的人力资本研究

——以丽水市青田县为例

公共管理学院　钱优楠　王　蕊

摘　要:当前,诸多村庄成为"空心村""老龄村",在人力资本匮乏、发展结构畸形的程式下,村庄逐渐面临凋散。乡村振兴战略指出,要坚持以"人"为核心,要更好地盘活乡村现有的人力资本,吸引外来人力资本,促进人力资本的积累,通过人才振兴实现乡村振兴。本文通过对浙江省丽水市青田县人力资本现状的研究,归纳人力资本净输出的原因。同时针对人力资本积累的问题,寻求青田特色做法,研究村庄盘活现有人力资本与吸引外来人力资本流入的双重保障机制,为人力资本匮乏的同类乡村提供振兴的可借鉴经验。

关键词:人力资本　权益保障　内生造血　外在输血

一、调研背景

乡村振兴战略指出,要推动"乡村振兴",关键在于劳动力的智力和体力要素,要把人力资本开发利用放在首要位置,强化人才支撑。人才是推动乡村经济发展的第一资源,"乡村振兴"离不开物资、技术等各种资源的支持,但这些外部资源效用的发挥,必须通过"人"来把握和实现;人才是"乡村振兴"战略实施的内在动力,引导经营管理人才、农村实用人才和专业技术人才扎根农村、服务基层、发挥引领带动作用是实施"乡村振兴"战略的基础。

丽水市青田县作为著名侨乡,劳动力转移就业规模持续扩大,各种结构性特征出现了新的变化,其人力资源基数大、质量低、结构失调等现象和问题在这一过程中逐渐暴露。实践团着力研究青田县人力资本状况,探寻问题所在,提出合理建议,为人力资本匮乏的同类乡村提供振兴的可借鉴经验。

二、调研内容

(一)地区人力资本现状

1. 华侨资本内化乏力,"桥梁作用"弱

青田是著名的华侨之乡,海外华侨人数众多,分布在世界的各个角落,总体上具有很强的经济实力。依托华侨人力资本,将华侨资金注入三大产业,以世界元素助力乡村振兴是一种优质产业发展模式。但目前存在以下问题:第一,产业引入大多以建造侨乡进口商品城为主,产业引入结构单一且薄弱;第二,大多华侨主要目的是落叶归根,而非推动乡村经济建设,在振兴乡村本身的产业发展和参与村庄管理上积极性较低。华侨这一"金名片"多集中于自身和家庭生活的改善,而鲜有人参与村庄发展与治理。

2. 人力资本结构复杂，发展畸形化

中国老龄化日趋严重，老年人口基数大、增长快并日益呈现高龄化、空巢化趋势，这种人口结构严重不平衡的情况在农村地区更为严重。原因如下：首先，青田县经济社会发展水平与其他发达地区存在明显差距，青田县农村外出就业劳动力比重较大，且人数不断上升。外出劳动力以青壮年为主，导致本村剩余劳动力不足，多以老年人口为主。其次，早年就已出国的华侨，多在年老时选择落叶归根，回归故里养老。

由于劳动力的不足，大部分工程项目工程人员以外来务工人员为主，这导致了外来人口与当地居民混合居住。人口的复杂性产生了一系列问题：村民管理主动性和积极性较差、参与村庄建设发展人员不足、公共服务难以实施到位、村干部能力有限、热情度低等。这些问题最终使得青田县村庄的发展逐步畸形化。

3. 村庄人力同质化倾向严重，治理结构单薄

青田县发展初期，人才优先发展理念没有完全确立、人才配置结构不合理、人才流失现象较为严重、人才创新创业环境不完善，县域内人口多以劳动密集型的中低端就业人群为主，缺乏高端人才和专业性人才。这使得当地新型产业发展落后，最终引发人才缺乏，无法发展新兴产业和无新兴产业，形成吸引不了人才的恶性循环。

因此，青田县农村只留下一批综合素质较低的劳动力，技能型劳动力缺乏。除此之外，农村仅有的实用人才分散作业，难以集中，部分人才思想落后，缺乏主动性和积极性，进一步加剧乡村振兴的人力资本匮乏困境。

在人力治理上，乡村治理结构需要由多元主体来推动，本应充分发挥村两委、村干部、乡贤的联动作用。但调研发现，这种联动作用在青田县难以得到发挥，原因有二：第一，下辖村庄多呈现"老龄化""空心化"趋势，缺乏多元治理主体，村庄内生发展力量不足；第二，在现有的村干部整体治理结构下，村干部治理往往以绩效为导向，很多人工作浮于表面，难以推动村庄实质性建设，更无法以身作则，调动村民积极性。

(二)地区人力资本匮乏原因

1. 产业运营体系过时，产业业态雏形化

产业兴旺是新时代产业更高质量发展的必然要求。从党的十六届五中全会提出"生产发展"，到党的十九大提出"产业兴旺"，产业作为乡村振兴的经济基础，在一定意义上决定了乡村的发展，也决定了乡村人力资本的流动。青田县产业结构以农旅产业融合、工旅文产业互通和华侨注入三产形式熔铸。

然而，由于资本开发的单一性，当下产业业态多处于雏形阶段，缺少成熟化的运营体系。在实际运作中，第一产业通过"周边消化、个体销售"的方式发展，忽视了农产品附加值带来的收益；第二产业多依托项目工程建设带动就业，吸引外来中低端劳动力，人口流动性强，不利于管理；第三产业以发展旅游业业态为重心，通过三条风景线的搭建，激活旅游资源，然而，第三产业建设机制不成熟，未形成庞大的体系。因此，在青田县产业业态雏形化、片面化、建设不成熟、高端产业注入力量不足的现状下，人口经济权无法得到有效保障，劳动人口要素持续单向净流出，使得乡村"三留守"现象严重。

2. 出国思想根深蒂固，人口外流常态化

改革开放初期，青田县流行"出国潮"。在国外资源与村庄资源的巨大差异下，村民以利

益为导流,多外出从事餐饮、服贸等行业,创下了巨额财富。随着人口外流的常态化,青田县成为著名的侨乡。

在现实中,青田县人口多以户为单位,以血缘帮带为主要形式,大批村民随亲友出国发展,持续扩大的华侨基数促成了本土人口向华侨转变的单向循环。这种固态的历史思想根深蒂固,影响了一代又一代人,导致当下村庄处于学龄的人口受出国思想的影响,对知识的学习没有了动力。村庄内生人力资本的高质量发展受限,这在很大程度上造成人力资本的根源性匮乏。

3. 政策激活效用不足,机制运作滞后化

政策作为乡村振兴的外生要素对于发展疲软的乡村不可谓不是甘霖。政策机制的运作在乡村资源的调动、开发以及人的权利保障上起着根本性作用。

然而,目前青田县政府在人力资本的政策保障层面存在局限性。一方面,侨乡资本回馈本土村庄力度渐乏:由于政府未给华侨提供完整的保障政策,使得华侨回归本地的发展缺乏资本扶持,发展边际价值狭小;另一方面,青田县在人才建设上虽推行优惠政策,主张培养技能型人才,但政府仅仅注重培养,在人才的归引上却未能形成一个完善的体制。给人才提供的岗位仅仅局限于政府机构内,使得多数技能型人才在本地没有综合发展的可能性。因此,导致了人力资本上出现"外部资本回归难、本土资本流出易"的困顿局面。

4. 乡村基础设施落后,内在引力虚软化

基础设施建设是推进城乡一体化发展的关键之一,城乡间各要素的流通高度依赖于基础设施建设。优化城乡基础设施配置模式,有利于形成城乡经济、社会、文化、生态相互渗透与融合的网络体系。因此,基础设施建设对于乡村而言是必然的外在要求,促进城乡基础设施配套一体化既是乡村建设的目标,也是条件。

丽水市青田县以山地地形为主,有"九山半水半分田"之称。特殊的地形致使各村内基础设施相当不完善:第一,由于封闭的自然环境,青田县道路交通建设十分落后;第二,青田县下辖村庄村内公共设施较少,村民缺少精神文化生活;第三,医院、学校等分散,为村民日常生活带来极大不便。不容置辩,乡村硬件对于生活的宜居性而言是关键,而青田县现有的乡村基础硬件极差,是"村内人外流,村外人不进"的一个重要因素。在村民的社会权得不到充分保障的情况下,人力资本匮乏成为必然。

三、思考与建议

(一)建设人力供求均衡机制,促进人才平衡性流入

农村人力资本的积累离不开政策的扶持。只有通过政策的引导,才能为人口集聚提供更好的体制环境。

青田县通过建立农村人力资本投资机制,并实施农村人口和大中城市有序流动的供求机制,提高了农村人力资本存量,吸引、激励高质量的人才流向农村,在农村经济中发挥带领作用。

在华侨资源的利用上,青田县首先加大吸引华侨的力度,制定针对华侨归乡发展的优惠政策,拓宽渠道,创新方法,让更多的侨资服务于农村经济建设和社会发展,利用民间的招商资源,逐渐形成全民参与吸引侨资的良好氛围;其次,大力弘扬华侨文化,通过节庆活动,吸

引华侨回乡投资;最后,通过以华侨带华侨产生连环效应。

(二)资本输入促人才内留,培育高质量人力资本

本土人力资本的开发是乡村人力资本积累的根本。因此,政府可以实施一系列的扶持举措,将资金投入、职业培训、就业和社会保障三方面工作紧密结合。第一,建立健全农村劳动力培训的领导和工作机制,加强部门统一协调和宏观管理,政府拨款开展一系列专业技能培训和定期技术培训,培养实用性人才;第二,通过政府转移就业实现劳动力由低层次就业向高层次就业转变;第三,通过资本输入,形成完善的社会保障体系,使其与农村就业相互促进、协调发展,实现人才的内留。

另外,要培养高质量人力资本,推动产业发展,技术革新。在乡村振兴战略的大框架下,对于青田类乡村,要重点培养更多专业性、技能型人才。

1. 培养高层次创业创新人才

为深入贯彻习近平总书记系列重要讲话精神,增强产业自主创新能力、促进产业结构调整转型升级、提升产业经济竞争力,在人才培养领域,要着力建设一支高层次、高水平的创业创新人才队伍。

首先,要科学制定高层次创业创新人才培养计划,完善高层次人才培养体系;其次,要努力建设一批高层次人才创业创新基地,推动高层次创新型科技人才向企业集聚;再者,要建立国内培养和国际交流合作相衔接的开放式体系,从海内外大力引进能够突破关键技术、发展高新产业、带动新兴学科的创业创新领军人才(团队)。与此同时,必须加快技术创新和科技成果产业化,促进传统产业向现代产业集群转变。

2. 大力开发重点领域紧缺人才

紧密结合国民经济和社会发展要求,切实加大重点领域紧缺急需人才的开发力度。

在重点领域紧缺人才的开发中,要加强重点产业、行业人才发展统筹规划,并且及时了解掌握不同产业、行业、领域紧缺人才需求信息,开展人才需求预测,定期发布紧缺急需人才目录;同时要鼓励高等院校与政府、企业联合培养重点领域学科和专业人才,最大限度激发人才活力。

3. 加强地方特色人才队伍建设

紧密结合丽水实际,大力培育一支特色鲜明、优势明显的地方特色人才队伍。围绕特色产业发展及内部结构优化要求,借助国内外知名院校资源优势,鼓励、扶持本地高校加强与地方经济社会发展联系紧密的学科专业建设,努力搭建在外创业人才返乡创业平台,进一步引导和鼓励在外创业成功人士回乡创业。

(三)健全人才管理机制,促进多元主体联动治理

创新健全用人机制。在培养、引进人才的基础上,只有善于选人、善于评人、善于激人、善于管人,才能激发人才的积极性和创新性,更好地发挥人才效益,推动产业发展和振兴。

1. 创新人才选拔机制

第一,按照公开、平等、竞争、择优原则,改革各类人才选拔任用方式,科学合理使用人才,达到人岗相适、用当其时、人尽其才的目的,形成有利于各类人才脱颖而出、充分施展才能的选人用人机制。

第二,着眼于提高选人用人公信度,加大竞争性选拔干部的力度。健全组织选拔与市场化选聘相结合的领导人员选拔任用机制,进一步提高市场化选聘的比例。

2. 创新人才评价机制

建立健全以岗位职责要求为基础,以品德、能力和业绩为导向,科学化、社会化的人才评价发现机制。完善人才评价标准,克服唯学历、唯论文倾向,注重靠实践和贡献评价人才。

建立以岗位绩效考核为基础的事业单位人员考核评价制度,完善专业技术人才评价机制,探索体现职业知识、能力和业绩的技能人才多元评价机制。

3. 创新人才激励机制

建立与工作业绩联系紧密、以人才资本价值实现为导向、有利于激发人才活力和维护人才合法权益的分配激励机制。贯彻落实事业单位绩效工资有关政策,加强对企业工资总额的宏观调控,统筹协调党政机关和国有企事业单位收入分配。在此基础上,引导各类企业加强对人才的激励保障,探索高层次人才、高技能人才协议工资制和项目工资制等多种分配方式。

4. 创新人才管理机制

第一,完善党政领导人才工作目标责任制,把人才工作纳入各级政府部门的发展规划,提高党政领导综合考核指标体系中人才工作专项考核的权重。第二,完善政府宏观管理、市场有效配置、单位自主用人、人才自主择业的人才管理体制。第三,推动政府人才管理职能向创造良好发展环境、提供优质公共服务转变,运行机制和管理方式向规范有序、公开透明、便捷高效转变。

四、结论

乡村振兴的实质是"人"的振兴,在机制与政策程式化输入的当下,需要坚持以"人"为核心,调动多元主体积极性,借助人力资本的积累发挥资源的最大边际效益,为乡村的内生性发展提供根本动力。

可持续性的乡村振兴实现更需要人才。在青田县已有的人力结构和人力资本现状下,推动产业发展必须加强人力资本的积累,需要内生造血,外在输血:从内部改变村民思想,完善机制运作,改善基础设施,推进保障体系建设,实现"留住人";从外部吸引优秀人才,吸引多方投资,鼓励返乡创业,发挥政策优势,实现"引进人"。同时,内外协调合作,提高教育质量,培养专项人才,共同建立完善的人才培养、选拔、评价、激励、管理机制,不仅要有人用,更要用好人。只有立足人力资本的积累,借助政府、村两委、村民、乡贤以及外部资本等多元主体力量,实现联动治理,通过外在输血与内在造血模式的结合,乡村才能进一步培养内生动力,实现真正的振兴。

▐▐▐➡ 编者按

习总书记曾指出,要推动乡村人才振兴,把人力资本开发放在首要位置。实践团队选题新颖独到,充分反映乡村振兴中普遍存在的问题,以人力资源匮乏问题为切入点,探讨人才振兴机制,提出"内生造血,外在输血"的人力资本开发机制,具有一定的现实性和针对性。调研报告结构合理,条理清晰,分析深入,结论完整,总体具有一定的可读性。

"同走霞客'申遗'路，共筑乡村振兴梦"暑期实践调研报告

公共管理学院　贾健苛　岳　梦　周路衍

一、调研背景及目的

党的十九大提出"实施乡村振兴战略"，并作为全面建成小康社会七大国家战略之一写入党的工作报告。2017 年中央 1 号文件提出，深入推进农业供给侧结构性改革，加快培育农业农村发展新动能。2018 年中央 1 号文件提出，农业农村农民问题是关系国计民生的根本性问题，必须始终把解决好"三农"问题作为全党工作重中之重。全面贯彻党的十九大精神，以习近平新时代中国特色社会主义思想为指导，按照"产业兴旺、生态宜居、乡风文明、治理有效、生活富裕"的总要求，尊重生态自然、体现天台特色、传承张思村特色文化，探索多规融合的实现机制，以及农村生产集约高效、农居生活特色传承、生态空间山清水秀的空间格局。通过实地考察各类专项规划和工程建设等，摸清村庄建设规模，了解乡村各类功能性空间，以及如何盘活闲置低效用地，结合土地综合整治、新村建设、旧村改造、农村基础设施和公共服务设施用地以及乡村生态产业体系，探索乡村振兴的有效措施，切实提高村域土地利用水平，促进美丽乡村和新农村建设，推进新型城镇化和城乡统筹发展，持续提高经济社会可持续发展。

二、调研现状

调研发现，天台县坚持把解决好"三农"问题作为各项工作重中之重，加强县委对"三农"工作的领导，持续深化农村改革，不断加大资金投入和支农惠农政策扶持力度，扎实推进农业现代化、美丽乡村建设、农业供给侧结构性改革等，农业农村发展取得了历史性成就。农业生产能力不断增强，农民收入持续增长，农村民生全面改善，脱贫攻坚取得显著成效，农村生态文明建设显著加强，农民获得感显著提升，农村社会和谐稳定。农业农村发展取得的重大成就和"三农"工作积累的丰富经验，为实施乡村振兴战略奠定了坚实基础。

(一)重塑城乡关系，走城乡融合发展之路

1. 农村基础设施显著改善

天台县把农村基础建设作为新农村建设的重要抓手，持续推动农村基础设施建设和公共服务发展。农村公路进行统一整治翻修，持续推进县内水利水电的完善，旨在解决民众饮水安全等问题。全县学校布局进一步优化，确保乡村义务教育标准化建设切实有效地施行，推动教育公平一盘棋的深度融合，推进城乡学校布局一体化。乡镇综合文化站实现全覆盖，

共投入 500 余万元资金为县内各个乡镇建造集健身、休闲、娱乐、学习培训于一体的高标准、多功能的乡镇综合文化站。

2. 资源要素向农村合理流动

从 2005 年开始,天台县就鼓励和支持各路人才和工商资本创造性地利用空壳村、旧村、旧址资源发展了生态庄园。生态庄园从无到有、从小到大、从少到多、从弱到强,经历了从自发开发到规范发展,从粗放经营到精细管理,从比较低级到相对高级的嬗变过程,基本形成了休闲度假、科技示范、产业开拓、家庭种养、综合开发等五大类型。截至 2017 年底,天台县已发展各类生态庄园近百处。

(二)巩固和完善农村基本经营制度,走共同富裕之路

1. 土地确权基本完成

据了解,土地确权是土地所有权、土地使用权和他项权利的确认、确定,需经过查阅档案资料、权属调查、纠纷调处、外业指界、审核公示、完善合同、建立数据库和建立登记簿等步骤,最后才颁发土地证资料归档。土地是农民的命根子,事关亿万农民的切身利益。党的十九大报告提出,保持土地承包关系稳定并长久不变,第二轮土地承包到期后再延长 30 年。土地确权登记颁证工作,实际上就是给农民"不动产登记",给农民吃"定心丸"。土地确权工作敏感性高、涉及面广、工作量大、时间跨度大,涉及各项矛盾纠纷。

天台县已率先接受省质检站对承包地块测绘成果开展专项监督检查,是台州市第一个成功通过第三方机构验收的县市区(试点区温岭市除外),总评分取得了 80.8 分的好成绩。已全部完成外业指界和数据入库工作,涉及应确权 530 个行政村,共 4209 个组,承包地块357864 块,承包地块实测面积 172993.41 亩,实测承包地完成率已达到 100%。预计今年可基本完成土地确权工作。为顺利推进此项工作,天台县把农村土地确权工作当作一把手工程来抓,成立了以县政府主要领导为组长、县委和政府分管领导为副组长的农村土地承包经营权确权登记颁证工作领导小组。天台县委、县政府主要领导既多方协调,又深入一线,靠前指挥,既是指挥员,也是战斗员。各乡镇(街道)把土地确权工作当作农村工作一号工程,一把手亲自挂帅,全面统筹,形成了主要领导亲自抓、分管领导具体抓、班子成员共同抓的工作机制,并明确专人负责土地确权工作。村级成立领导小组、指界小组、矛盾纠纷调解小组,确保各项工作积极稳妥地推进,形成县级层面统筹抓、乡镇层面具体抓、村级层面配合抓的"三级联抓"思路。

2. 全面探索扶贫机制

天台是个山区县,全县 597 个行政村有 7 成以上是经济薄弱村,且绝大多数集体经济薄弱村经营性收入不超过万元。村级集体经济如果不能发展壮大,就很难谈得上长效富民强村。如何帮助薄弱村"摘帽快跑",天台县以完善农村基本经营制度、加强农村基层政权建设为核心,以发展壮大农村集体经济为主线,以增强村级集体经济造血功能为主攻方向,加强政策引导,创新发展模式、运行机制和管理体制,多层次、多渠道、多形式促进农村集体经济持续较快增长,保障村级组织正常运转,夯实党在农村的执政基础。

天台县实施消除集体经济薄弱村(以下简称"消薄")三年行动计划,从 2017 年开始,连续三年每年整合扶持薄弱村发展资金 5000 万元,"以奖代补"发展项目,计划在 2019 年全面消除薄弱村。天台县还自加压力将今年任务数由消除 1/3 薄弱村提升到消除 40%。截至目

前,全县共有175个集体经济薄弱村收入超过10万元,完成今年省定任务的119.86%。

(三)深化农业供给侧结构性改革,走质量兴农之路

1. 现代农业发展取得长足进步,以提质增效为重点

在2017年天台出台的《关于做好2018年省级现代农业生产发展和生态循环农业发展资金项目储备工作的通知》中要求大力发展六大天台特色产业:蔬菜产业项目主体基地面积50亩以上;茶叶产业项目主体基地面积达100亩以上;水果产业项目主体基地面积100亩以上;畜牧产业畜禽生态养殖场(小区)项目,生猪常年存栏800头以上,家禽常年存栏30000只以上(其中鸭、鹅存栏5000只以上),肉牛常年存栏300头,羊常年存栏1000头以上,兔存栏5000只以上,其他特种畜禽参照上述规模确定;花卉产业项目主体基地面积50亩以上;食用菌产业项目主体项目建设区域环境符合无公害农产品相关食用菌产地环境条件行业标准,面积达到床栽1万平方米、袋栽20万袋;中药材产业项目主体生产规模面积达到50亩,水、电、路设施配套完善,按照"仿生态、保疗效"的现代中药产业发展要求,着力加强"浙八味"和传统重要药材规范化、标准化生产基地建设和提高质量安全水平。

2. 农村一、二、三产业加速融合发展

旅游具有"一旅兴百业"的重要特征,是兼具经济功能和社会功能的综合性产业,天台县坚持"产业融合、旅游富民"道路,三大产业围绕旅游调整结构融合发展。一是工业上,要围绕旅游发展调整结构,对现有企业进行技术革新,走"高精尖"发展道路,淘汰一批对环境污染严重、破坏旅游资源的企业;对新准入企业综合旅游因素设置防污门槛,对粗放型发展企业设置禁入令。同时,积极开发工业旅游路线和工业旅游产品,探索工艺参观体验游,挖掘旅游商品文化内涵。二是农业上,要重点做好"以农助旅、以旅富农"文章,发展观光农业,做好"七彩田园",开发乡村休闲旅游产品,利用"一乡一品一节"活动,打造品牌节庆活动和品牌农产品,服务旅游发展的同时带动农民增收。如泳溪乡普通香米从两年前3元/斤提升到6.5元/斤,有机香米从25元/斤提到60元/斤,农民增收近500万元。三是服务业上,要围绕旅游这一第三产业的龙头,形成产业链,带动"吃、住、行、游、购、娱"共同发展,重点开发旅游休闲业态,吸引青年客户群体,弥补目前游人年龄结构上偏老龄化的缺陷。

3. 农村电商迅速发展

天台县以农村电商发展为契机,统筹全县城乡各类人群创业就业,引导和帮扶青年特别是大学生从事电子商务创业。预计三年内实现电子商务创业人员5000人以上,带动就业1万人。

一是特色产业推动电商发展。集聚农产品和工业产品优势,鼓励发展电商"一园一街一村"。一园指各类创业园、孵化园,根据每个园区不同特点采取有针对性的帮扶;一街指特色创业街;一村指特色创业村。2015年,着重做好新青年大学生创业孵化园建设,争取1000人加盟创业园创业就业,其中大学生500人。同时,搭建农产品物流中心内农产品电商平台,帮扶发展坦头镇光明路汽车用品电子商务创业一条街和白鹤镇鹤栖新村袜业电子商务村。

二是平台建设服务电商发展。一方面,以建立人社系统大数据大网络为目标,加强信息服务平台建设。积极打造乡镇服务窗口、人力资源市场、就业E通、人力资源网等四个服务平台,实现"四网合一"。另一方面,以完善新青年电商培训基地和天成职技校创业培训基地建设为核心,建立创业导师库和电商顾问团。对各类创业者事前、事中、事后进行创业辅导,

确保培训后创业成功率。

三是人才引进助力电商发展。大力培育和引进电商人才,开展校企对接,重点依托县职业中等技术学校培养电商人才,同时到各类学校引进美工、设计等专业人才。

(四)人与自然和谐共生,走乡村绿色发展之路

1. 改善生态环境

自 2010 年起,天台扎实开展新一轮"四边三化"行动,巩固提升整治成果,建立完善长效监管机制。全面推进农村生活污水治理工作,新增治理村 247 个,新增受益农户 37031 户。继续推进农村生活垃圾集中收集全覆盖,选择雷峰乡全域,开展以"分类收集、定点投放、分拣清运、回收利用、生物堆肥"为主要内容的农村生活垃圾减量化资源化处理试点。扎实推进农业农村污染防治,全面完成规模畜禽养殖场治理,新增沼液利用量 3 万吨。推广测土配方施肥 45 万亩次,推广商品有机肥 0.6 万吨,减少化肥施用量 429 吨。把整乡整镇美丽乡村建设和美丽乡村精品村(特色村)打造同步推进,在美丽乡村创建先进县的基础上,启动美丽乡村建设示范县创建。

2. 改善环保条件

2010 年以来,天台县围绕生态宜居城市建设目标,努力推进城市绿化、完善城市基础设施建设、强化城市管理、着力提升城市品位、改善居住条件、优化生态环境,全县城乡人居环境得到明显改善。2008 年根据市政府和市整治办要求,确定了全县 393 家企业的整治任务,到目前已完成 390 家,完成率达 99%;着力推进坡塘化工区生态化改造,到目前,坡塘 6 家医化企业中,浙江昌明药业有限公司、浙江圣达药业有限公司、浙江省天台县奥锐特药业有限公司完成项目整体搬迁,新厂区项目已经完成各项验收,并投入正常生产;同时未搬迁企业通过改进生产工艺,缩减重污染的生产环节,进行有针对性的产品结构调整,目前生态化改造验收各项准备工作已就绪。

(五)传承发展提升农耕文明,走乡村文化兴盛之路

近年来,天台县不断加强和改进农村精神文明建设,以培育和践行社会主义核心价值观为统领,以美丽乡村建设为主题,狠抓环境整治、注重民风建设,实现了精神文明和脱贫攻坚相互支持、相互促进、相得益彰的良好态势。实施文明培育工程,天台县坚持城乡统筹发展、融合发展,深化农村综合改革,加快天台"名县美城"建设进程。

1. 深入开展农村精神文明建设

以争创省级示范文明县城为载体,实施乡风文明提升工程,依托小城镇文明行动,提升农村环境,改变落后陋习,规范礼仪行为,提高人的文明素质。深化好家风建设工作,推进以传承好家训、培育好家风、建设好家庭为主要内容的家庭文明建设,推动乡风文明整体提升。坚持教治并举,用好村规民约、乡风评议、红白理事会等乡风教化资源,持续推进移风易俗工作,全面推广红白喜事"三化"模式。

2. 加强农村公共文化建设

围绕创建国家级公共文化服务体系示范区,大力推进民间博物馆、和合书院(书吧)、文化礼堂等一批公共文化设施建设。以和合文化为精髓,加强文化阵地建设、文化活动开展和文化人才培养,不断增强农村文化生机活力。完善建设推进、管理运行、内容供给、文化培

育、队伍建设、激励保障等机制,积极发挥文化引领作用。

3. 弘扬农村优秀历史文化

做深文化物化文章,大力发展文化产业,加快影视名人村建设。历史文化名村、传统村落的数量要不断增加,质量也要不断提升。做好历史文化村落保护利用工作,加强历史文化村落建设,加强古镇、古村、古宅、古道、古桥、古亭、古街、古树、古塔、古堰、古井、古水系等保护,编撰乡村故事、档案,打造一批展现乡村地域特征、产业特色、人文特点的特色文化村。加强非物质文化遗产传承保护,复兴民俗活动、传统文化,挖掘农耕文明、民族风情,提炼产业文化、民间技艺,让天台历史文化艺术大放异彩。

将文化元素注入农村建设。在美丽乡村建设中,坚持以文化为魂,将剪纸、武术、民歌小花戏等传统文化图文并茂地融入村镇建设中,连续多年在基层村镇举办左权民歌小花戏比赛、象棋比赛、广场舞比赛、农民篮球赛、武术比赛等文体赛事。除了对基础设施、环境整治进行提档升级以外,着力突出公共服务和文化建设,10个乡镇综合文化站总面积达5700多平方米,村级农家书屋实现全覆盖,文化信息共享工程有序推进,"村村通"实现行政村全覆盖,极大地丰富了千家万户的精神文化生活。

(六)创新乡村治理体系,走乡村善治之路

天台县建设局深入开展村镇环境综合整治,扎实推进生态文明乡村建设。

1. 扎实推进农村垃圾综合治理

将基本建立生活垃圾"户集、村收、镇运、区县集中处理"运行管理体系,进一步完善管理体制和生活垃圾收集转运和处理机制,成立镇村环卫队伍。加强辖区内卫生保洁和垃圾治理的监管,建立定期考核、通报制度,实现长效管理。加强环境卫生地方性法规建设,健全依法管理的法律依据,增加农村环境治理方面的规定。

2. 努力加强村镇生态环境建设

完善村镇基础设施的配套建设。重点搞好道路、供水、排水、绿化、环卫等基础设施建设,通过加大村镇基础设施建设力度,实现综合开发、配套建设、滚动发展,提升村镇服务功能和承载力,为生态文明乡村建设、发展经济提供载体和平台。大力开展村镇环境综合整治,着力推动城乡环境综合整治经常化,及时清除积存垃圾,清除卫生死角,清理乱搭乱建。集中开展村居硬化、绿化、净化、亮化、美化"五化"建设,改善村容村貌。

3. 建立健全村镇环境综合整治工作机制

建立"政府协调组织,人大、政协督查,部门牵头负责,相关单位配合"的组织协调体系,强力推进村镇环境综合整治工程向纵深开展。成立专门负责对村镇环境综合整治督促检查的督查组,对整治工作进行全过程监督,随时掌握工作动态。加大投入力度,安排专项资金,用于村镇环境综合整治工作。创新机制,积极探索和创新村镇环境综合整治的筹资机制,引入市场机制,加快市场化运作,多渠道、多层次、多方式筹措资金,破解资金不足难题。坚持高标准、高档次、高品位,实行精细化管理。村镇环境综合整治活动以治脏、治乱为突破口,全面提高村镇的环境质量。健全机构,配备管理人员,严格落实责任制、划分责任区、确定责任人,运用检查机制、考评机制、奖惩机制、激励机制确保长效机制深入落实。比如,天台独创的"清廉村居"政策。"清廉村居"是天台县率浙江之先实施的一项治理农村基层干部"微腐败"的新做法,核心是以"班子清廉、干部清正、村务清爽、民风清朗、干群和合"的"四清一

和"为目标建设"清廉村居",从 2017 年 9 月起实施,已在 597 个行政村、15 个社区(居)全面铺开。全县 5911 名村居干部都建立了廉洁档案,签订了工程建设"五不"承诺书。"清廉村居"建设的根本目的是优化农村基层政治生态,打造风清气正、和合养廉的运行机制。天台县县委书记管文新说:"通过系统探索监督机制,把农村小微权力关进制度的'笼子',标本兼治农村基层的小腐小贪,有助于夯实党的执政根基,保障乡村振兴战略的落地生根,推进乡村治理体系和治理能力的现代化。"说起"清廉村居"出台的背景,天台县县委常委、纪委书记、监察委主任戴世勇介绍说,就任分管农业副县长时,接到最多的信访就是反映村干部的腐败问题,主要集中在村级财务管理混乱、村务不公开、挪用集体资金、村级工程建设腐败等方面。权力运行不规范、"三资"监管不到位、村务监督弱化,这些问题在农村很普遍。长期以来,农村事务存在"上级监督过短、下级监督过软"问题,农村基层已成为不正之风和腐败问题多发易发之地。天台县结合当地实际,明确了"清廉村居"的创建标准,采取评星晋级的办法,逐年分批推进。创建标准着眼于农村小微权力生态,分为"清廉班子"打造工程、"小微权力"清源工程、"一路清风"净化工程、"以文化人"联动工程和"和合干群"提升工程五个方面。创建内容包括规范权力运行清单、建立村居廉洁档案、开展廉情评估、开展农村基层作风巡查、推行"五不"承诺、加强工程建设监管、开展集体"三资"监管、推行"指尖三务"等 20 项,覆盖了农村基层政治生态的各个方面。"一方面明确村居干部的权力边界,让他们规范用权,按清单办事,底气十足;另一方面把权力放在阳光下,给老百姓明白,让村干部清白。"天台县县纪委党风政风监督室负责人徐滢说:"全面从严治党向基层延伸的'最后一公里'打通了,农村基层干部想干事、能干事、干好事、不出事就有了制度保障和监督机制。"

三、现存问题

虽然天台县在乡村发展方面取得了显著成绩,但同时我们在调研的过程中也看到了农村经济社会发展中的一些深层次矛盾还未根本解决,城乡差距仍然较大,给乡村振兴带来很大困难。

1. 农村基础设施建设欠账较多

作为贫困山区,天台县农村基础建设成本很高,困难重重。由于历史欠账,以及发展不均衡,农村道路、供排水、教育、卫生、文化等基础条件依然与城镇有着较大差距,与乡村振兴要求也有很大差距。

2. 农业产业不大不强的问题依然突出

从设施蔬菜产业看,菜农掌握技术不普及,应对灾害气候能力不强,生产水平不高,易受市场冲击。

3. 农民主体作用未能充分发挥,工作推行难

由于天台县多数农村经济实力有限、农民素质不高,很多群众对乡村振兴是"知其然,不知其所以然",认为乡村振兴是政府的事,是上级的要求,"等、靠、要"思想严重,对一些惠及自身的项目存在政府投入就干,不投入就无法运作,从而出现上头热、下头凉的现象,缺乏积极主动地参与乡村振兴的主人翁意识,导致乡村振兴的部分工作推行难。

4. 农村环境问题越来越突出

生活污水、农药化肥、生活垃圾和粪便等已成为农村环境污染的主要原因,使农村地区环境状况日益恶化,全县除 8 个村外剩余村庄均未建有生活污水处理设施,农村村民将生活

废水直接排放到附近的沟渠、河道、池塘等水体中,废水中有机物质直接溶解在水体中,从而造成水体中氮、硫、磷的含量较高,在厌氧微生物的作用下易产生硫化氢、硫醇等具有恶臭气味的物质,特别是在夏季极易形成黑臭水体,破坏水体的生态环境,危害人居生存环境。同时,部分村民环保意识淡薄,对生活污水的危害性认识不足,农村生活污水处理设施建设成本高、资本回报周期长,甚至无经济回报,民间资本很少介入,财政补助资金只能弥补部分成本,经常出现投入不足、配套资金不到位现象。

5. 三产融合程度不深

一是农业产业规模不大,与二、三产业融合程度低、层次浅、链条短,附加值不高。新型农业经营组织发育迟缓,对产业融合的带动能力不强,有带动能力的新型经营主体太少,一些新型经营主体有名无实,还有一些新型主体成长慢、创新能力较差,不具备开发新业态、新产品、新模式和新产业的能力。二是三产融合利益联结机制有待创新。虽然出现了农民电商专业合作社、订单式农业、流转承包农业等,真正将农民利益与新型农业经营主体利益紧密连接在一起的,所占比例并不高。三是农民技能素质相对低下,农村产业融合型人才缺乏,抑制了先进技术要素的融合渗透。农户对乡村旅游、农村电商认识等新业态认识不够,抑制了三产融合发展进程。

6. 农村精神文明建设离乡村振兴建设目标还有不少差距

调研发现,农村整体创建水平不高、活动不深入、载体不丰富、机制不健全、方法较单一,群众文明素养有待提高、文明习惯有待养成。一些村民的不良生活习惯与现代文明要求形成鲜明的反差,教育、引导农民养成良好卫生习惯以提高整体素质缺乏必要的措施和手段,农村精神文明建设缺少特色和创新。

7. 农业服务技术力量不足

农业技术人才短缺和技术服务力量不足成为制约农业生产的重要因素,技术服务不到位已制约着天台县农业产业的发展,农业部门技术力量严重不足。近年来承担工作逐年加大,但总人员减少和专业技术人员匮乏问题始终未能得到解决。

四、建议

根据此次暑期实践调研采集的数据及分析发现的问题,对天台县的乡村振兴发展提出以下建议(仅供参考)。

1. 加大农村基础设施建设投入力度

"要想富,先修路"已是老生常谈的话题。然而在农村,道路已然成为广大人民群众致富的希望,也是社会主义新农村建设的一项基本工作,更是农民享受改革红利的最好见证。但实际上,如果没有政府的投入,农村经济要发展单靠农民的力量基本上是不可能实现的。目前天台县农村基础设施差、底子薄、欠账多、任务重,村级经济基础薄弱,集体经济财力有限。因此建议,浙江省和台州市要对天台县农村基础设施薄弱的乡村加大建设的投入力度,要扩大公共财政覆盖农村的范围,不断创新体制,加快农村基础设施建设。

2. 推进农业发展,增加农民收入

社会主义新农村建设的基本出发点和根本目标是持续较快地增加农民收入、提高农民生活水平和生活质量。农民是否快速增收,是解决"三农"问题的关键,是各级中共党委政府中心工作的重中之重。根据天台县现状来看,促进农村人民群众增收显得尤为重要。要想

增加农民收入,首先应该按照优质、高产、生态、安全的原则,调整农业结构,使农业形成产业链,不断优化农业方面的产业结构,并让有限的土地得到充分的利用,发挥更好的效益;其次应该增加农业科技含量,确保当地特色产品及名牌产品的质量。力争通过现代农业科学技术,使产品外形更加美观,品质更加优良,争取开拓更加广阔的市场。

3. 充分发挥农民的主体作用

首先,要充分尊重农民的主体地位,切实维护农民的主体权利。要向农民群众广泛宣传党的各项农村政策,通过建立和完善农村民意表达机制,广泛征求农民群众对农村改革及乡村振兴的意见和建议,把他们的合理意愿和要求体现到推进改革发展的决策中。其次,要鼓励和允许农民围绕农村改革发展和建设社会主义新农村大胆探索、大胆实践,并总结新鲜经验。要进一步激发广大农民自主创业的潜能,营造鼓励农民干事业、帮助农民干成事业的社会氛围,并为农民群众施展才华、创业致富提供实实在在的支持和帮助。除此之外,要充分尊重农民合法权益,切实维护农民合法权益。农民合法权益包括农民的物质利益和民主权利。农民的合法权是农民积极性的支撑,是农民发挥主体作用和首创精神的内在动力,是农民建设社会主义新农村的内在动力,要在经济上切实尊重和维护农民物质利益,在政治上切实尊重和保障农民民主权利,使农民愿意在农村改革发展中发挥主体作用和首创精神。最后,要大力提高农民的综合素质,增强农民建设社会主义新农村的本领。要大力发展农村教育,加强农民培训,让农民掌握更多的文化知识、科学技术和经营技能,使农民成为有文化、懂技术、会经营的新型农民。

4. 改善农村环境,贯彻环保宗旨

加强农村环境污染治理,改善农村人居环境,创造秀美乡村。首先,需要提高农民思想认识,高度重视治理工作。村级及村级以上相关部门最好建立目标考核机制,将农村环境保护和综合整治纳入领导干部的目标责任当中,将考评与领导人的业绩挂钩。要完善农村环境治理立法,强化农村环境法制建设及农村环境监察能力建设,建立科学高效的农村环境监察、监测体系和信息系统。同时也要建立农村环境治理监察机构,配备必要的人员和设备,将环保工作落到实处。其次,要做好农村环境治理宣传教育工作,充分利用宣传栏、电视、广播、报刊以及网络等媒体,再结合自媒体,开展多层次、多形式的宣传。同时,加强对广大乡镇、村级干部的农村环境治理工作培训,增强他们的执法能力和应急能力。坚持生态环境治理进入课堂,增强渗透引导,使学生从小树立环境治理理念,培养良好的生活习惯。最后,要加大环境治理力度,全面改善农村宜居环境。探索建立农村环境治理的长效机制,高起点规划农村环境治理目标,正确引导农村环境治理正向发展,完善农村环境治理投入机制,共同创造天台县农村宜居环境。

5. 促进三大产业融合发展

第一,必须遵循产业融合的基本规律,采用科学融合方法。第二,要先巩固农业基础,再实施农村三产融合发展。第三,要拓展对于农业自身功能的认识,把农业的多功能性摆在更重要的位置。因此,在推行农村三产融合发展之前,必须先打牢农业的基础,稳定农业的地位,在农业发展到具有一定的竞争力时再进一步推进农村三产融合发展,如此可以减少其他产业对农业发展的挤压,从而实现农民增收,让农村三产融合取得更好的效果。

6. 加强农村精神文明建设,必须以发展农村经济为中心

加强精神文明建设应做好以下几项工作:第一,充分调动群众参与农村精神文明建设的

积极性、主动性和创造性。一是使精神文明建设从目前的工作实际出发,既要解放思想、与时俱进、开拓创新,更要脚踏实地、实事求是,使精神文明建设工作更加具体实在、扎实深入。二是使精神文明建设深入现实生活和农民群众的日常生活,挖掘生动事例,汲取新鲜营养,展示美好前景。推动形式可通过举办"农村艺术节""乡村青年文化艺术节""法制、科技、文化"下乡活动,以宣传党的政策、增强农民群众对党和政府的信任和拥护,弘扬传统美德。第二,要为农村精神文明建设提供有力保证。建立一支"政治强、业务精、作风正"的工作队伍,是搞好农村精神文明建设的组织保证。第三,要从教育入手,落实根本任务。坚持用邓小平理论和"三个代表"重要思想指导农民搞建设,进市场,奔小康。广泛深入地开展爱国主义、集体主义和社会主义思想教育,不断引导农民把爱家乡、爱社会主义、爱集体联系起来,积极投身于振兴家乡经济、共奔致富之路的实践。第四,为农村精神文明建设创造必要条件。着重抓好"战地"的建设:一是思想教育战地,如乡镇党校、职业学校、广播、电视、图书室、党员活动室等;二是文化教育战地,如成人学校、文化站、电影院、歌舞厅等;三是经济、科技宣传战地,如农技站、科普协会(学会)、各种宣传专栏、板报等。第五,加大农村精神文明建设投入。争取设立农村精神文明建设专项资金,必须长期坚持把农村精神文明建设资金纳入本级财政预算,确保专款专用,使农村精神文明建设拥有健康发展的物质基础。

7. 增强农业技术,培育农村技术服务队伍

一要提高对农业技术推广工作的认识。农业科技成果和先进技术应用于生产并转化成生产力,离不开农业技术推广,加强农业技术推广体系建设,是搞好社会化服务的重要基础。因此要加强对农业技术推广工作重要性的宣传,让天台县及村领导能够了解重视该项工作,它对农业科技水平的提高起着关键作用。二要抓好农业技术推广队伍建设,把乡镇农技站的建设作为"三农"工作的一项实事抓紧落实到位。提高农业技术推广人员的自身素质,实现基层农业技术推广人员培训的常态化。三要保障农业技术推广经费。经费是制约提升服务能力的主要因素之一,县、乡政府应进一步加大对农技推广经费的投入。四要提升农技推广队伍素质,改进农技服务模式。进行知识更新继续教育,对乡镇农技人员全面进行为农服务教育、知识更新教育和学历教育,安排一定的时间普遍进行专业技术人员知识轮训。五要建立和完善考核机制。将农技推广这项基础核心工作放在重要位置,列入县政府考核乡镇和部门的重要内容。同时,制定考核细则,严格按照农技人员工作责任目标进行考核,根据考核结果进行评比奖惩,从而充分调动广大农技推广人员的工作积极性和能动性。

五、总结

通过重走霞客路,调研天台县的农村现状及问题,结合历史事实,我们看到了在新农村建设的政策引导下天台县的积极变化以及目前存在的问题。天台县农村属于偏远山区,村民普遍贫困和村庄基础设施薄弱的问题始终存在,但县政府和党支部一直在积极改善现有问题,特别是县委、县政府在"城乡结合发展"的理念指导下,对该县资源进行了整合管理。土地确权、精准扶贫及集体经济的改善,将村民的利益和权力置于建设新农村和乡村振兴的第一要务,为村民提供了在新农村建设过程中的最基本的生活保障。在农村普遍存在的环境及环境资源利用不合理的问题中,县委、县政府不以环境作为发展经济的代价,积极改善环境,为子孙后代留下青山绿水,坚持为可持续发展铺好可通之路。在产业整合和人口结构问题上,以积极开展人口精神文明建设,实行历史文化保护,并以"非遗"传承为基础大力发

展绿色经济,利用历史文化优势开发旅游业,带动村民的经济收入,改善农村的人口结构,将大量的年轻消费人群和劳动力引入农村。与此同时,借助互联网行业的东风,大力发展电商产业,以创造大量的创业机会和就业岗位,为农村建设带来了更多的互联网人才。通过产业的发展和积极作用,有效改善了农村人口老龄化和大量青壮年外出的情况,为振兴农村打下了人才基础。

同时利用现代化的管理思想和方法调整管理组织结构,深化管理策略为乡村振兴带来理念和策略的支持。通过调研,我们发现主要的问题还在于村民的主人翁意识薄弱,没有很深入地理解新农村建设的重要性和核心理念。所以需要加强对村民的文化、精神、思想的建设,以此让村民对村庄建设投入更多热情。同时在政策上为村庄引入人才和技术。

在全国如火如荼进行新农村建设的工作中,我们在天台县的实践调研中看到了现今我国农村普遍存在的问题,各级政府、政策的支持,以及其对新农村建设工作的支持和努力,同时也意识到振兴农村的重大意义。我国如今农村户籍人口占总人口的 42%,为实现中华民族的伟大复兴和全面小康的国家目标,农村建设改革势在必行。通过本次实践调研,我们看到了天台县的改革进程及变化,也认识到了当代大学生对于国家建设的重要性。作为当代大学生,我们也应当发挥特长,积极投入各行业的改革建设中。每个人都是星星之火,在大家的共同努力下,我们必将形成建设道路上的"燎原之势"。

编者按

本文作为一篇暑期实践调研报告,内容翔实、结构完整,能够围绕主题展开充分的论证,从"霞客之路"写到"乡村振兴梦",给读者展现了乡村振兴之路的生动案例。通过深度调研并针对乡村振兴战略提出了六大可行性建议,充分体现了团队成员分析问题和解决问题的能力。

乡村教育篇

扶贫必扶智。

让贫困地区的孩子们接受良好教育，

是扶贫开发的重要任务，

也是阻断贫困代际传递的重要途径。

——习近平 2015 年 9 月给"国培计划(2014)"北京

师范大学贵州研修班全体参训教师的回信

关于流动党课进基层情况的调查

——以湖州市龙溪街道为调查对象

马克思主义学院 唐诗婕

摘 要:党课是以上课讲授的形式进行党的基本知识教育,是中国共产党对党员和入党积极分子进行教育的重要方式。党的十九大对新时代党的建设做出了新的系统部署,进一步重申和明确了基层党组织建设的重要价值。基于这一背景,本文深入考察湖州市龙溪街道开展"流动党课进基层"的工作实效性,总结新时代做好基层党建工作经验。我们以龙溪街道党校为纽带,以龙溪街道村庄、社区、企业为调查对象,对"流动党课进基层"工作进行较为全面的调研。在深入调研的基础上总结流动党课进村社的主要工作方法、获得的成效,以及它为增强基层党建工作所积累的经验。

关键词:流动党课 基层党建 龙溪街道

一、调研背景

党课是中国共产党对党员和申请入党的积极分子进行教育的重要方式,党的各级组织通过党课,定期向党员和入党积极分子宣传党的路线、方针、政策,进行党性、党纪和党的基本知识教育。对每一位党员来说,党课是进行先进思想教育,了解共产主义、共产党的精神内涵,以及保持其先进性的重要媒介。

但随着党员人数的增加,党的力量的发展壮大,党建问题、党员教育问题也随之而来。"流动党课"的出现,颇有成效地解决了党员人数多、范围广、分布散的问题。

浙江省湖州市经济技术开发区龙溪街道的"流动党课进基层"的成果引起了我们调研的兴趣。按照"流动党课"的授课计划,龙溪街道采用送课下村的形式,给社区的居民送去了一份精神大礼。龙溪街道社区教育大讲堂采用"流动党课+道德讲堂"的形式,以党的十九大专题党课、社会主义核心价值观,借助名著经典、圣贤训言以及众多身边的事例、生动的讲述和分析,带领大家解读习近平新时代中国特色社会主义思想,党的思想路线,深受党员群众的欢迎和推崇。因此,调研"流动党课进基层"的基本情况、湖州市龙溪街道"流动党课"的成功经验,无疑是具有很大的参考价值。本次实地调研主要采用问卷调查与访谈(座谈)法。

二、问卷调查数据分析

此次问卷调查共发放 115 份问卷,回收有效问卷 108 份,有效回收率达 93.9%。本次问卷调查的对象主要以湖州市龙溪街道的企业员工、政府工作人员以及社区、村社居民中的党员为主,调查对象年龄和文化程度分布范围较广,取样均衡。

根据对"请问您有亲身体验过'流动党课进基层'吗"这一问题的调查。从图 1 我们可以看出,在所调查的龙溪街道企业员工、政府工作人员以及社区、村社居民中的党员中,有

77.78%的党员亲身体验过"流动党课进基层",仅有17.59%的党员没有亲身体验过"流动党课进基层"。根据对"请问您听过几次流动党课"这一问题的调查,从图2可知,听过3次及以上流动党课的党员占大多数,比例高达46.3%,将近一半,但仍分别有34.26%和19.44%的党员仅听过1次和2次流动党课。

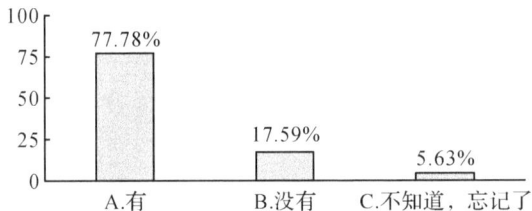

图1 "请问您有亲身体验过'流动党课进基层'吗"问卷结果柱状图

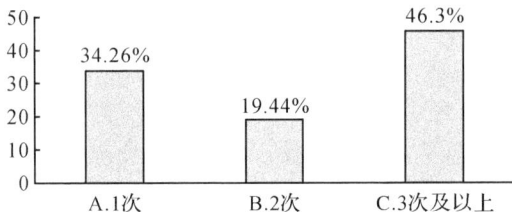

图2 "请问您听过几次流动党课"问卷结果柱状图

根据对"请问您了解'流动党课进基层'吗"这一问题的调查。由图3显示,我们发现,高达62.04%的被调查党员认为自己基本了解"流动党课进基层",仅有0.93%的党员完全不了解"流动党课进基层"。这说明龙溪街道的党员基本上对"流动党课进基层"有认识和了解,但非常了解"流动党课进基层"的党员只占20.37%。这说明虽然大多数党员对"流动党课进基层"这一政策和措施有一个普遍的了解,但是大多比较浅显,而不能深入地去了解这一政策措施。

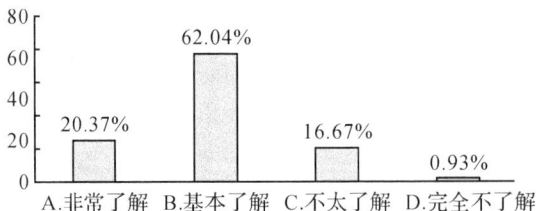

图3 "请问您了解'流动党课进基层'吗"问卷结果柱状图

根据对"请问您觉得街道党校开展的'流动党课'培训风格是"这一问题的调查,通过图4我们发现,有69.44%的党员认为"流动党课"的培训风格是授课内容贴近实际、接近基层的,其余认为"流动党课"授课理论通俗易懂、授课方式灵活的党员分别占被调查对象的20.37%和10.19%。这说明,对于大部分党员来说,"流动党课"最显著的特征就是贴近实际、贴近基层。而通过对"请问您认为'流动党课'与一般'党课'的区别在哪里"这一问题的调查,图5也可以更好地印证大部分党员认为"流动党课"的特征就在于贴近实际、贴近人民生活。图5显示,62.96%的被调查党员认为"流动党课"与一般"党课"的区别在于"流动党课"是搬进党员家门口的,方便高效、推行范围广、深入基层。此外,还分别有21.3%和15.74%的被调查党员认为"流动党课"与一般"党课"的区别在于"内容切口小、时间短,机动灵活、范围小,避免听觉疲劳"以及"讲课形式生动活泼,比较有吸引力"。但总体而言,大部分党员还是认为"流动党课"最显著的特点就是能够深入基层、贴近基层。

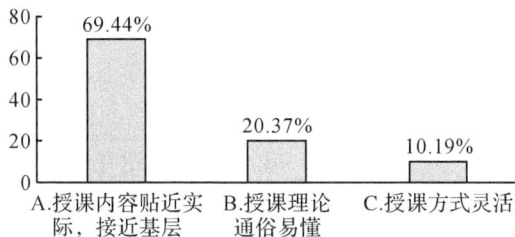

图4 "请问您觉得街道党校开展的'流动党课'培训风格是"问卷结果柱状图

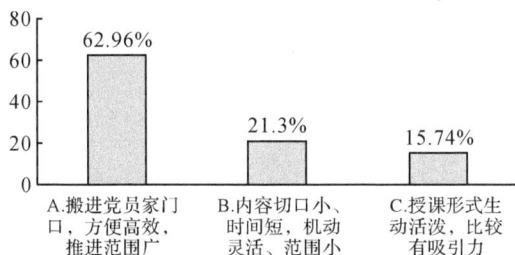

图5 "请问您认为'流动党课'与'一般党课'的区别在哪里"问卷结果柱状图

根据对"请问您听完街道开展的'流动党课'感觉效果如何"这一问题的调查,通过图6我们发现,有半数以上的被调查党员(54.63%)认为"流动党课"成效非常好,党性修养有了新的提高,且被调查党员中没有一个认为"流动党课"成效一般,未学到较多理论知识。此外,有29.63%的受访党员认为"流动党课"成效良好,新的理论知识了解更多了,15.74%的受访党员认为"流动党课"成效较好,可以保持基层党组织的凝聚力。

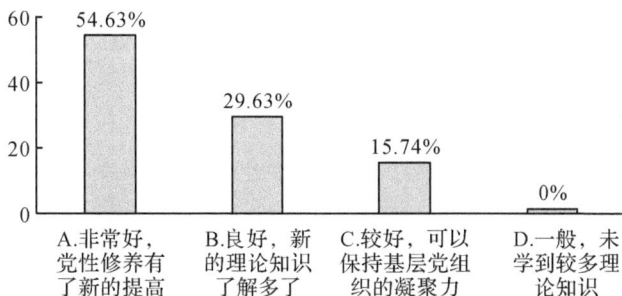

图6 "请问您听完街道开展的'流动党课'感觉效果如何"问卷结果柱状图

根据对"请问您认为'流动党课进基层'有其必要性吗"这一问题的调查,通过图7我们发现有82.41%的被调查党员认为"流动党课进基层"十分必要,14.81%的党员则认为"流动党课进基层"的必要程度为一般,而剩下的党员(2.78%)主张"流动党课进基层"没有必要性,是浪费资源的一种体现。这说明了大部分党员是认可"流动党课进基层"这个政策的,并且十分支持。这也是"流动党课"深入基层、贴近群众、满足群众实际生活需求的一种体现。而通过对"请问您认为党委'流动党课进基层'工作有成效吗"这一问题的调查,也可以说明大多数党员认为"流动党课进基层"这一政策推行的必要性。由图8显示,72.22%的党员认为党委"流动党课进基层"的工作有成效,20.37%的党员认为成效一般。但也有6.48%的党员对党委"流动党课进基层"的工作没有什么感觉,还有0.93%的党员认为一点成效也没有。

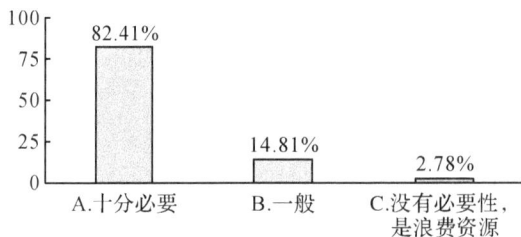

图7 "请问您认为'流动党课进基层'有其必要性吗"问卷结果柱状图

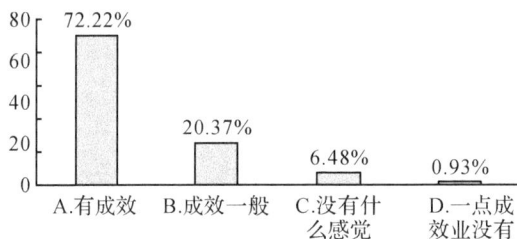

图8 "请问您认为党委'流动党课进基层'工作有成效吗"问卷结果柱状图

根据对"请问您认为'流动党课'面临以下困难吗"这一问题的调查,通过图9我们发现,有37.96%的党员认为"流动党课"没有较明显问题。而认为授课内容逐渐贫乏,缺少变通和授课形式逐渐老套,缺乏吸引力的党员分别占31.48%和20.37%,还有10.19%的党员则主张"流动党课"缺乏或不重视督查评比制度。而根据对"请问您认为'流动党课'这一工作的实施至今有所改善吗?"这一问题的调查,我们发现,有66.67%的党员认为一直根据实施情况反馈进行改善,成效显著。而29.63%和3.7%的党员分别持有"针对这一工作存在问题有所改善,成效甚微"和"尝试解决问题,却没有改善"这两种主张。

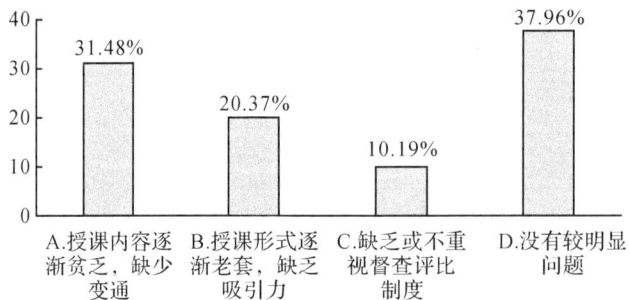

图9 "请问您认为'流动党课'面临以下困难吗"问卷结果柱状图

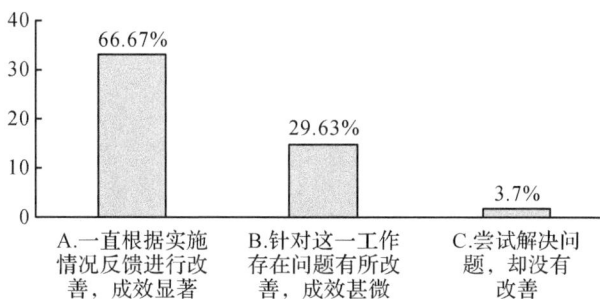

图 10　"请问您认为'流动党课'这一工作的实施至今有所改善吗"问卷结果柱状图

根据对"请问您认为加强哪方面的工作有利于'流动党课进基层'的进一步开展"这一问题的调查,我们发现有 62.04% 的党员认为要增强授课内容,使授课内容更加丰富,更接地气,其余的 31.48% 和 6.48% 的党员对此则持有授课形式要创新和健全督查评比制度的观点。

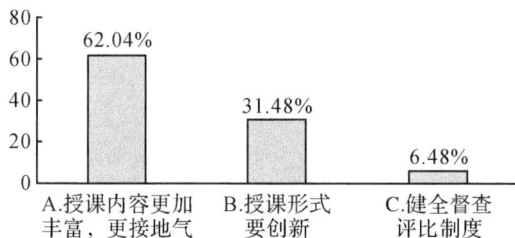

图 11　"请问您认为加强哪方面的工作有利于'流动党课进基层'的进一步开展"问卷结果柱状图

根据对"请问您是否支持'流动党课进基层'的继续推行"这一问题的调查,我们发现有 74.07% 的党员都十分支持"流动党课进基层"的继续推行,25.93% 的党员较为支持。这代表了"流动党课进基层"这一政策深入基层,满足了党员对党课的需求,在一定程度上提高了党员自身的素质,提升了党员参加党课的积极性,增强了对党员这个身份的仪式感和归属感,扭转了社会风气。

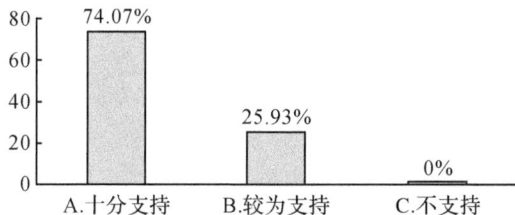

图 12　"请问您是否支持'流动党课进基层'的继续推行"问卷结果柱状图

通过问卷与访谈,我们了解到了湖州市龙溪街道党委推进"流动党课进基层"这一工作在实施过程中面临的困难、党员对此的看法和取得的成果。

三、访谈分析

"流动党课进基层"实践队一行先后奔赴党群服务中心、街道办事处、永兴特钢等地开展座谈交流,总结了流动党课进村社的主要工作方法、获得的成效,以及它为增强基层党建工作所总结出的经验和遇到的问题。以下是对访谈的具体分析。

(一)主要工作方法及问题分析

流动党课,是龙溪街道成立以来反响很好的一个形式。流动党课的一个主要的组织形式是根据党员的人数,合理地调节安排:即党员人数较少,那么集中党员去党委听党课;党员人数较多,那么党委安排讲课老师到党员所在地上课,这种组织形式能够较好地处理党员与党委的时间、地点上的冲突问题,避免不必要的麻烦,更加行之有效。村上组织进行系统学习,通过流动党课就可以按计划落实到每个企业单位的党组织。乡镇党委的主要覆盖面是街道,街道党委要办流动党课,要以村为主要出发点,开展党课的学习。流动党课是一个新事物,党委必须充分发挥党校、流动党课的积极作用,才能促进流动党课的发展,提升党员对党课的学习接受程度,提高党员自身的党性修养。

流动党课良好开展的同时也存在着各种各样的问题。首先,党员学习党课的自觉性不够。流动党课的开展次数较为有限,党员集中进行党课学习的时间较少。所以,大多数时间里,党员不会自觉主动地利用空余时间学习,对之前党课知识的学习难以形成深刻的印象。其次,流动党课开展受时间、地点等客观因素的影响,无法顺利完成党课教授与学习。党员分布过于分散,难以快速集中在一起进行党课学习;另外,党员的时间安排与党课开展的时间相冲突,导致经常出现大量党员缺席党课的现象。最后,老党员和年轻党员的年龄结构分层。当地党员大多以党龄较长的老党员为主,其余的是刚大学毕业的年轻党员。因此,往往会出现这种情况,老党员的学习渠道单一,对理论知识学习的主要渠道就是集中上党课,自学渠道极少;而年轻党员相对于老党员来说,对开展党课这种授课模式积极性并不高,他们对理论知识的吸收更加偏向于通过互联网等媒体途径。

(二)问题解决及建议分析

党员除党课的集中学习以外,大多难以利用空余时间自觉学习。针对这一现象,在开展流动党课时,可以适当地进行考核,设定一定的考核标准,考核达标,则给予一定的表彰,以此来提高党员学习的动力和积极性;另外,党委可以考虑设定相关的奖励机制,对党课学习中有优异表现的党员进行奖励,间接地提升党员的自主学习能力。

流动党课的开展受时间、地点等客观因素影响,经常难以顺利迅速地进行。对此,党委可以定时召开会议,商量确定党课开展的时间与地点,可以选择在多数党员有时间的时候召开,党员也应当积极参与党课的学习,优先参与党课。另外,可以通过考察出勤率,对党员进行考核和实行一定的奖惩制度。

老一辈党员和新兴的年轻党员,对党课教授的理论知识的选择大有不同。老党员习惯于以往的授课模式,而年轻党员则希望通过互联网等媒体方式进行党课学习。对此,党课的授课模式一定要实行创新,借助多媒体,将理论知识与生活实践相结合起来,开辟一种新型的更加生动形象的授课模式,使得老党员更容易理解理论知识,让年轻党员也提得起兴趣,不再感到枯燥无味。另外,老党员和年轻党员可以分开进行党课学习,针对两者的不同需求进行有针对性的授课,这样才能提高党课的授课效率,以便于党员更好地吸收党课教授的知识。

(三)党员反映及体会分析

"流动党课进基层"这一党课活动的开展,受到了绝大多数党员的好评,至少7成以上的党员都亲身经历过党课的学习。他们认为,党课的开展范围很大,党课学习的普及率较高。龙溪街道的大多数党员都积极参与了党委安排的党课学习与自主学习。他们认为,"流动党课"相对于一般党课来说,最大的区别在于,流动党课深入基层,行之有效,推行范围广,授课内容更易接受,能够激发党员的学习兴趣,提升党员自身的党性修养。多数党员在党课的学习中,学到了以前从未听过的、新的理论知识,说明流动党课的开展成效显著,对党员党性的培养与提高有着极其重要的作用。流动党课是一种创新,深入基层,最终回溯上升到国家党建层面,在我国党建建设中必定会产生不可言喻的作用。

四、对策分析

根据对于先前收集的问卷以及访谈内容的分析,我们了解到流动党课相对于之前的传统党课存在许多问题。由此,我们在开设"流动党课"时应该解决以下这些问题。

(一)关于党员自觉性问题

在过去进行传统党课时,因为上课次数有限,党课开展的频率较低,党员集中上课的时间较少,因此党员主要通过利用空余时间学习,这就对党员的自觉性提出了更高的要求,但是传统党课中,党员学习不够自觉。

(二)关于老党员在学习中学习的渠道较少的问题

在党员中,党员的年龄跨度大,有部分老党员因为认识比较传统,知识水平相对较低,导致学习的渠道较窄,学到的知识不够全面。

(三)关于传统党课学习不够系统的问题

对资料进行分析时发现,传统的党课学习不够系统、比较零散,党员对学习的内容比较陌生,只通过一两个小时的听课时间,无法立即吸收学习的内容,难以形成稳固的知识体系,对于理论性知识的学习比较缺乏。

(四)有关"进党校"学习成本太高的问题

在传统党课中,主要是党员到党校中听党课来进行学习。如此一来,建设党校需要固定的场地把党员集中起来,而且也需要好的授课资源。因此,"进党校"的成本就大大提高了。

(五)关于企业党员少,难以组建党支部的问题

在分析了对企业党员的访谈和问卷内容后,我们发现企业,尤其是外企或者有外资参与的企业内,存在着党员较少、难以组建党支部、党员感到缺少组织感和归属感等问题。

(六)关于人员工作地和党籍不配套,党课教育组织困难的问题

通过对企业内党员的访谈,我们发现企业内有很多党员虽然在此地工作,但是他们并不

是在现在工作的企业入党,由此部分党员的工作地和党籍不配套,并且他们把党籍放在村里或者自己本地所获得的福利更多,这就给党课教育的组织增加了很大的困难。

通过这一系列的分析,我们深刻地意识到"流动党课"对于企业和基层街道的重要意义。但是"流动党课"确实还是存在一些问题。在此,我们将通过分析问题的方式来提供一些解决问题的思路。

1. 关于党员年龄结构分层问题

我们主要通过对街道下属的村庄"第一书记"进行交流和访谈发现了一个问题:当地党员存在年龄跨度较大的问题,一类是党龄较长的老党员,另一类是大学毕业不久的年轻党员。这两类人对于党课的授课模式有着不同的需求,老党员对于理论知识的学习主要通过党课,自学渠道较少,但是年轻党员对于理论知识的吸收有互联网等多种途径,所以对于理论性较强的党课,年轻党员的积极性较老党员来说比较弱。

对于这一点,我们的建议是:首先,对于授课的模式要进行创新,不能只是一味地学习理论知识,更要结合生活和工作的实际。

其次,我们提出可以将年轻和年长的党员分开进行授课,对于不同需求有针对性地授课,以起到提高党员积极性和授课效率的目的。但这就牵扯到第二个困难。

2. 关于"流动党课"资金以及教师资源匮乏问题

在与龙溪街道办事处党委副书记张峡涛和党委委员钱瑜的交流中,我们了解到,对于街道来说,"流动党课"的资金是困扰他们的一个难题。由于企业党支部的党员没有条件全部进入市党校学习,所以"送党课下企业"是由街道出资,聘请老师等相关专业人员的,企业只需要提供时间和场所,资金这一块就需要街道进行合理的安排。但是如果"送党课进企业"这一行为得到大力推广后,资金问题就会成为一个大问题。所以我们建议,对于"送党课进企业"这一行为,首先可以申请上级政府的资金支持,其次也可以与企业达成合作,企业员工的一部分党费返还可以用作"流动党课"的资金支持,同时也可以与当地高校以及党校的授课老师达成合作,对于授课费用可以进行协商。

3. 关于党员对"流动党课"接受程度的问题

通过问卷我们也了解到,"流动党课"的授课模式有待改进。通过问卷的数据分析可以看出,认为"授课内容逐渐贫乏、缺少变通"和"授课形式逐渐老套、缺乏吸引力"的党员分别占31.48%和20.37%。在访谈中我们也发现了这一问题。所以我们认为,对于党课的授课模式可以进行改革和创新,并不是单一的理论性,而是与生活、工作相结合,从实际出发,对党的纲领性文件进行解读,从而提高党员的理解度、认可率与积极性。授课的模式也可以从单纯的课堂式教学转变到以课堂式教学为主体、线上教学为辅助的方式来调动党员的积极性。

4. 关于党员接受"流动党课"时间不能集中这一问题

在永兴特钢企业的访谈中,我们了解到了这样一个问题:由于一线员工的流水线工作安排和部分员工的因公出差计划,企业中的"流动党课"时间安排成了最重要也最难解决的问题。但是永兴特钢的员工对我们说道,企业高层重视对困难的解决是关键。由于永兴特钢的高层领导对于党建这一块是很重视的,所以在年初便由党委安排一个总的计划,这对于党课的实施还有很有帮助的。但是同时我们也看到这项计划还是不够完善的。制定计划这一点是值得学习的,但是计划如何制定以及制定的效果好坏则需要进一步探讨。

5. 关于"流动党课"的监督评比制度还不够完善

通过问卷我们认识到,对于现阶段的"流动党课"的实施,还没有相关的监督评比机制进行配套。如果有了完善的"流动党课"监督评比机制,"流动党课"的授课效率以及成果一定会有进一步的保障。

五、总结

对浙江省湖州市经济技术开发区龙溪街道的"流动党课进基层"的调研圆满结束。我们小队通过实地考察走访,采访领导、党员以及人民群众,问卷调查统计等形式做出了调研报告。

按照"流动党课"的授课计划,龙溪街道采用送课下村的形式,给社区的居民送去了一份份精神大礼。龙溪街道社区教育大讲堂采用"流动党课+道德讲堂"的形式,以十九大专题党课、社会主义核心价值观,借助名著经典、圣贤训言以及众多大家身边的事例、生动的讲述和分析,带领大家解读新时代中国特色社会主义思想、党的思想路线,让与会人员获得精神上的升华,深受党员群众的欢迎和推崇。我们小队从党群服务中心到街道办事处,从永兴特钢厂到赵湾村党课,经过为期3天的探访,深刻认识到了"流动党课进基层"的重要性和先进性。"流动党课"一方面使得"党课"能够更深入基层、贴近基层,另一方面也展现了上级党委对村社、企业的关怀。"流动党课"进基层,满足了党员们对党课的需求,在一定程度了提高了党员自身的素质、党员参加党课的积极性,增强了其对党员这个身份的仪式感和归属感,扭转了社会风气,大大推动了党的发展。

但与此同时,作为一个形式新颖、推广时间短、推动地点范围小的新党课活动,"流动党课"还存在着很多显而易见的问题。例如年龄结构分层大导致内容不能统一,缺乏资金及主讲老师,学习不够系统……面对这些问题,当地街道已经提出了相对应的解决方案。

虽然"流动党课"在现阶段的实施还存在一些问题,但是总的来说,"流动党课"作为龙溪街道2018年的新政策、新措施,还未完全成熟,正处于一个不断发展、完善的阶段,它所代表的党课新模式的改革势头是迅猛而有活力的。我们也相信在不远的未来,在对具体问题进行整改后,这一党课新模式将带来更好的效果,能为提高党员素质和加强党的领导力、组织力、凝聚力贡献强大而坚实的力量。

▷ 编者按

"不忘初心,方得始终",浙江工商大学"流动党课进基层"实践队奔赴湖州市龙溪街道开展为期3天的实践调研考察,总结流动党课进村社的主要工作方法、获得的成效,以及它为增强基层党建工作所总结出的经验和遇到的问题,探索实效性更强的"流动党课",扩大在基层的影响力,达到"星星之火,可以燎原"之势。

绩溪上庄镇本土文化教育调研报告

金融学院　　金哲毅

摘　要：随着中国教育业的蓬勃发展，中国对乡村文化教育的重视程度逐渐提升，当今乡村本土文化教育受到一定重视。但实际上经过走访调查发现很多本土文化教育还仍停留在表面，并未使得本土文化精神内核进入孩子的想法。为了解本土文化教育的现状与当地对本土文化教育的反应，我们金融青志"萤火筑梦 守望皖南"团队前往安徽绩溪上庄村支教，并开展了我们对当地本土文化教育的调查。

关键词：本土文化教育　　现状　　建议

一、农村本土文化教育现状

党的十九大报告中提出"乡村振兴战略"，提出要"推动城乡义务教育一体化发展，高度重视农村义务教育……努力让每个孩子都能享有公平而有质量的教育"。农村教育在决胜全面建成小康社会中具有举足轻重的地位。农村的教育在某些方面上占据天然的优势，其中最引人瞩目的是来自乡村的特色文化。

根据《中国农村教育发展报告2017》显示，中国农村义务教育均衡化水平有序提升，义务教育学龄人口持续向城镇集中，义务教育城镇化率从2001年的38.2%增长到2016年的75.01%，年均增长2.45个百分点。而农村教育质量仍亟待提高。调查发现，一些农村学校学生学业成绩达不到国家规定的及格标准，且随着年级的提升他们逐渐丧失了对学习的兴趣和对知识的渴望。制约农村教育质量提升的阻碍性因素，诸如教师能力有限、家校合作不紧密、学校教育与学生经验相疏离等问题都不同程度地存在着。可以说，农村教育质量提高的制约因素很难在短期内彻底消除。

乡村居民在物质水平逐渐提高的情况下，会将自己的孩子送往城镇接受更加优质的城镇教育。孩子虽然接受了更好的教育，但放弃了乡村本土文化教育。优质的本土文化需要传承和记载，乡村本土文化保护与传承情况不容乐观。

二、安徽省宣城市绩溪县上庄镇当地现状

2017年，绩溪县全年完成生产总值68亿元，比上年增长8.5%；财政收入突破10亿元大关、达到10.57亿元，增长8.5%；城镇居民人均可支配收入29800元，增长8.5%；农村居民人均可支配收入12045元，增长9%。值得注意的是在《绩溪县2018年政府工作报告》中，提到了"现代服务业亮点纷呈……预计全年旅游接待量870万人次、综合收入42亿元，均增长20%以上"。这表明绩溪当地政府对旅游业的扶持力度较大，而上庄镇当地也有自己的文化特色。

上庄镇位于绩溪县境西陲,东、北与长安镇相连,西接黄山市黄山区(太平)、宣城市旌德县,南邻黄山市歙县。1992年3月,由原上庄乡与旺川乡合并建立上庄镇;2001年10月,原浩寨乡撤销,其所属的五联、寺后、前村、横山4个村民委员会并入上庄镇。人口14790人,其中非农业人口430人,镇人民政府驻上庄村(旧名上川),距县城39千米。上庄留有许多优秀的历史文化,如著名徽墨大师胡开文、近现代中西医医家汪惕予、新文化运动先驱胡适、现代著名诗人汪静之等,并留有省级重点文物保护单位胡适故居、太平天国壁画、棋盘村、胡开文故居等。上庄镇在2008年12月被命名为"安徽省优秀旅游乡镇",旅游业潜力巨大,素有"小上海"的美誉。

三、调查对象与调查方法

(一)对象

本次调研的对象为参加浙江工商大金融学院"萤火筑梦 守望皖南"团队暑期夏令营的上庄当地的共190名学生,其中一、二年级合计38名,三年级28名,四年级26名,五年级24名,六年级26名,初一35名,初二13名。年龄段主要分布在7~15岁之间。

(二)方法

家访调查学生家长,街边调查,收集到当地成年人对乡村本土文化教育的想法。家访方式为支教队员2—3人一组,经过分配后开始逐户进行家访,调查家长对孩子接受乡村本土文化教育的了解与自身对其的理解。家访人数覆盖参加支教夏令营学生人数的70%。街边调查和平时观察主要通过直接访谈的方式,来了解当地本土教育现状与传承问题。

四、现存上庄本土文化教育状况

(一)本土文化教育在一定程度上已纳入学院义务教育中,但体系与质量仍存在不足

在我们对学校内学生的学习状况进行调查研究后发现,学生大多能够掌握一定的当地本土文化。学生大多拥有一定的有关当地本土文化的一些知识。一二年级的学生能熟练读出胡适的《两只蝴蝶》,这是中国第一首白话诗,浅显易懂;而三年级至六年级的学生对于胡适和新文化运动也有稍微了解,并且不懂的学生对于此类知识也抱有较大兴趣;高年级的学生已经在历史书上学习过此类内容,故对胡适较为了解。胡适本人是安徽绩溪人,在江苏省松江府川沙县(今上海市浦东新区)出生三年后,因为中日甲午战争的爆发而随母亲回到安徽省绩溪县上庄村。故此地留有胡适故居。

另一位有名的人物是胡开文,徽墨行家,同样是安徽绩溪上庄村人,他在清朝徽州制墨业衰退时仍能重用墨模雕刻、设计人才,这使他成为徽州制墨业的大师。受到胡开文的徽墨影响,当地人学习书法的兴趣浓厚。绩溪县上庄学校针对每一年级的学生(九年级学生除外),都会在每周设立1—2节的书法课,并且设立有专门的书法教室供学生学习书法。学校还配备有专门的书法老师教授书法,这表明当地对于书法文化的重视。

但问题仍然存在。因为胡开文并未被系统地介绍,同学们对于胡开文的认识程度远不及胡适。而上庄村也出过许多其他优秀名人,但往往因为他们知名度不够,当地老师对其也

不了解,导致学生也无法掌握此类名人的信息。

(二)文化建筑塑造较为精美,但却缺少游客流量

绩溪县上庄学校正好位于绩溪上庄景区内。景区内墙上砖瓦维护得很好,并没有长久年代感。墙上的壁画则写有胡适的诗与宣传绩溪上庄的诗,房屋错落有致,亭子维护得很好。绕着巷子走就能走到胡适故居与胡开文故居,十分方便。就整体而言,景区内干净整洁,文化气息浓厚。

因课业繁忙,我们只能选择休息日前往胡适故居和胡开文故居探访,但都因为时间过迟而无法有机会进入,但实际上时间不过下午5点左右。一方面是探访此地的游客极少,为合理节省资源,故居的关闭时间都提早了很多。但我们仍然希望此地能发展交通,宣传旅游文化与当地特色本土文化,让更多游客前来品读当地本土文化。这样才能让景区内充满生机。

(三)学生家长对于本土文化的忽视,使得本土文化逐渐流失

在对家长的拜访过程中我们能体会到作为家长对于孩子的关心,尤其是对于孩子未来成长教育的关心。我们发现很多家长本身受教育程度较低,但无论其受教育程度如何,都对孩子的成绩十分关心。但一旦提及当地本土文化,家长对其态度则为不关心甚至是不支持。家长普遍持有以下观点:①此类文化教育占用上课时间。家长认为孩子应将更多时间投入到与考试入学等方面有关的学习上去。②此类教育无意义。家长认为此类教育与应试义务教育无关,并简单地认为此类教育无意义。③家长对孩子的学习成效不满意。一部分原因在孩子的不认真学习上,也有一部分在于孩子对于部分教育内容的不理解。家长发现孩子对于本土教育的不理解后便表示了反对。总而言之,家长对孩子十分关心与关爱,但他们对本土文化教育并不是十分支持。

五、报告建议总结

(一)家长:重视地方本土教育

目前多数乡村居民文化程度不高,他们误以为本土教育并不重要,抑或是只需要学校提供教育,而家长只要提供物质需求就可以了,家长对于本土教育可以无视或完全交由学校教育。教育子女是每个家长的义务。乡村本土文化教育的强势在于本源。因为每一个生活在各自土地上的乡村居民对于本土文化的了解要甚于外地来客,而这份文化应该随着血脉传承下去。家长应担起责任,主动与子女的任课老师、班主任联系,加强沟通。了解子女本土教育,共同商讨教育孩子本土文化的策略,使教育能因材施教,适用于不同情况的孩子。

(二)学校:加强基础教育,拓宽知识,实践探索

学校对于当地本土文化的教育需要从根源开始。从一、二年级开始便向孩子传授有关当地文化的简单知识,让学生能从一开始受教育时便对自己的当地文化有初步了解认识,使得文化能从一开始进入孩子的认知范围。在较高年级开展书法教育的同时开展对于徽墨的认知教育,使得知识进入孩子们的脑海中,而不仅仅只是提高其表面的书法写作能力。针对高年级有能力自我活动的同学,可以通过开展走访当地建设良好的故居等活动进行考察调

研,让学生近距离观察文化痕迹,使本土文化知识更加深入地进入学生脑海中。

(三)政府:宣传文化特色,发展交通服务,设立特色本土活动

流量的缺失使得故居门口门庭冷落,政府应加大宣传力度。因各地本土文化不同,各地拥有各自的特色,宣传不同地域特色可以使得更多游客前往。其次是当地交通不够发达,只有巴士可以到达上庄村,为使更多大巴车前往上庄村,可以通过扶助的方式让当地交通情况得到改善。政府也可以通过扶助方式在当地开展特色活动,如研墨、文化回廊、文化节等活动,吸引更多游客前往。

六、结束语

农村的教学实践活动开展得并不理想,有很多类似上庄的地方"设"而不"开",或本本主义,应付了事。究其原因,主要是农村教育实践活动严重脱离了本地实际,教师"教"起来难,学生"学"起来烦。而扎根本土文化是教学改革之需,是农村的发展之求,是教师的解困之策。农村地方文化悠深,民情风俗丰富而又内蕴,只要盘活"乡土",完全可以把活动课作为提升学生学习能力的着力点,使之多渠道地获取知识,发展能力,学会学习,走出困境。

【参考文献】

[1]中国农村教育发展研究院. 中国农村教育发展报告 2017[R/OL]. (2017-12-24)[2018-12-12]. http://www.jxyy.gov.cn/zwzx/zwyw/content_261245.

[2]绩溪县人民政府. 绩溪县 2018 年政府工作报告[R/OL]. (2018-05-04)[2018-12-12]. http://www.cnjx.gov.cn/openness/detail/content/5a46010b4b8ede459a81b72b.html.

[3]彭全忠. 农村初中语文实践活动应扎根本土文化[J]. 新课程研究:基础教育,2009(10):111,118.

▌▌▶ **编者按**

乡土文化教育是乡村文化振兴的重要内容。金哲毅等同学选择安徽绩溪上庄村进行调研,发现此地虽有丰富的历史文化资源,本地的乡土文化教育却比较落后的矛盾现状。令人耳目一新的是,他们不仅从家长观念和学校教学层面分析了乡土文化教育落后的原因,更深刻地指出当地文化旅游产业落后给文化教育带来的不利影响。教育事业和文化旅游事业一起协同发展,能够取得更好的效果。乡村振兴正是需要这样有创新想法的人才!

探索大学生"春泥计划"关爱留守儿童健康成长的有效模式

——以浙江工商大学财会学院彩虹小分队为例

财务与会计学院　吴姣姣

摘　要："春泥计划"自在全省范围内开展以来,在团省委和各级团委的努力下,已经成为关爱未成年人健康成长的有效途径,宣传落实省委省政府政策方针的重要载体。为进一步提升"春泥计划"关爱留守儿童活动水平,总结经验,打造精品,本文以浙江工商大学财务与会计学院彩虹小分队为例,总结近年来队伍筹备、开展、宣传三个阶段的经验,以及开展活动的优势与不足,提出相应的解决办法和建议,将实践经验凝练成一套行之有效的模式,进一步提升财会学院"春泥计划"项目质量,探索新形势下如何拓展并深化此项活动的内容与影响力,为其他高校提供有益的借鉴。

关键词：春泥计划　留守儿童　支教　关爱　大学生

一、活动简介及社会背景

"春泥计划"是浙江省委省政府在全省推广开展的一项重要工作,是浙江省加强和促进农村未成年人思想道德建设的主要载体。据统计,自 2008 年到 2011 年 4 月底,仅 3 年内,浙江省共有 1 万余个行政村开展了"春泥计划",覆盖率近 50%。据有关资料显示,我国未成年人全年大约有 180 天的校外时间,社会教育的重要性越来越凸显。农村的校外文化生活单调、活动场所缺乏等问题较为普遍,为数众多的农村"留守儿童"往往缺少家长照顾管教,也容易发生各类意外伤害、伤亡事故。因此,"春泥计划"关爱留守儿童健康成长成为新形势下突出时代精神、相应新政策号召的重要举措。浙江工商大学财会学院团委赴丽水市缙云县大源小学支教已四年,支教队集结优秀学生、学生干部,连续多年以"关爱留守儿童"为主题,以农村未成年人思想道德建设为重点,进一步完善农村公共文化服务体系。

二、"春泥计划"支教活动的基本模式

(一)筹备阶段

1. 确定活动点

为更广泛宣传团省委的方针政策,将青年学生的爱心输送到全省更为广泛的地区,"春泥计划"每年的活动地点都会有所变动,这也成为此实践活动的一个问题——没有固定的活动点,对当地实际情况缺乏了解,造成工作不能顺利开展。因此,财会学院近年在选择支教点时着重考虑三个要素:第一,距离学校所在地相对较近的区域,方便学生往来;第二,选择留守儿童数量较多的村小,这样此项活动的意义会更加突出;第三,支教点应为夏季少暴雨

洪涝地,将危及安全的因素降到最低。

2. 组建团队

在组建过程中,财会学院注意以下几点,以确保支教队伍的综合素质。第一,优先考虑学生党员。在入党推优之时,其专业、综合素质等都是学生当中较高的,选拔其中的优秀党员进行支教活动,既是对学生党员的进一步培养锻炼,也发挥了党员的模范带头作用。第二,着重考虑学生干部。学生干部作为校园学生活动和工作的组织者与领导者,具有较高的思想政治觉悟,其团队协作能力与组织沟通能力相对较好。第三,侧重于选拔文体特长生。由于支教的课程主要以文艺、体育、益智、心理和爱国、安全教育等为主,内容不限于课本,所以为保证支教队伍能全方位满足当地未成年人的教育需求,文体方面的特长生是财会学院彩虹小分队团队需要的人才。第四,跨年级组队。在年级分配上,以新队员为主,注重老队员带新队员,每届支教队伍都会留1—2名有相关经验的同学进行帮传帮带,将支教队的优良传统延续下去。

3. 设置课程与物资准备

在课程的安排上,应尽量选择特色鲜明的趣味课程,让孩子们在玩中学习。一方面是为了使尚处于小学阶段的学生易于理解和接受,另一方面是为了使学生综合素质得到进一步的发展锻炼。财会学院彩虹小分队设置的课程涉及历史故事、祖国地理、电影鉴赏、手工美术、魔术、数独与英语等,着重培养学生的创新性思维,激发他们的好奇心。团队的每个成员都会被分配到一门课程,根据实际教学需要,由他们自己准备教学课件。相关的教学物资,如彩纸、魔术道具、蜡笔等,财会学院彩虹小分队也提前购买齐全,以确保课程的顺利进行,争取让每个孩子对每门课程都有独特的体验。

(二)实施阶段

1. 课堂演绎与主题讲座

虽然队伍在抵达活动点之前完成了各项准备工作,但面对一群活泼好动、心理尚未发育成熟的孩子,任何计划都会有变动的可能,课程安排和授课内容都需要根据实际情况及时调整,因此,团队成员应具有应变能力,学会变通,这样才能顺利完成支教计划。在实际教学的过程中,队员鼓励孩子们积极发言,在交流与互动的过程中能更加了解彼此,同时也锻炼了孩子们的语言沟通能力,提高了他们的胆量,使他们更加开朗乐观。另外,为了进一步加强管理和增强保障,财会学院彩虹小分队为每个年级的每个班分别设置一名班主任和副班主任,他们的主要职责是进一步了解孩子以及其家庭情况,以确定重点关爱对象,每天上课前负责点名,放学后送离学校较远的孩子回家等。只有做好细致的纪律管理和安全保障,才能让家长们放心,让孩子们开心,这也是支教活动中极为重要也是非常基础的一环。

除了上述趣味课程的开设以外,财会学院彩虹小分队还组织了一系列有关红色爱国主义、环保卫生、自我保护以及法律常识等方面的活动,如举办红船精神专题讲座,参观革命烈士纪念馆,组织安全教育讲座以及介绍生态环保和网络文明相关知识等,让孩子们在学好课本知识的同时,及时与社会对接,并借此呼吁孩子们不忘历史、牢记使命、遵纪守法,认识到人身安全的重要性,做一个中华美德的传承者、社会主义核心价值观的践行者。

2. 例会制

例会制的思路是及时发现问题,商量决策,总结经验。带队人在每日课程结束后召集大家开会,各科目分别汇报当日教学情况,共同探讨出现问题的原因,研究如何解决问题的方法。集体讨论的方式,不仅能增强队员之间的交流沟通,还能增强团队协作能力。此外,这也是队员们深入了解孩子的有效途径,比如一起讨论他上课的状态和发言是否积极等。

3. 家庭访问

孩子自身的发展与家庭分不开,好的家风可以使孩子更有教养,更懂得学习知识的重要性。课程结束后,财会学院彩虹小分队队员们根据自己平时对孩子们课上课后的观察和从其他队员那里得到的信息,选择了部分比较特殊的孩子作为重点关注对象,他们或性格孤僻,或叛逆偏激,或身体残疾,或家境困窘。在各班班主任与家长取得联系后,通过家访来进一步了解他们的家庭情况和性格特征,并在家访后和孩子们进行了一对一的交流,以大哥哥大姐姐的身份和他们倾心交谈,与他们分享对待矛盾、困惑的恰当方法,鼓励孩子们坚持自己的兴趣爱好,走向更广阔的世界。

4. 汇报展演

如何将"春泥计划"取得的成果最大限度地展现出来是需要支教队伍着重考虑的问题。结合"关爱留守儿童"的主题与特点,在支教的最后一天,财会学院彩虹小分队利用大源小学操场旁的一个小舞台,开展了一场小型的汇报演出。彩虹小分队的成员们与孩子们一起,通过唱歌、朗诵、舞蹈、手语等形式,展现留守儿童积极向上的一面。这样既集中展现孩子们的所学成果,丰富当地精神文明建设,更希望能通过这种形式去呼吁社会关注留守儿童,关注他们的健康成长。

(三)宣传阶段

将整合与宣传贯穿支教始终,将宣传工作做实、做广、做深是彩虹小分队坚守的理念。

支教时充分利用网络。每一位成员都会总结一天中的活动过程和感想,由编辑文案的同学收集起来,结合照片和视频编辑成文,向各大网站、微信公众号、微博等投稿。财会学院彩虹小分队在浙江工商大学青春浙商大微信公众号上报送多篇,成功发表1篇,在财会学院团委公众号上共上传了19篇,单篇最高点击量近340次,财会学院彩虹小分队在大学生网报、豆瓣、杭州十九楼、三下乡官方微博和搜狐网等网络平台成功发表图文,均获得了可观的点击量。

三、思索与建议

"春泥计划"关爱留守儿童健康成长活动开展十余年,在取得诸多成绩的同时,也存在着一些问题和困境,很多奋战在一线的教师和社会工作者对此也做了有深度的研究。在此,根据财会学院支教分队几年来的探索,就如何做好精准支教,给出如下建议。

(一)支教对接机制长期建立

短期支教并不意味着一次就好,它是一个长期性、连续性的过程,因此,高校需要建立支教长期对接机制。以浙江工商大学为例,各学院都有固定的支教基地,以便于及时反馈支教效果,这样有利于提高志愿服务质量。短期支教面临的问题就是支教者的流动性比较大,所以支教对接机制的长期建立更能提高支教效率。

(二)互联网背景下的公益支教

在互联网大背景下,借助主流媒体的公益广告和相关社交网络平台,宣传支教活动,增加支教宣传的深度和广度;建立相应信息交流平台,达到资源共享以实现资源有效配置,有合理的支教反馈渠道。在志愿者的招募环节,进行严格筛选,宁缺毋滥,实现支教基地对志愿者需求的供给平衡。建立完善的激励保障制度,通过互联网渠道,加强大学生支教组织和有能力提供物资保证的社会人士的联系,增加课堂物资保证,为教育经费提供一定保障,也为教学工作开展提供便利。使支教分化,不仅仅要在形式上鼓励支教,而且要让更多的人了解支教,让支教走出去,建立一种基于互联网大背景下健康稳定的新常态支教模式。

(三)关注社会 用爱行动

大学生作为国家的生力军,与社会、国情紧密联系在一起。真实的社会情况与社会需求是青年学生必须熟知的,也是组织者必须长期关注的。近年来,结合党和国家的大政方针以及社会舆情,"关注留守儿童""精准扶贫"成为实践活动的主题,如何将自身优势与这些主题结合是新形势下拓展并深化"春泥计划"内容、意义的重要途径。诸多案例表明,留守儿童由于爱的缺失而导致的心理问题是其做出有异于常人举动的关键原因。找准原因后,有针对性地做出计划方案,通过课堂内外的教学与互动,温暖留守儿童身心,帮助其健康成长。这既是提升支教水准的有效途径,更是在切实落实"关爱"二字上下功夫。

【参考文献】

[1] 余嘉强.创新大学生"三下乡"社会实践活动的思考[J].广东广播电视大学学报,2006,15(2):87-90.

[2] 梁康建.高校共青团"三下乡"社会实践创新思考[J].怀化学院学报,2013(7):98-100.

[3] 金玲芝.舟山地区高校短期支教的调查研究[J].管理观察,2018(3):118-120.

[4] 陈旭.探索大学生"三下乡"支教实践活动的有效模式:以西安美术学院艺术教育学院支教队为例[J].科教导刊,2018(4):19-21.

[5] 肖艳.大学生短期支教调查研究报告[J].市场研究,2018(1):16-17.

▐▐▐▶ **编者按**

财会学院彩虹小分队结合他们四年的支教经历,详细分享了队伍筹备、开展支教、宣传等方面的经验,值得其他有志于支教志愿事业的同学学习借鉴。并且在支教的基础上,他们分析支教活动的优势与不足,提出建立长效对接机制、结合互联网、结合党和国家的大政方针等建议,使支教事业效率更高、层次更深、效果更好。这既是浙江省"春泥计划"的落实,又是"春泥计划"的拓展。

丽水市莲都区外来务工人员随迁子女及留守儿童教育现状调查

——以三胞树人小学八个家庭为例

财务与会计学院　梅文韬

摘　要：随着经济的快速发展以及城市化进程的加快,人口流动导致出现了外来务工人员这一特殊社会群体,一系列的社会问题也随之出现。其中,外来务工人员子女的问题越来越突出。基于牵手小分队同学支教期间的教学情况和课后的走访交流,本文结合丽水市莲都区三胞树人小学八个家庭的调研情况,针对访谈内容,就外来务工人员子女和留守儿童在教育、医疗、生活状态等方面的问题进行了深层次的调查和分析,并给出了相应的思考和建议。

关键词：外来务工人员　留守儿童　教育　疾病　经济状况　资源分配

一、调查概况

我们团队于 2018 年 7 月 9 日至 18 日,在丽水市莲都区开展调查。与浙江省内经济发达地区的城市相比,丽水市有浙江的"西藏"之称,公共财政相对不足,政府对外来务工人员及其随迁子女、留守儿童以及很多出现重大事故或者相对贫困的家庭的关注不够。

本次调查活动以访问调查为主,选取了八个具有典型代表意义的孩子进行家庭走访,也和该校教师进行了几次深入访谈。调查的对象既包括外来务工人员随迁子女和留守儿童,也包括一些生活上有特殊情况的家庭。特殊的情况包括:父母长居海外组建了新家庭,把国内的孩子交给爷爷奶奶,不闻不问;父母外出务工,将子女交给爷爷奶奶抚养,却拒绝支付抚养费用;父母及子女皆因重病消耗大量积蓄,父母仍要带病工作,支付孩子学费和维持一家生计(以上为往年走访的真实情况反馈)。

二、问题及分析

(一)收入来源不稳定,经济状况较为落后

1. 生活水平低

丽水市莲都区 2017 年的政府文件显示,该区 2018 年的最低生活保障标准是每人 680元/月(2018 年 7 月 26 日汇率折算为 3.313 美元/日)。在我们走访的八个家庭之中,只有一户人家的经济状况是高于 2018 年中国贫困线标准的。

以我们走访过的张同学家为例,全家收入来源只有 63 岁做保安的爷爷一人,其月薪为2000 元,而她们全家有 4 人,除去每月房租和水电费将近 900 元,则人均纯收入为 3300 元/年,每日 9.17 元(1.3395 美元),完全低于该区的最低生活保障标准(该算法并不严谨,只是

粗略计算）。

我们走访的大部分家庭中的主要劳动力都没有固定的工作：有的家庭靠父亲一人打零工维持生计，随时面临无活干的风险；有的家庭靠摆摊卖水果为生，要和城管斗智斗勇……其中"打零工"是我们从走访家庭中了解到的最常见的工作形式，也就是我们常说的临时工。他们没有固定的收入来源，没有稳定的工作形式，且打零工的收入也不高，这是家庭经济困难最为致命的一个因素。

2. 疾病成为最大困扰

外来务工人员很多都从事体力劳动或者服务行业，他们的身体健康状况和收入水平在很大程度上成正比关系。而在我们走访的八个家庭中，有五个家庭都因为成员有疾病问题而深受困扰。

冯同学的家庭最具有代表性。其母亲患有肌肉萎缩、贫血、视力障碍、咽喉疾病、重度抑郁症，且心脏状况不佳，常年饱受病痛折磨，精神压力过大，时常难以控制自己的情绪。为了节约费用，她很多疾病都靠一般药物维持，没进行手术治疗。其父亲腰椎间盘突出，心脏情况不乐观，无法从事高强度体力劳动。

我们发现，疾病和经济问题通常是相互影响的。受限于经济条件无法治愈疾病，家庭收入和子女教育又会受到疾病的影响，他们便只能将希望寄托在下一代身上。如何去改善他们的经济状况并加强孩子的多元化教育，是值得我们去探索和思考的变革方向。

（二）户籍问题

我们调查的对象大部分都没有本地户籍，不能享受医疗保障，在非户籍地的生活成本远远大于在户籍地的生活成本。即使如此，他们仍旧选择在这里生活，从我们访谈的结果来看有两点原因：一是就业问题，他们在户籍地无法找到合适的工作，而在莲都区还可勉强度日；二是教育问题，这是他们最为关注的。

莲都区教育质量堪称丽水市第一，是全国唯一的县级优秀典型义务教育区域。考虑到下一代的教育问题，家长们纷纷选择来到这里打拼。他们渴望"知识改变命运"，然而现实状况却和理想有一定差距。

外来务工人员的子女需要通过"摇号"方式进入公办小学，需要以更高的成绩来进入公办初中。一般来说更好的小学同时也需要更高昂的学费。从我们走访的家庭来看，有四户家庭明确表示该小学每学期 2430 元的学费有点无法承受，但该小学在莲都区民办小学中已经是收费最低的一档。

丽水市在 2016 年 12 月 1 日起实施新户籍制度，放宽各类人员落户条件，对合法稳定住所人员、合法稳定就业人员、人才引进、特殊贡献、投资纳税、亲属投靠等对象，进一步放宽进城落户条件，并适当放宽丽水市内迁移落户条件，放宽三代以内直系亲属的投靠落户，引导本地农民迁往城镇集聚。这对于低技能劳动力人群的实际帮助却十分有限。

我们认为丽水市莲都区是一个仍处在城市化高速发展进程中的区域，从社会稳定的角度去考虑，可对户籍有关政策做出更优的调整。或者从发挥政府职能的角度来看，要对公共服务以及社会保障体系等社会福利做出调整，释放社会发展的红利，这样对于外来人口而言，对于莲都区而言都会产生一种有效的、有利的改变。

(三)重男轻女思想遗存,留守儿童问题复杂

在走访的过程中,我们也见到了很多构成比较复杂的家庭,如:有个家庭有五个孩子,四个姐姐一个弟弟;有个家庭虽然是亲姐弟但二人却不同姓,他们家庭通过假结婚逃避以前计划生育的惩罚;有个家庭爸妈带着三个弟弟在西班牙生活,把姐姐留给国内大伯照顾……"我不介意有多少女孩儿,但是我肯定要一个男孩儿",这种重男轻女的思想较为普遍。

一方面,多生育子女会给家庭带来巨大的经济压力;另一方面,这样的观念和做法也会使孩子,尤其是女孩子在有一定的思考能力之后产生心理阴影。

该地区的留守儿童产生了一个特殊的变种——洋留守。即父母在国外工作,而将孩子留在国内托付给亲属照料。

雷同学的父母带着三个弟弟在西班牙打工,最近一次回国看望她已经是在她一年级的时候了。她的性格坚韧又敏感,渴望与人亲近又担心被人抛弃,我们明显感受到孩子内心深处有着很多复杂的情感,但不愿意表露。根据她班主任的描述,雷同学的父母想将她过继给她的伯父,而孩子或许已经意识到父母不想再养育她了,所以碰到父母打来的电话都不愿意接听。

对于孩子而言,亲情缺位或许才是最为严重的问题,父母亲长时间缺位所带来的负面影响,不是外人能根本解决的,我们支教团队所能做的,只能是对他们加以疏导和陪伴,尽量引导其往好的方向发展。

(四)家庭教育缺失,原生家庭影响较大

我们走访的家庭中,大部分家长都没有给孩子提供良好的家庭教育环境。

张同学的爷爷和我们说:"我们把孩子交给学校,就是希望学校能把孩子教好,要是我们自己可以教好,学校存在的意义何在?"

从他的话中其实我们可以看出,部分家长对于教育的理解较为片面,完全将孩子的教育寄托在学校身上,忽略了家庭教育对孩子们的影响。家庭教育是学校教育的基础,又是学校教育的补充和延伸,其教育目标应是:在孩子进入社会接受集体教育之前保证孩子身心健康地发展,为接受幼儿园、学校的教育打好基础。在这里我们以马同学一家为例,介绍一个家庭教育成功的典型例子。

马同学在学校表现极为优秀,聪慧好学、为人谦虚、待人有礼,说话方式和思维模式也相当成熟。我们在和其父母交流的过程中发现,自小母亲的教导对她产生了潜移默化的影响。她的母亲虽然学历不高,但仍是好学之人,经常阅读并给孩子分享其中的道理。与此同时,母亲在家中经济拮据的情况下也愿意给孩子报名孩子感兴趣的辅导班,给孩子更好的教育和机会。很多父母往往会习以为常地把小孩子只当作小孩子,对他们说的话不以为然,但是在马同学母亲身上,我们看到了一种平等的态度,她把孩子和自己放在同等地位上,以道理和耐心教育开导她,出现矛盾时会同孩子一起分析事情经过。正是因为父母的以身作则,孩子才能成长得如此健康开朗。

从上例中我们认识到家庭对于孩子的影响程度之大之深。他们对于孩子的教育,绝对不只是简单的知识层面的教育,更多的应该是为人处世的基本原则,以及人格的培养。教会孩子如何做人,这是每个家长义不容辞的责任。

(五)教育辅导机构乱象多,教育资源分配不均衡

我们在走访过程中会和家长谈及学校教师教学质量问题,以及课外辅导班的一些情况。就走访情况来看,八家的孩子或多或少都有上过补习班的经历,但是根据目前了解到的信息,教育部门在2017年9月份公布过一份名单,截至当时,莲都区取得办学许可证的只有13家教育培训机构。而我们走访的孩子上的课外辅导班,只有马同学一人是在名单上的办学机构上学的,而其他孩子都是在无证辅导班或者是学校教师自己开设的课外辅导班进行的课外辅导,从规章制度上讲,这都是被禁止的。

我们在和各位家长以及三胞树人小学老师交流的过程中了解到,民办教育学校内确实有一部分教师,在课堂上敷衍了事,却在课后向家长推荐自己私下开设的补习班。很多"教师"没有固定的上课地点,经常是将孩子带到自己家里进行辅导。大多数情况下,教育人员的质量和资格无从保证,补课费也没有透明统一的标准。

近年来,丽水市莲都区颁布了《莲都区民办教育培训机构年度考核细则》等一系列的文件,并且也开始大力整顿教育市场。我们希望有关部门能更合理地分配教育资源。

三、解决建议

留守儿童问题不仅仅是教育方面的问题,它是我国社会发展阶段中的一个特殊产物,是一个复杂的社会现象。解决留守儿童的问题应该将其放到构建社会主义和谐社会的大局上来思考,从政府、学校、家庭、社会等层面寻找对策。

(一)政府层面

确保教育的公平公正要在政策层面上采取措施。首先需要加大对义务教育的投入力度,尤其是推行农村贫困地区和贫困人口的义务教育,给予所有孩子平等的上学机会。其次,要进一步落实有关法律、法规,保障留守儿童和外来务工人员子女的合法权益,完善《未成年人保护法》,落实政府应担负的责任。再者,逐步突破城乡户籍壁垒,建立适应社会和谐发展的新体制,保障劳动力的合理流动,制定优惠政策,采取配套措施,鼓励引导有条件的农民工融入城市,帮助他们适应城市的生活环境,接收留守儿童在父母务工所在地入学。

(二)家庭层面

要创造良好的家庭教育氛围。家庭是教育儿童、少年最重要的场所,家庭教育对子女将来的发展起着至关重要的作用。作为农村留守儿童的父母,他们大多数文化程度不高,简单地以为教育孩子是学校的事,至于孩子学习成绩、思想品德的好坏,都交给教师们去管教。家长应该改变这种思想,树立正确的教育责任观,明确教育子女是自己的应尽之责,既要考虑家庭的收入,又要考虑到子女的教育问题。为此,父母要充分注意亲子之间的沟通与交流方式,及时了解孩子的生活和学习情况。除了与孩子保持经常的联系外,还应经常与子女的任课教师等联系,了解他们各方面的表现。其次,还应十分重视孩子监护人的选定问题。如果夫妻双方同时外出务工,应尽可能把子女寄放在有一定学习环境,比较有文化且有一定责任感,能更好地监督和指导自己孩子的亲朋好友处。

(三)学校层面

要充分发挥学校的教育功能。学校在解决留守儿童和外来务工人员子女的教育问题上应担当主角。首先,学校应把留守儿童的教育作为重点。各班级应建立起留守儿童个人档案,针对留守儿童的特点和需要,建立专门的教育管理措施,把抓好留守儿童的校内外管理列入学校管理的目标,有专门的管理计划方案。学校应该配备专门的生活教师,对孩子进行科学的生活引导,并配备专门的心理辅导老师,针对青少年身心发展规律,给予孩子在心理方面正确的引导。其次,家长会制度应正常化、规范化,学校定期召开家长会,和家长共同探讨孩子在学习生活和交往中存在的问题,共同制定教育策略。最后,学校要开展更多的活动,丰富孩子们的课余生活,学校的教育理念要更新,要从单纯追求升学率转向追求学生的全面健康发展。

(四)社会层面

要建立、完善教育和监护体系。留守儿童的问题,是一个极其复杂的、综合性的社会问题,仅依靠教育行政部门和学校的力量很难彻底解决的,需要社会各方面力量的介入。根据当前农村社会发展的实际情况,社会的可作为是加强和完善农村社区教育组织或机构建设,充分发挥社区教育对学校教育和家庭教育缺失的弥补作用,使家庭教育、学校教育和社会教育三位一体,互补共生。乡镇政府应该发挥主导作用,联合妇联、村委会以及学校,共同构建农村留守儿童教育和监护体系,这个体系将有助于全面、动态、细致地了解留守儿童的生活、学习和交往情况,及时掌握留守儿童的思想和行为倾向。另外,相关部门应对城市外来务工者集中地开展宣传教育工作,通过宣传教育,提高他们对子女教育重要性的认识,引导他们妥善处理好提高经济收入、改善生活条件与子女教育之间轻重缓急的利弊关系,树立家庭的可持续发展观念。同时在农村地区应积极开展对留守儿童实际监护人的教育培训,帮助他们树立家庭教育的正确观念,了解家庭教育的基本常识,与子女之间保持有效沟通,关心孩子的全面成长。

留守儿童的问题不仅关系到留守儿童自身的健康成长,也关系到广大地区的经济和社会发展的稳定,关系到和谐社会的构建。所以,营造一个关爱"留守儿童"的社会环境,对于家庭、学校、社会及政府来说,都是义不容辞的责任。

四、活动小结

图1 支教结束时牵手小分队的成员与当地留守儿童合影留念

在支教期间,牵手小分队的成员们和孩子们一起上课,也一起成长。我们在收获难忘记忆的同时,也发现了许多尚待解决的社会问题,还有许多孩子并未享受到平等的教育和关爱,还有很多家庭在生存的边缘苦苦挣扎。但是,让人感到欣慰的是,每一个无助的灵魂身后,都有更多善良的灵魂在默默支持着他们。老师尽心工作,注重学生的全面发展;同学相伴左右,让放学的路途从不孤单;邻居送来生活用品,时常嘘寒问暖;陌路人也十分热情,自发地慷慨解囊相助……真挚的爱,隐藏在生活的许多角落,支撑着苦难中的人们去迎接最可贵的黎明。面对生活的辛苦与不易,我们不会轻易退缩,我们可以去改变,我们可以与他们并肩前行。我们相信,财务与会计学院的同学们十一年来不离不弃的坚守和陪伴,终将凝结成累累硕果,让每个参与活动的孩子们品尝到它们的香醇与甜美。

【参考文献】

[1]杨静.农民随迁子女的教育状况调研与对策研究[J].林区教学,2015(2):77-79.

[2]张冬梅,刘凤玲.浙江省外来务工人员子女教育状况研究[J].中国高新技术企业,2008(20):253-254.

[3]强亚玲.论当今中国现状对留守儿童现象的影响及解决措施[J].学周刊,2016(28):246-247.

[4]丽水市莲都区人民政府办公室.丽水市莲都区人民政府办公室关于成立莲都区中小学生校外培训机构专项治理领导小组的通知[R/OL].(2018-07-02)[2018-12-12].http://www.liandu.gov.cn/zwdt/zfxxgk/002650509/02/qzfwj/fb/201807/t20180710_3271387.html.

▶ 编者按

本报告内容充分详实,调研方法科学,调研扎实全面。牵手小分队同学在支教的同时进行课后走访交流,对八个家庭就外来务工人员及其子女在教育、医疗、生活状态等方面的问题进行调查和分析。他们在奉献爱心的同时不忘对社会民生展开深入思考,在关注当地百姓真实生活现状的同时注重关注当地政府的相关政策,这些使得他们的报告既饱含人文关怀又不失科学严谨,他们身上体现的是商大学子对公平正义的坚守和对和谐社会的期待。

大学生暑期支教社会实践活动
现状分析及对策研究

——以安徽省宣城市上庄毓英学校支教队为例

工商管理学院　　傅妮彬

摘　要:目前,我国仍存在教育不公平的现象,许多身处偏远地区的孩子面临教育资源缺乏、教育质量落后的问题。近些年,偏远地区留守儿童的比例逐年上升。每逢暑假,留守儿童既没有课外兴趣班可以参加,也常常无人看管。而这一现状正受到社会各界的广泛关注,大学生作为社会较活跃的群体,正不断投身到支教这一公益事业中。现今,大学生支教已经成为比较常见的社会实践活动。但大学生支教也存在时间短、质量不佳等众多问题。本文以大学生暑期支教为调研对象,探究大学生支教活动的现状,分析问题,提出对策,从而促进大学生支教达到更好的效果。

关键词:大学生支教　暑期社会实践　留守儿童　问题对策

一、本次支教调研活动介绍

"守望皖南,萤火筑梦"支教活动由浙江工商大学金融青志举办,每年安排近30位志愿者,分为两队,分别前往安徽省宣城市和淮南市的两个乡村小学进行支教活动。该团队的志愿者是经过三轮严格选拔的优秀大学生,团队的组织和运行完全由学生独立承担。该支教活动已持续六年,是一项非常具有代表性的成熟的大学生暑期支教活动。作为其中一名志愿者,作者跟随支教团队来到安徽省宣城市上庄毓英学校,与当地的留守儿童展开为期20天的支教活动。

通过亲身经历支教过程,深入接触大学生支教团队,积极与当地校方、居民、学生沟通,加深了对大学生暑期支教活动的了解。以此为基础,总结大学生支教取得的正面成果,同时分析目前支教活动仍旧存在的问题,并给出相关对策建议,以期给未来的大学生支教团队一些参考,帮助支教活动得以更有效地展开。同时,也希望能够帮助社会大众更深刻地了解大学生支教活动,鼓励更多的人才加入支教公益事业,从而真正促进我国支教事业的不断发展,缓解我国目前教育资源分配不均衡的社会问题。

二、大学生支教取得的成果

在支教活动中,大学生把自身所见所闻带到偏远的支教地区,给当地的孩子带来丰富的知识,为教育落后的支教地区带来新鲜的教育理念,同时这也是大学生真正走出高校,接触社会的一次宝贵机会。暑期支教社会实践活动不仅支持了偏远地区贫困地区的教育事业,也促使大学生将理论与实践相结合,是一项影响全面的社会实践活动。

(一)对支教地区学生的影响

在支教过程中,支教团队针对不同年级的学生开设了各类专业课程和兴趣课程。除了常规的语文、数学、英语课程,学生还有机会学习法律知识、演讲辩论、手工绘画、声乐舞蹈,以及跆拳道武术等兴趣课程。学生在暑期补习中不仅能高效地完成暑假作业,巩固专业课知识,而且能积累更多的课外知识,培养多方面的兴趣,开拓自身眼界。

此外,偏远支教地区的大多数孩子属于留守儿童,从小缺乏父母关爱,甚至很多孩子生活在不健全、不圆满的家庭中,因而产生的心理性格缺陷不容忽视。同样身为留守儿童的笔者亦深有感受。因此这里的孩子需要的除了高质量的教育还有温暖的陪伴,以及正确的价值观引导。而义务支教的大学生大部分三观端正,富有社会责任感,能在孩子的生活中扮演哥哥姐姐的身份陪伴他们,同时大学生知识分子的榜样力量有助于把思想品质教育形象化,从而加强素质教育的效果。

(二)对支教学校、地区的影响

偏远地区的孩子大多是留守儿童,父母外出打工,爷爷奶奶忙于农活或是年迈无力,使得孩子在假期往往无人看管。他们不仅不能自觉完成暑期作业,而且常因独自下河玩耍,入水库游泳,危害其生命安全。但学校并没有师资用以暑假教学,大学生志愿者的到来,使得学校能安排暑期免费补习班,将孩子集中起来管理,减少了家长、学校的担忧。

经过了解,我们发现这里的教育除了资源不足,还存在教学形式单一、教育方法落后的问题。

首先,这里的孩子接受的是完全的应试教育,课程单一,模式固定化,很难激起学生的学习兴趣,英语这样的新型课程,众多学生反映不喜欢学,很讨厌学。而大学生支教活动一般会采取丰富多样的教学模式,即使对于语文、数学、英语这样的专业课,大学生也会通过设置小游戏等方法尽量提高学生的参与度。而作者教授"演讲与辩论"的兴趣课程时,除了针对每个年级制作不同的合适的课件外,也会尽量在每个年级安排比赛,鼓励每位学生参与其中。而这样的教学方式,如果能被当地学校老师借鉴,也能进一步提高教学质量。

其次,通过与学生的交流,我们发现部分老师仍旧会用体罚的方式教育学生。在支教过程中,我们发现学生很畏惧被老师单独叫出来谈话。而这样的教育理念显然是落后不可取的,我们也积极向校方反应这个问题,希望能改变部分落后的教育理念。

此外,支教活动往往会安排家访。我们支教团队也在中期安排了家访。通过家访,我们能了解到部分孩子性格有缺陷背后的原因。在家访过程中,支教队员会尽量与家长沟通,建议家长能多鼓励关心孩子的学习以及心理情况,为每个孩子提供更好的家庭氛围。我们常说父母是孩子的第一任老师,家庭教育与学校教育相辅相成、缺一不可。

(三)对大学生自身的影响

在本次支教活动中,我们每个支教队员都会写日志以及总结,并在每天晚饭后开会共同讨论白天遇到的问题,分享各自的教学经验。短短为期20天的支教活动带给每个大学生无限的感触、永久的回忆。在支教活动中,我们体会了炎炎夏日没有空调的感觉,体会了20天吃素、每天18人的伙食费不超过25元的味道,甚至晚上没有床睡的感觉。诸如此类的艰苦环境却能真正磨炼大学生的意志,磨去娇生惯养的脾气,培养坚强的信念。

此外,支教活动也能使大学生更早地步入社会,逐渐认清自身未来的职业选择。同时,此类的乡村支教活动有利于大学生深切体会到加强农村教育建设的必要性,树立服务农村的理想,促使更多大学生将来为建设农村实现各地区教育公平贡献力量。

三、大学生支教存在的问题

(一)大学生缺乏系统成熟的教学方法

当代大学生虽然知识储备较为丰富,但是多数非师范类本科在读生,因而缺乏教学经验,对学生的组织控制能力欠缺,未能形成系统成熟的教学方法。在教学初期,多数队员也都反映自己不知道该如何授课。由此极易导致课堂混乱,学生不听讲,或是学生听不懂的状况,使得教学质量得不到保证,支教的目的难以达成。

(二)部分大学生参与动机不纯,趋于功利性

近年来,随着就业竞争压力不断加大,各企业对应届毕业生的要求不断提高,个人实践经历成为简历中重要的部分。而支教恰是一项颇具说服力的特殊经历。不少大学生为了能在简历上多添一笔,选择短期支教,而支教队员的趋于功利性可能导致支教队员缺乏对学生的责任感,将每天的课程仅看成是一项必须要完成的任务,由此必然使教学质量大打折扣。如此风气,若是长期延续,必然使支教活动失去最根本的初衷。

(三)大学生自身安全问题,缺乏正规组织的保护支持

大部分大学生支教活动作为学校大学生暑期社会实践的重要形式,由学生组建团队且独立运行。因资源有限,学生可获得学校的资金支持力度有限,同时缺少支教地区正规组织的保护。在本次安徽支教期间,就不幸传来"女大学生云南支教遭游民性骚扰"的新闻,我们的队员更是提高了百倍的精神与自我保护意识,但网络曝光的此类问题让支教队员的自身安全得不到保障。此外,许多支教活动都由大学生自己凑钱组织,受到学校补贴较少,地方政府或是相关组织的支持亦是更少,由此也使得大学生支教热情折损,支教活动的范围难以扩大。

(四)大学生支教时间短、影响浅,缺乏长远规划

大部分大学生暑期支教持续时间不长,且大多数暑期支教活动在结束后即与被支教地失去了联系,不再有后续的交流,这使得活动效果难以得到延续,因而对学生、学校、地区各方面造成的其实影响并不深。另外,多数参与支教的大学生只是出于一时热情,只把它当成一次社会经历,没有对支教活动进行长远规划,同时也缺乏对支教经验的总结和传递。这些都导致大学生暑期支教成为一时性、片段式而非连续性的公益活动。

四、关于大学生支教的对策

针对上述大学生支教过程中产生的问题,我们总结后发现,大学生短期支教虽取得成果,但许多方面仍需改进,为此,在参考了相关资料的基础上,提出以下关于大学生支教的

对策。

（一）规范支教队员选拔标准，加强大学生自身及团队建设

首先在组队初期，严格选拔队员，筛去动机不纯、责任感不强的志愿者。其次，在组队完成后，安排有经验的支教学生或是专业的老师对所有队员进行系统的培训，使支教队员能学会更成熟的教学技能。并且提前制订合理的支教计划，做好团队的分工。此外，在支教过程中，每个支教队员应不断检验自我，完善自我，团队也应根据实际情况，不断调整支教计划。例如通过我们团队这样开会发言的方式，及时发现问题解决问题。

（二）加强对大学生支教的支持，建立大学生支教长效保障机制

一方面，作为大学生群体所在的高校，应积极主动建立对口支教的单位或社团组织，从而及时与需要支教的地区取得沟通，并且实时掌握支教地区的真实情况。对于合理正规的支教活动，高校也应尽己所能为其提供补贴，或协助其开展募捐活动，从而保障活动的经费，使得支教活动能顺利展开。此外，相关部门应出台政策法规，使大学生支教规范化，保障支教大学生权益。

另一方面，加强大学生暑期支教的后续联系工作，帮助支教团体与被支教地保持长期联系，例如安排定期回访活动等。同时，加大对大学生支教活动的调查研究力度，总结归纳出长期有效的支教模式与方法，以克服短期支教弊端，将大学生支教社会实践活动的作用发挥到极致。

【参考文献】

[1]王婷婷.大学生志愿服务：培育公民社会的有效途径[J].继续教育研究,2013(9)：126-127.

[2]龚莉红,陈筱铿.大学生支教现状及可持续发展探究[J].继续教育研究,2014(8)：72-75.

[3]陈健.大学生基层支教,别忽视了教学质量[J].中国改革,2006(7):4.

[4]高毅哲.大学生支教不能天长地久,只愿曾经拥有[N].中国教育报,2010-10-13(3).

▶▶▶ **编者按**

习总书记在北京市八一学校考察时强调："要推进教育精准脱贫,重点帮助贫困人口子女接受教育,阻断贫困代际传递,让每一个孩子都对自己有信心、对未来有希望。"大学生支教便是将教育资源带给贫困地区的一种重要措施。对于许多大学生来讲,支教是其大学生涯中最珍贵的经历之一。支教的利弊几何？究竟是利大于弊还是弊大于利也是大家常争论的问题。"守望皖南,萤火筑梦"支教队结合他们六年的经验教训对此做出自己的解答,并针对支教中存在的问题提出了对应的解决方法。

浅谈农村经济发展情况下小学素质教育现状

——以建德市三都镇为例

旅游与城乡规划学院　黄丽雯

摘　要:素质教育,是以全面提高人的基本素质为根本目的,以人为的性格为基础,以尊重人的主体性和主动精神、注重开发人的智慧潜能、注重形成人的健全个性为根本特征的教育。自改革开放以来,党和国家始终把提高全民族的素质作为社会主义现代化建设全局的一项根本任务,我国农村的经济条件和小学的教育现状都有了很大的改善,但在农村经济的进一步发展的同时,农村素质教育水平和质量却没有得到相同水平的进步,存在不少不足。本文主要就建德市三都镇为例,浅谈农村经济发展情况下的小学素质教育现状并由此提出解决措施。

关键词:乡村小学　素质教育　农村教育

一、建德市三都镇的现状

三都镇位于浙江省建德市东部,富春江、新安江、兰江三江交汇处,地处"富春江—新安江—千岛湖"黄金旅游线中段,东邻浦江,南接兰溪,北靠桐庐。全镇区域面积 260 平方千米,辖三都居委会、凤凰居委会、三江口、松口、三都、春江源、圣江、新和、和村、梓里、樟村畈、镇头、凤凰、乌祥、大唐、东方、马宅、前源、绿源、羊峨、寿峰村等 19 个村委会,现有人口 26676 人,其中农业人口 25135 人。2011 年,全镇实现财政总收入 1986 万元,其中地方财政收入 550 万元,农民人均纯收入 8461 元。2011 年实现工业销售产值 20.02 亿元。交通、旅游、农业、工业等方面发展良好。全镇共有两所小学,一所位于镇上,另一所位于青龙山。

二、农村小学素质教育现状分析

实施素质教育是我国社会主义现代化建设的需要,是实施"科教兴国"战略和"人才强国"战略的需要。我国当前实施的是九年义务教育。义务教育的本质要求就是要使每一个人都得到应有的发展,无论是在知识层面还是道德层面。素质教育的全面普及和推行,是对义务教育的基本要求。通过走访调研三都镇两所小学,我们了解到农村小学普遍存在以下问题。

(一)农村教育师资匮乏

尽管近年来国家对农村教育越来越重视。但是,农村小学教师资源还是存在一些问题。

首先,农村教育师资匮乏,教师工作繁重,缺乏音体美专业老师。农村小学师资不足,一名老师可能同时上两门课程。除了负责本职的专业主课课程外,很有可能还兼任其他课程。据调查访谈显示,三都镇的两所小学,音乐、美术、体育等拓展课程基本上都有开展,但是老师却往往不是专业的老师。他们大多是兼任的,并非具有专业知识的老师。由此,农村小学在音体美等素质教育上明显落后,这在一定程度上限制了学生在这些方面的发展。

其次,新鲜血液供给不足。尽管每年都有一定的年轻教师进入农村中,但农村小学教师还是以常年留驻的老教师为主,教师年龄普遍偏大。老教师尽管教学经验丰富,但大多奉行"应试教育",有些教育观念比较落后。还有一部分老教师,虽然理解素质教育,但只有理论较难实践。同时,有知识、有能力的年轻老师大多不想到农村来任教。尽管教师的待遇有所提高,国家也推进师资下乡,但这对他们而言仍然缺少吸引力。"新鲜血液"供给不足,教育就无法"更新换代",素质教育就难以真正实行。

再者,师资极易流失。农村小学中不乏优秀教师,但由于相对于城市较低的福利待遇和薪资水平,优秀教师往往会选择往城市走,不会留在农村小学。一般的普通教师,尤其是年轻老师,也往往由于薪资水平等客观因素选择离开农村小学。教得好的老师,除了自身选择离开,往往也会存在被调走的情况。师资的流失必然导致素质教育的难以开展。

(二)农村家庭教育观念落后,制约学生全面发展

首先,三都镇作为全国乡镇的缩影,存在一个普遍现象:青壮年流失,老人孩子在家。在三都镇有众多青壮年在外谋生,留下老人带孩子。父母一辈的教育缺失,爷爷奶奶老一辈的教育力不从心,是农村小学素质教育发展的一大问题。老一辈思想观念陈旧,而且由于年龄代沟,监护作用往往局限于吃穿,无法涉及教育层面,更别提素质教育。

其次,长期以来的应试教育在家长的心目中已经根深蒂固。成绩往往作为家长评价孩子的第一标准。农村的家长大多认为学生到学校里是来学习的,至于其他事情都是浪费时间的,是没必要的。所以音体美等课程或者其他兴趣类课程,在诸多家长看来仅仅是"玩",甚至是不务正业。在三都镇,存在的一类较为显著的现象是辍学。孩子成绩不好,家长往往会在其未完成义务教育的情况下就停止孩子的教育之路,让其直接辍学打工。

(三)配套设施无法到位

农村小学可以说是教育的最低层,各类现代化设施难以到位。素质教育推行面对着"巧妇难为无米之炊"的困境。尽管三都镇的教室中都安装了多媒体,但仍然缺少其他教学设备,尤其是在音体美等课程上。虽然老师也会带领学生做一些简单的手工,教授一些歌曲,但完全无法与城市的音美体教育相比。

综上所述,在农村的实行素质教育还面临许多困难,而推行素质教育又是十分必要的,这中间存在的问题该如何解决?现提供一些可参考的措施。

三、推进农村小学实施素质教育的措施

(一)加强师资力量的培养

首先,国家应当切实提高农村教师的福利水平和薪资水平,增加适当的激励机制,提升其社会地位和专业地位,以此增加农村教师的职业满足感和职业自豪感。

其次,农村教师本身也应当自觉提升自身素养。不仅要求教师具备良好的职业素养和

充足的专业知识,更要求教师有良好的思想道德素质。在素质教育的实践中不断学习,不断探索,不断创新。不能仅停留在传统的应试教育层面上,更要提升自身的思想觉悟。

(二)必须切实更新家长教育思想观念

给家长传递素质教育的观念,让其从传统的应试教育的门槛中迈出来。宣传素质教育,提高家长素质,更新家长观念。让其多关注孩子的主动性和创造性。给孩子多些发展空间,而不仅仅以成绩为唯一标准。让孩子们在德、智、体、美、劳等各方面都得到发展,成为高素质、全面发展、富有创造精神的现代化人才。

(三)要不断进行课堂教学的改革

提升教师业务能力。更新教育观念,用新课程理念指导教育教学。建立以"学生全面发展"为本的课堂目标,不仅仅局限于传统的老师授课学生听课,更多地增加合作、讨论、交流、动手环节,提高孩子的自主学习和思考能力。

鼓励、组织教师参与教学培训。通过相关培训适应新课程的发展,加快转变教学观念,吸取更多先进的教学观念,提升自身教学水平,学习更多优秀的教学方法。

加强教师间的交流学习、互助合作。新教师和老教师各有各的教学优势,新教师有先进的教育观念但教学经验不足,老教师有丰富的教学经验但思想较为陈旧,两者互补,以促进教学改革,提升教学质量。

四、总结

农村小学是全国义务教育的重要构成部分,在当今农村经济逐渐发展的情况下,教育也应当跟上步伐,因此鼓励、提倡、发展农村小学素质教育迫在眉睫。当今农村小学素质教育存在一定的困境,但相信在国家和社会的共同努力下,农村在发展经济的同时也会在教育上创造辉煌,为我国的人才建设出一份力。

编者按

"素质教育是教育的核心。"自改革开放以来党和政府大力普及基础教育,如今我国的义务教育普及率超过高收入国家的平均水平。加强素质教育,提高教育质量成为我国基础教育事业的重点。长期以来,农村的教育水平一直落后于城镇,新时代背景下,在进一步完善农村义务教育普及的同时也要注重素质教育的推广。黄丽雯等同学详细调研了建德市三都镇素质教育发展现状,提出三都镇发展素质教育面临的几个问题,并提出相应的建议措施。

基于安徽寿县刘岗镇农村留守
儿童生活现状的调研报告

金融学院 冯 钰

摘 要:20世纪80年代以来,中国经济高速增长,城市化进程迅猛发展。伴随着这一历史性发展阶段而来的是农村劳动力的大量转移。在促进经济发展的同时,也造就了一个数目庞大的群体——留守儿童。而留守儿童教育已经不仅仅是一个教育的问题,更是一个大众应该普遍关注的社会性问题。它不仅会影响留守儿童自身的前途,也关系到我国未来劳动力的素质,关系到我国社会的现代化发展的健康趋势。本文立足于淮南市寿县留守儿童的教育生活现状,采用实地观察、入户访谈等方法进行调查,讨论了存在的主要问题及原因,针对这些问题进行了深入探讨,并在家庭、学校、社会各个方面,提出了相应的对策建议,促进农村留守儿童的健康成长。

关键词:留守儿童 现状 原因 建议

一、留守儿童的研究背景及意义

(一)研究背景

20世纪80年代,我国经济的快速发展带来了城市化进程的加快。长期实行的城乡二元经济体制和二元户籍制度,让进城务工的农村劳动力无法享受与城市居民同等的权利,大多数外出务工的农民工没有能力让子女跟随自己到城市上学、生活,他们只能选择让子女留在农村,让其他抚养人代为监管。留守儿童的出现是我国城乡二元经济体制和二元户籍制度在社会经济转型期的一个产物,是"三农"问题的衍生,是城市化进程中的一个特殊现象。

21世纪初开始,留守儿童的教育现状引起了政府的高度重视。在2013年召开的全国"两会"中,全国各地的人大代表对农村留守儿童的问题表现出了越来越多的关注,他们多次建议国家加强立法、改革制度,改善留守儿童的教育现状,提高农村人口的未来素质。在党的十九大报告中也提出,推动城乡义务教育一体化发展,高度重视农村义务教育,办好学前教育、特殊教育和网络教育,普及高中阶段教育,努力让每个孩子都能享有公平而有质量的教育。

(二)研究意义

留守儿童教育已经不仅仅是一个教育的问题,更是一个大众应该普遍关注的社会性问题。它不仅会影响留守儿童自身的前途,更关系到我国社会的现代化发展的健康趋势。农村留守儿童的教育问题涉及留守儿童本身、留守儿童家庭、当地环境、社会文化发展等方面。

对于当地的基础教育、新农村的良性发展以及整个社会的经济文化的发展都有着极其重要的实践意义。

二、寿县刘岗镇农村留守儿童现状

刘岗镇位于寿县东南端,地处长丰、肥西、寿县三县接合部,是寿县通往安徽省城的重要门户。土地总面积 176.5 平方千米,耕地 11.3 万亩,辖 30 个村,3 个街道,394 个村民组,人口 4.3 万人。

留守儿童,是指父母双方或一方外出到城市打工,而自己留在农村生活的孩子们。全国妇联 2013 年 5 月发布《中国农村留守儿童、城乡流动儿童状况研究报告》。报告中根据《中国 2010 年第六次人口普查资料》样本数据推算,全国有农村留守儿童 6102.55 万。占农村儿童 37.7%,占全国儿童 21.88%。与 2005 年全国 1% 抽样调查估算数据相比,五年间全国农村留守儿童增加约 242 万。其中 57.2% 的留守儿童是父母一方外出,42.8% 的留守儿童是父母同时外出。留守儿童中的 79.7% 由爷爷、奶奶或外公、外婆抚养,13% 的孩子被托付给亲戚、朋友,7.3% 为不确定或无人监护。

刘岗镇的留守儿童主要有以下两个特点。

(一)留守儿童数量多

此次调查显示,我们调查的总计 100 余名儿童中,留守儿童有 60 余人,超过了 50%。该村小学 70% 的学生都是留守儿童,而该村中学留守儿童占到该村中学生的 50%。另外,父母一方在外务工的儿童也占到 30%,只有很少的儿童的父母全部在家或者其跟随父母一起进城学习、生活。该村越来越多的农民为了自己和自己的孩子更好地生活和成长,选择远离自己的孩子和家乡步入城市,随之而来该村留守儿童的人数规模也在不断扩大着。

(二)大部分的留守儿童由爷爷奶奶代为监管

父母一方在家的家庭中,大部分是母亲在家务农及照顾家庭,儿童可以由自己的母亲或者父亲照顾和教育。由于该村的留守儿童数量很多,他们中 70% 由爷爷奶奶照顾,20% 被交给外公外婆抚养,10% 被托付给亲戚或者朋友代为照顾。

三、农村留守儿童存在的问题

(一)监护不当

监护缺失与不力是农村留守儿童面临的第一个难题。全国妇联 2013 年 5 月发布的《中国农村留守儿童、城乡流动儿童状况研究报告》中指出,留守儿童中的 79.7% 由爷爷、奶奶或外公、外婆抚养,13% 的孩子被托付给亲戚、朋友,7.3% 为不确定或无人监护。《民法通则》规定:"未成年人的父母是未成年人的监护人。"《未成年人保护法》从家庭保护、学校保护、社会保护、司法保护四个方面规定了对未成年人的保护。但是,大量留守儿童无法与父母一起生活的现实状况,使得父母对农村留守儿童的监护和以家庭为核心的保护无法落到实处。留守儿童正处于成长发育的关键时期,他们无法得到父母在思想认识及价值观念上的引导和帮助,其成长中缺少了父母情感上的关注和呵护,极易产生认识、价值上的偏离,以及个性、心理发展的异常。

(二)心理敏感、脆弱和道德问题

父母与孩子的交流与沟通,对孩子的正常成长具有不可替代的作用。父母外出打工,对留守儿童产生的直接影响就是亲情的缺失,这种缺失对于留守儿童的心理健康有着重大的影响。祖父母、外祖父母毕竟是隔辈,无法给予他们需要的理解,情感上无法得到满足。又加之农村教育资源有限,无法关注到每个孩子的内心,成长的烦恼与困惑无处诉说。长此以往,留守儿童就会出现消极思想和情绪失衡,常表现为两个极端:内向敏感、不爱说话、躲避人群的内向型和暴躁易怒、通过叛逆行为宣泄自我的叛逆型。

父母无法与孩子进行正确的心理疏导,或者父母不重视孩子的心理健康发展,由此导致的心理问题引发的道德问题也层出不穷。在本次调查的眠虎小学中,我们就发现小孩子们互相骂脏话、对老师撒谎的情况严重,出现品德偏差和懒惰、撒谎等不良行为,有些孩子甚至走上了违法犯罪的道路。这样的教训是深刻的。此外有时会发生打架事件,甚至会有小偷小盗的事情发生,但小孩子们仿佛对这种事情都见怪不怪。而此时,老师们的管教往往不起作用,还会激发孩子的逆反心理。道德偏失,会对农村留守儿童的成长带来隐患,也是阻碍社会安定的不利因素。

(三)学习成绩不乐观

通过本次调查和亲身经历,发现多数留守儿童存在学习积极性不高、学习目标不明确、学习习惯不良、厌学等问题。调查中发现一个特殊现象,父母进城务工时间的长短与孩子的学习成绩的好坏有极大的关联。父母外出时间越长,孩子那段时间的学习成绩就会越差。而与孩子生活在一起的多是年迈的老人,他们往往重养轻教,不能辅导孩子课业、引导孩子学习。此外,多数父母和抚养人对孩子的文化学习教育存在误区。他们认为,作为父母,教育孩子只要给足物质条件便可,学习的事是学校和老师的责任。这样一来,留守儿童的学习相比较非留守儿童而言就更容易发生成绩下滑的现象。而成绩下滑后,由于无人督促,缺乏重视,孩子自己对学习成绩也会越来越不在乎,导致成绩一落千丈甚至有辍学的现象。

(四)产生错误的道德观和人生观

针对一些年龄12岁以上的留守儿童的调查发现,因为一些被访问的父母认为他们常年在外务工挣钱,不能陪伴在自己的孩子身边,于是觉得自己对孩子缺乏足够的照顾和关心,内心往往会对自己的孩子产生一种愧疚感,希望能弥补孩子。父母们在外打工,一般经济条件尚可,所以会给自己孩子买很多的礼物或者寄更多的钱来抚养他们。父母希望自己能给孩子提供更好的物质条件来弥补对孩子心理方面的照顾,但实际上孩子们对父母的亲情饥渴是物质补偿不了的。如果对于孩子提出的要求,父母们不假思索马上答应,甚至会提供更好的,导致下次孩子会变本加厉地提出更高或不合理的要求。因此这些农村留守儿童缺少人情味,大脑中并不会产生勤俭节约与艰苦奋斗的概念,没有养成正确的人生价值观。

(五)不注重个人卫生和人身安全

本次调查中发现,看似已经读小学或者是初中的孩子们有很大一部分不太注重个人卫生,他们身上常常会有不知道哪里沾染上的泥土或灰尘,甚至衣物也不经常换洗,长此以往,由于个人卫生问题导致他们患病的概率有可能变大。

此外,留守儿童们很多放学后并不会直接回家,可能是去田地里玩耍,可能是去朋友家里玩,常常深夜才回家。由于父母不在身边,家里的老人们也难以使用通信工具或者出门寻找孩子,万一他们一不小心发生了威胁人身安全的事情,也难以挽救。

四、留守儿童问题的原因分析

(一)当地经济发展不够发达

目前虽然中国的经济正在快速发展,但更多体现在城市经济的发展上,农村的经济发展却相对滞后,还需要进一步提升。为了提高家庭生活水平,给自己的孩子提供更好的物质条件,父母选择背井离乡来到发达的城市务工。这样导致孩子常年与父母分离,在一个不完整的家庭中慢慢长大。造成该村留守儿童问题的最根本的原因就是当地农村经济发展不发达,解决了这个问题,农民就可以在家照顾和教育自己的孩子。

(二)家庭教育缺失

家庭结构的不完整是导致留守儿童各种问题发生的重要原因。父母是家庭教育的实施者。父母的陪伴是完整家庭教育的重要组成部分,有利于孩子健康良性的成长。但就是这种简单的陪伴,对于许多留守儿童的父母而言都是奢侈的。父母情感的缺失给留守儿童带来了巨大的困惑,缺乏交流沟通、情感上感到孤独是农村留守儿童最大的情感反映。这种内心的苦恼很难对别人诉说,内心的冲突得不到疏导。久而久之,就会产生情绪问题,缺乏自信和对他人安全感,不善与人交流。无心学习,没有上进心。

家庭教育理念产生偏差也是原因之一。留守儿童的父母对孩子的教育认识存在偏差。他们认为,孩子的学习是学校的责任。他们所能做的就是打工、赚钱,学习的问题就是学校的问题,所有的学习问题都应该由学校和老师负责解决,他们将儿童学习教育问题片面理解为学校教育。加之本身文化水平较低,他们认为,对于孩子的学习他们也无法提供帮助,这种错误的理解才是促使父母们出外打工的原因,加重了留守儿童的发展问题。

(三)复杂的社会因素

目前的城乡二元结构是一个重要的社会因素。这使父母们不得不把自己的孩子留在家中。城乡二元化结构导致城乡隔离的户籍制度,这种户籍制度使得当地的儿童免费或低收费入学,异地儿童则需要承担高昂的费用,进城务工人员不够富裕,不得不放弃当地学校,把孩子留在家中学习或者选择简陋的农民工子弟学校。现有户籍制度还要求中高考需学生在原籍所在地参加,由于每个地方选用的教材不相同,两地教育衔接不上,儿童也只能选择在家上学,接受他人代为照顾。

五、相关建议

(一)家庭方面

1. 树立正确的教育观

家长首先要克服自己的短期功利性主义,走出"读书无用论"的误区,真正重视孩子的学业发展,应与孩子多沟通,掌握孩子的情绪动态。特别是长期在外的家长,更应该常常抽时间打电话关心孩子的学习、情绪等问题,更多地给予孩子精神上的支持与呵护。同时,改变用物质来回馈孩子的想法,不能给孩子一种依赖父母的金钱而不是父母本身的想法,这样也能减少孩子的不良习惯。

2. 在外务工的父母适当选择留在家中

在家庭经济状况许可的情况下,农村的父母亲可以不用外出打工的话可选择留在家中。如果必须选择一人外出务工的话,家庭中的母亲尽量不要外出打工。根据当地的经济发展状况,农村的农民工可以选择在周边的乡镇企业工作。父母亲都在身边的孩子能得到父母亲双方的照顾,保证身心健康成长。

(二)学校方面

1. 将管理制度落实到位

学校是孩子们接触最多的地方,也是家长较为放心的地方。学校加强对留守儿童的管理,提高对留守儿童生活方面的重视,有利于留守儿童的身心发展和学业进步,也能减少家长的负担。针对农村留守儿童的特殊情况,需制定适用于留守儿童的针对性措施。同时将对农村留守儿童的教育工作的成效纳入对教师的考核与评比中,调动教师对留守儿童教育积极性。

2. 改革和完善农村教育工作

据调查发现在中小学生中,留守儿童占的比例很高,这应引起学校的重视。学校需建立农村留守儿童数据库,详细记录每位同学的学习情况、生活情况、家庭状况等基本信息,并根据情况的变化做出相应的调整。对所有的农村留守儿童进行分类,针对每种类型的农村留守儿童采取适宜的解决方案。学校还需完善寄宿制度,农村留守儿童寄宿学校,与同学老师共同学习和生活,享受大家庭的温暖,弥补亲情的缺失,这对孩子的健康成长起到重要的作用。

(三)政府方面

1. 发展当地经济

经济的发展才能促进整个地区的进步,而且由于刘岗镇特殊的地理位置,如果在经济方面加大了建设力度,不仅切实有助于当地人民生活水平的提高,更能在一定程度上缓解留守儿童的问题,因为某些留守儿童的父母能在家附近找到更好的工作,就不会外出很远打工而不能经常回家了。

2. 加强关爱农村留守儿童的宣传

留守儿童是一个重要且严重的问题,要充分发挥媒体的宣传作用,通过电视、网络、报纸等媒体进行宣传,引起全社会对留守儿童的共同关注,充分调动社会力量,有了群众的支持,政府制定相关的制度和政策,采取必要的措施也能更加有效地解决这些问题。

3.进一步完善监护制度

首先要对有关儿童权益保护的法律法规进一步进行修订,完善监护制度,强化父母对子女的法定监护职责,积极探索有偿委托监护,逐步解决留守儿童监护缺位问题;二是设立监护监督人员,通过立法赋予其对监护人监护情况的监督权,切实保护留守儿童的权益。

4.加快构建减量机制

制约我国农村留守儿童发展的根本因素是制度政策的约束,我国现行的城乡二元制度极大地阻碍了我国留守儿童的生活发展。构建减量机制,减少留守儿童数量,是解决留守儿童问题的有效途径。

六、结语

农村留守儿童作为在我国社会转型期中出现的一个特殊社会群体,在其成长过程中,其教育、心理、生活等方面都出现了不同的问题。此次对农村留守儿童的调查,使我认识到,解决农村儿童留守问题急不可待。希望有更多的人来关注留守儿童,给他们更多的关怀和帮助,使他们在缺少家庭关爱的时候,同样能够感觉到社会大家庭的温暖,更希望留守儿童问题能够早日得到根本解决。

【参考文献】

[1]邹欣朔.农村留守儿童生存现状调查研究[D].延边:延边大学,2015[2018-12-10]. http://www.wanfangdata.com.cn/details/detail.do?_type=perio&id=xinnc201717007.

[2]朱菁菁.安徽省枞阳县祖农村留守儿童调查报告[D].合肥:安徽大学,2012[2018-12-10].http://www.wanfangdata.com.cn/details/detail.do?_type=degree&id=Y2113383.

[3]徐晓岑.淮南市农村留守儿童教育问题调查报告——以淮南市架河镇为例[D].合肥:安徽大学,2015[2018-12-10].http://so.xueshutianxia.com/article/CMFD-1015384276.html.

▶ 编者按

随着我国城镇化的快速发展,留守儿童群体也在不断壮大。2013年5月,全国妇联发布的《我国农村留守儿童、城乡流动儿童状况研究报告》指出,全国有农村留守儿童6102.55万,占全国儿童21.88%。关注留守儿童关乎我国社会治理和国家发展,改善留守儿童生活现状刻不容缓。冯钰等同学对安徽寿县刘岗镇农村留守儿童的生活现状进行了深入调查。农村留守儿童的心理状态、道德观念、接受教育、生理健康等方面问题令人触目惊心。冯钰等同学又分析了这些问题背后的原因并提出了切实可行的意见,值得借鉴。

外来务工子弟国学兴趣培养调查
——以桐庐县创业学校为例

杭州商学院　舒诗倩

摘　要：随着城市化进程不断的加快，外来务工人员成为城市不可或缺的一部分，又因为长时间的城市建设需求，使得务工人员会选择将孩子一起带到工作地方方便照顾。但外来务工子弟家长忙于工作，为生计奔波，对孩子学习之外的兴趣关注很少。团队通过调查桐庐县创业学校的外来务工子弟，把目光聚集在外来务工子女的国学教育上，以国学启蒙人的身份，发掘外来务工子女的国学兴趣，培养其国学素养。

关键词：外来务工子女　国学教育　国学兴趣

当前国学教育越来越受到社会的关注，但地区发展不均衡，国学在中小学的普及存在严重的地区差异。其中部分学校特别是城市重点实验中学，能够充分认识到国学的重要性，将国学教育当作日常教学内容的一部分，邀请专门从事国学研究的学者来校做讲座；而另一些学校，如乡镇和农村里的中小学，学生连基础的教育资源都有限，所以国学教育在这些地区开展得不够理想，有的学校就没有任何关于国学教育的安排。桐庐外来务工子弟所在的桐庐县创业学校，师资力量不强，教育水平不高，国学教育更没有引起重视，为此，我们仅以自己微薄的力量，为桐庐县创业学校的孩子提供国学教育的机会，并对他们的国学兴趣进行调查，以便更好开展之后的国学教学活动，更契合他们的国学需求。此次调查分为两个部分，一部分是实际教学调查，另一部分是家访实地调查。

在实际教学调查中，我们将国学系统地分为了文、艺、礼、俗四部分，并对此进行明确定义，使自身国学教学体系清晰明了。

文是以文献为载体、有思想文化价值且具有历史价值的中华优秀传统文化，我们以先秦经典及诸子百家学说为根基，涵盖两汉经学、魏晋玄学、隋唐道学、宋明理学、明清实学和同时期的先秦诗赋、汉赋、六朝骈文、唐宋诗词、元曲与明清小说等历代史学的一套完整的文化、学术体系。用生动有趣的内容来向孩子们讲述各代不同风格的诗词歌赋。让孩子感受古代文学的魅力，传承中华美德，发扬文人精神。

艺是陶冶情操、提升自我的中华优秀传统文化。我们开设中国舞、武术、古筝古琴、书法、国画等课程。用实际可接触的形式让孩子切身体会古代琴棋书画，传承古遗雅艺，培养品质雅趣。

礼是规定国家公共秩序和社会道德秩序的中华优秀传统文化。中国自古以来就是礼仪之邦，通过开设日常礼仪、礼法礼仪、汉服礼仪、古代节日礼仪、餐桌礼仪等，将古代礼仪与现代礼仪相结合，让孩子传承礼仪精髓，倡导文明风尚，做文明人，行文明事。

俗是娱乐大众或具有一定实用价值的中华优秀传统文化。我们开设越剧、药学、传统手工艺编织、皮影戏、造纸术等课程,把传统的在长期的生产实践和社会生活中逐渐形成并世代相传、较为稳定的文化事项为孩子们在课堂中展现了出来。传承民俗智慧,播撒创新之种。

下午则开展文、艺、礼、俗主题活动:画扇面、做汉服、做灯彩、文字游园、造纸、《梦回大唐之长恨歌》情景剧表演。从规矩的课堂到轻松有趣的活动,从理论走向实践,让孩子们在玩乐中体验到国学乐趣,更加激发他们对国学的兴趣。

通过实践教学,我们发现外来务工子女对国学是有着浓厚兴趣的,他们每天都会早早地来到学校,中午迫不及待地问我们下午主题活动是什么,上课也十分积极主动,对课上的国学展示,比如皮影戏表演——"三打白骨精"都抱有非常大的热情。但同时也发现,艺之教和俗之教的上课内容最受孩子喜欢。在我们随机访问中,发现大多数的男生喜欢武术课程,大多数的女生喜欢中国舞以及国画课程。而文之教的上课内容最不被大家喜爱,他们称上古诗等文学性课程易犯困,没有兴趣。由此我们可以看出,外来务工子女更喜欢的是可操作性国学,对于文学性较强的国学内容,觉得枯燥,无法静下心来学习,这也在之后的家访中得到了证实。

在家访实地调查中,我们根据文、艺、礼、俗有针对性地设置了问题,并得出了一定的结论。

(1)外来务工子女平时对纸质稿书籍等文学性著作并没有多大的耐心与兴趣,他们课余活动以玩为主。我们在家访中也发现,和大多数外来务工人员面临的问题一样,房屋简陋狭小,有些甚至只有一间房间,孩子没有独立的学习空间,加上家长本身文化水平不高,每天的大部分时间都在为生计而奔波,对于孩子的学习也是心有余而力不足,同时创业学校的老师并没有着重强调阅读,这些都导致了外来务工子女大多不爱阅读、在国学文化教育这块严重缺乏等问题。

(2)在调查中我们发现,只有小部分的外来务工人员给自己的孩子报了兴趣班,兴趣班的内容多是孩子自己感兴趣的,如跆拳道、舞蹈。大部分的家长表示希望能给自己孩子报个兴趣班,培养孩子自己的兴趣,但是现今兴趣班费用昂贵,这对于他们来说都是一笔不小的负担,再加上工作繁忙,没有时间接送孩子,因此大部分的外来务工子女,多是没有上过兴趣班或者上过但是没有坚持下去的。今年我们在创业学校进行现场报名时,就有家长提出希望我们能教授书法、国画课程,他们想让孩子接触这类国学文化,但可惜没有钱支持孩子学习。可见,限制外来务工子女国学兴趣培养的最大的因素是家庭收入不高,难以支持。

(3)之前和一位老人交谈,他说对于小学阶段的国学教育来说,最重要的其实是要教会孩子做人。在学校里,我们看到外来务工子女有两大类,一类脾气比较暴躁,尤其是男孩子,还有一类很文静,不爱说话。在我们与家长的交流中,也发现家长对孩子的性格是比较了解的,也注重孩子全面培养,培养孩子的责任心。而且现在的家长多数改变了传统的棍棒教育,当孩子出现问题时,多会耐心劝解,这对孩子的性格培养有很大的帮助。一位家长也和我们说,当孩子和别人出现矛盾时,如果孩子错了,他一定会带着孩子亲自去和别人道歉。可见现在的外来务工人员对于自己子女的教育不再是放养式,更多的是参与孩子的成长。

(4)外来务工人员早早离开了自己的故乡,对于自己家乡的习俗也不甚了解,常年在外,对于风俗也不甚在意。因此对于风俗的了解程度也不高,最多也就是过过传统节日。但家长也表示习俗是一种传统,需要年轻一代去继承。

外来务工子女的国学兴趣培养,不管是在家庭还是学校都是薄弱的。学校规模小,设施差,师资力量不强,没有专门的国学课程,和家长谈国学,其实家长也不清楚什么是国学,但从家长对孩子的期望来看,他们还是希望自己的孩子掌握一些国学知识,培养一些国学兴趣,而这些国学也就是少年国学所定义的广义国学——优秀传统文化。如今少年国学已经在创业学校成功举办了四届。目前我们对于外来务工子女的国学兴趣也有了一定的了解,在之后举办的少年国学中,我们将设置更契合桐庐外来务工子弟子女国学需求的课程,以国学启蒙人的身份,发掘外来务工子女的国学兴趣,为他们国学兴趣的培养贡献自己的力量。

▎▶ 编者按

习近平总书记强调,坚定中国特色社会主义道路自信、理论自信、制度自信,说到底是要坚定文化自信。国学是中华民族优秀传统文化,弘扬国学是坚定文化自信的重要举措。近年来,一股国风热正悄然兴起。国学作为中华民族文化瑰宝,理应被所有中华儿女继承发扬。但现实中外来务工子弟学校往往缺乏相应的教育资源,国学教育开展并不理想,因此少年国学在创业学校的举办显得尤为重要。少年国学团队的同学们深入了解外来务工子女的国学兴趣和需求,开展更契合的课程,相信他们会带来影响深远的国学启蒙。

乡村经济篇

要推动乡村产业振兴，紧紧围绕发展现代农业，

围绕农村一二三产业融合发展，

构建乡村产业体系，实现产业兴旺，

把产业发展落到促进农民增收上来，

全力以赴消除农村贫困，

推动乡村生活富裕。

——习近平 2018 年 3 月 8 日参加十三届全国人大

一次会议山东代表团审议时的讲话

美丽经济的发展之道

——以丽水市青田县为例

公共管理学院　黄之隽　杨　欢

摘　要：2018 年党的十九大报告中指出："必须树立绿水青山就是金山银山的理念，坚持节约资源和保护环境的基本国策，像对待生命一样对待生态环境。"而美丽经济就是在坚定践行这一基本国策的同时，又保障民生的一种经济发展方式。这对于研究如何使经济发展与环境保护齐头并进具有重大意义。本报告以青田县为例，研究其在美丽资源转换为美丽经济过程中存在的问题，探索经济建设路径并提出相应建议。

关键词：美丽经济　合理转化　美丽资源　共存共生

一、问题的提出

2018 年党的十九大报告指出，必须树立绿水青山就是金山银山的理念，坚持节约资源和保护环境的基本国策，像对待生命一样对待生态环境。基于这一基本国策，"两山"理念在全国范围内落地、开花、结果。十三五时期，浙江省把美丽经济列为一大增长点。十多年来，从"千村示范、万村整治"，到"五水共治""三改一拆"，美丽经济在全省开展广泛实践。美丽经济是一种通过乡村建设、旅游发展等可持续发展的绿色行为把美丽资源转变为经济收益的经济方式，其行为目的是利用绿色环保的发展方式提高村集体经济水平，提高村民收入，真正实现人与自然的和谐共生。

本报告选取丽水市青田县为研究对象，研究当地美丽经济发展状况。青田县地处浙江省东南部，拥有丰富的美丽资源。农业上，青田县拥有杨梅、田鱼、油茶等经济作物；工业上，青田县被称为"石雕之乡"，石雕产业发达；文化上，青田县人才辈出，从刘基、蒋继周到章乃器、汤思退等，文化底蕴丰富，拥有"名人之乡"的称号。此外，青田县还是著名的"华侨之乡"，拥有巨大的进出口优势。如果青田县能够把生态环境优势转化为生态农业、生态工业、生态旅游等生态经济的优势，那么绿水青山就会变成金山银山。但在近几年发展中，青田县并未有效利用其拥有的美丽资源，更未能将其美丽资源转化为美丽经济，村集体政治地位薄弱、美丽经济转化过程中收益较低、人力资本匮乏等问题日渐突出。因此，发挥出生态资源独有的优势，使得青田县美丽资源可以高效地转化为美丽经济，成了青田县当前发展的重中之重。

二、因地制宜,实现美丽资源向美丽经济有效转化

(一)因地制宜的特殊优势

青田县位于温州和丽水的交界处,有"九山半水半分田"之称。其环境优美、青山叠嶂,是个适合旅游与居住的好去处。优美的环境资源,为青田县打造特色的旅游景区增添了一份有力资本。青田县因地制宜,充分利用自身自然和文化资源,发展美丽经济。精湛的石雕、硕大的杨梅、美味的田鱼成为其响亮的名牌。"中国石都世界青田",青田石雕举世闻名;青田县素有"杨梅之乡"的称号,其中以鹤城京岙、仁宫孙前的杨梅基地最为出名,青田杨梅具有质优、果大、味美的特点,有"乒乓球杨梅"之称;对于田鱼而言,青田"稻鱼共生系统"被联合国粮农组织列入首批"全球重要农业文化遗产"名单中,龙现村则被列为全球重要农业文化遗产核心保护地,成为名副其实的"田鱼村"。除了丰富的自然优势,青田历代才人辈出,其中以刘基最为代表。因刘基曾居于青田,当地人在其居住地打造了"伯温古村"等旅游景点。此外,蒋继周、章乃器、汤思退等名人也在青田出生成长,这些名人事迹使得青田文化氛围浓厚。"名人之乡"是青田着重打造的一块牌子,这种历史文化资源也成了青田独有的一种资源。

(二)建立美丽资源转化美丽经济的有效机制

青田充分利用自然生态资源,将农业与旅游业相结合,打造特色旅游业,拓展杨梅、田鱼等特色农产品销路,为其乡村振兴奠定坚实的产业基础。青田县成功打造孙前"山鹤"牌杨梅种植基地与"党建+旅游"特色田鱼村,将特色产业与旅游相结合,带动当地民宿、农家乐等产业发展,为游客提供"品味农家菜肴、体验农耕文化、采摘新鲜作物、走进农家生活、欣赏农村风情"等休闲娱乐体验项目,实现产业融合、兴旺发展,实现对美丽资源的高效充分利用。

独特的地理位置、特殊的人口结构、悠久的历史文化让青田拥有着独特的资源禀赋。青田县紧紧抓住自身的资源禀赋,打造青田特色"三乡文化"。青田县目前已成功打造三条精品旅游线路——"侨石风景线""方山非遗线""千峡探源线",让游客在青田能够"赏石雕,购洋货,感文化"。以伯温古村为代表的特色村落,将文化与美丽乡村精品村培育相融合,并以此促进经济增长,同时带动相关食宿业的发展。在此过程中,青田县还因地制宜,根据各种区位优势、特色资源打造风景带和旅游线,实现美丽资源向美丽经济有效转化。

在成功强化村庄自身硬件、发挥村庄自身特色的基础上,村庄集体也可通过流转集体土地、收取土地租赁费用,或是利用村集体房屋向外租赁来收取相关费用,实现对村集体经济的创收。并利用外来招标的形式,与市场企业进行协商讨论,将村集体的土地流转成为村集体的商品房屋,然后再以租赁的方式或村民自身经营创收来增加村民自身收入和村集体经济,或者招标入股,以参与分红的方式增加村集体经济。

三、实事求是，显示美丽经济建设问题

(一)政治限制——以村集体为主导的村集体政治地位下降

美丽乡村建设，美丽经济发展，都离不开村集体的主导和号召。然而随着时间的推移，一些历史原因使得村集体的地位逐渐下降，村民关于土地的各项权益认知不足、相关意识薄弱，而在此阶段村集体地位的下降在一定程度上影响美丽经济的增长、美丽乡村的发展，村集体的号召力也随之慢慢削弱，村庄的全域规划、全域发展，村民的调节这些环节都受到了不小的影响。此外，村集体号召力的下降对于土地征收、统一规划、出租等方面也造成不小的挑战。因此，美丽乡村与美丽经济的发展障碍重重。

(二)经济局限——美丽资源转化美丽经济的低效薄弱

美丽经济建设的目的在于实现美丽资源对美丽经济的转化，主要体现方式为村集体经济创收与村民个人经济创收。然而整个青田县，包括一些以田鱼村、油竹街道为代表的政府重点打造的村庄的村集体经济仍然十分薄弱。然而，整个青田县的人民生活水平却并不低，和其他地区的一些村庄相比，青田人民的生活水平反而较高，但他们的收入并不是村庄自身发展所带来的经济收入，大多是通过侨乡的带动作用来实现个人的富裕。侨乡的带动作用保障了大多数家庭的经济收入、生活水平，所以会出现村民富裕而村集体经济状况惨淡的奇怪现象。在美丽乡村的发展当中，村庄的资源和条件是有限的，因此村庄自身集体经济的发展方式和资源是有限的，因此土地资源成为村庄集体经济创收的主要资源。然而很多村庄在土地资源的流转方式上略显单一且具有局限性，大部分村庄都选择土地资源直接出租的方式，往往只注重在村民个人收入上的短暂的改善，而忽略自身村集体经济的发展、村庄实力的扩大与内生发展，村集体的创收方式往往显得单一而有限，这造成村集体经济的薄弱，只能依靠政府的不断投入，而这种美丽建设延续是有条件的、有限的。

(三)人力困惑——美丽经济建设的人力资本的匮乏

油竹上村、油竹下村、方山田鱼村三个村庄人口结构是不平衡的，村庄呈现人口空心化，老年人和孩子居多，大多青壮年劳动力都在国外发展。不仅是这三个村庄，整个青田县55万人，其中33万是华侨，领导班子人数较少，力量相对薄弱。这种人力资源匮乏带来的后果是不得不向外吸引人力资源，然而吸引的劳动力并不是都能参与到村集体的事务管理、村庄的发展当中的，能够参与村庄发展的主要都是本地人。因此这样的约束和村庄人才的缺乏形成矛盾，在一定程度上阻碍了村庄的发展，党员的带头作用也不能得到充分的发挥。在上村下村，乃至整个青田，党员的年龄普遍偏大，缺少年轻党员的加入，这也使得党员在村庄村务行动上的影响力有限。且村庄常住人口较少，产业发展平和缓慢。同行之间较弱的竞争关系导致村民积极性不高、主动性较低，缺乏竞争意识与创新意识。这也导致村庄发展较为缓慢，缺乏创建农村精品村应有的生机与活力。

四、展望未来,探索美丽经济建设更多路径

(一)打破政治限制——提升村集体的地位,多元利用土地

加强意识宣传,努力提升村集体的政治地位。村集体的政治地位在一定程度上会影响村集体经济的发展,整个村庄的集体意识和村集体权力减弱,导致村集体在资源调配、统一规划调节上受到限制,对外开发和向内引进都将受到一定的限制。加强"党建+"建设,不断提高村集体在村民心中地位,让村庄的集体意识得到提升,加强统一调配、合理规划,才能更加有效、更加高效地开展美丽乡村和美丽经济建设。村集体是美丽乡村建设的骨干,要提升村集体的政治地位和号召力,加强对村集体资源和土地的利用和分配力度,不断多元化利用土地。土地资源是村庄拥有的最大自然资源,如何利用好土地是最大也是最急切最需要解决的问题。土地利用不仅仅在于简单的租赁,而且应该根据各自的特点和情况,多元化利用土地。还可成立相关村集体经济合作社,以第三方的方式将土地集中处理,然后多元化利用土地,如通过简单的租金方式,或者长时间的租赁加上土地入股方式参与后期分红,将房屋资源集体出租,将村集体资源山地水库等相关资源通过租赁等方式,壮大集体经济,多元化利用土地。

(二)扩宽销售渠道——实现三产融合,企业进驻拓宽市场

有了相应的特色资源、特色产品,还应加强对二、三产业的建设,实现三产的融合打造,做到有产品、有加工、有销售。例如青田鱼干往往局限于内部的旅游销售,对于更大的市场,村集体应搭建更优的平台,产生更多更大的需求,达到对村集体经济的增收。要不断完善美丽乡村的建设,加强自身条件的建设,美化洁化,不断吸引企业进驻,为美丽乡村建设创造更多的优良条件。同时要扩展销售渠道,助推农产品发展。在传统宣传途径的基础上,农户应该结合时代潮流,发展互联网经济。农户可以利用微博、微信等新媒体平台,对自己农产品进行如实宣传售卖。通过微店、淘宝等电商平台,增加网络销售渠道,使买家可以方便快捷地进行购买。此外,村民可以与大众点评、美团等 App 合作,利用优惠促销的方式,吸引买家进行购买,以增加自身收入。

(三)打通人力通道——健全相关政策,敞开大门招贤纳士

青田县特殊的人口结构,导致村庄在发展人才资源上受到一定的限制。不仅要完善相关政策,吸引外来劳动人口、外来人才,而且要加强村庄的青春化、活力化、智慧化建设。同时,也要完善华侨回国发展的相关政策,构建特殊的人力结构,发挥华侨优势,辅助华侨,做大做好慈善捐助事业,做好华侨进口商品城、红酒集散中心等特色区域建设,加强村集体与华侨集体之间的联系,搭建好本地与国外、村集体和侨乡集体的桥梁,带动村庄发展。坚持对外开放,实现政治保障,政策兜底,敞开大门,招贤纳士,让人力资本不断回归,以人才进驻促进美丽乡村、美丽经济的发展。

(四)完善基础设施,强调顶层设计,合理规划多规合一

旅游业的良好发展离不开良好的基础设施。在现有基础上,青田县应该加强基础设施

建设,在交通、公厕、停车场等方面继续下功夫,使得通往旅游景区的道路交通便利,设施齐全,停车方便。在村庄、景区、公厕卫生与停车场管理等用人场合,雇佣当地村民,不仅可以使管理更加顺利,还可以增加就业机会,增加村民收入。加强顶层设计、底层结合,集中力量、集中资源进行沿线风景线的建设,一步一步来,一步一个脚印,做事到位,把事做实,分期打造,分点投资。

另外青田县特色广而多,小却不精。田鱼、杨梅等农产品,小农户个体经营,各自规模小、产量小,且农户与农户之间收入差距较大。一方面,可以合理拓展产品规模,在合理利用土地的基础上增大数量,在农产品种植、养殖过程中,组织专家指导,对农户种植、养殖技术进行培训指导,以提高农产品质量;另一方面,村集体可以组织管理,利用收购等形式,统一对农产品进行售卖,以达到规范市场、提高村民收入的目的。在农家乐民宿产业上,青田县虽然拥有一定的民宿农家乐,但大多是环境一般的低级民宿农家乐,性价比不高。游客在选择时往往倾向于商业化酒店。政府可以针对民宿农家乐进行统一规划管理,首先集中精力打造中高端精品民宿农家乐,吸引游客,再以此带动其他民宿农家乐的自身发展、自身提升,提高村民打造中高端民宿农家乐的积极性。

编者按

摸索美丽经济的发展之道,把美丽经济做大做好,在与自然的和谐相处中探寻富裕之道,这是调研小组最大的切身体会。所谓美丽经济不仅是一草一木的保护,更是通过"美丽"的方式发展经济,实现经济的可持续性发展。调研发现,在青田县发展过程中,基础设施、规模不足、管理混乱等问题限制了其发展。善用美丽资源,农业、工业融合发展,发展生态旅游,打造特色旅游产业,是建设美丽乡村的重要途径。

博弈视角下信用合作社应如何建设稳定农村金融体系的机理研究

——以温岭农商银行为例

工商管理学院　谷建瀛　郭航希　潘星潮　应舒逸　周　源

摘　要：本文以台州温岭农商银行为例，分析台州金融模式中重要一环——温岭农村金融的发展模式。从博弈视角分析温岭农商银行如何在温岭地区，改变农村传统信用体系，解决农村金融发展的几大难题，成功建立了互利互信的现代农村金融体系，为其他农村金融机构发展提供借鉴。

关键词：农村金融　社会网络　交易成本理论　博弈理论　隐性契约

一、引言

（一）研究背景及意义

农业部部长韩长赋曾指出："当下是全面建成小康社会的决胜阶段，必须下大力气补上农业农村这块'短板'，农业发展进入转型升级、加快现代化的关键时期，农业比以往任何时候都更需要金融支持。"农业部部长在金融服务农业现代化高峰论坛上的讲话点出了当前农村现代化的必要前提。特别是在当前特殊的国情下，农村金融发展，对构建现代农业产业体系、生产体系、经营体系，促进"四化同步"具有重要意义。

当前是全面建成小康社会的决胜阶段，建立建设农村金融市场，是实现农业现代化的必要前提。同时在"一带一路"倡议实施过程中，沿路城市不断发展，如何在沿路建立完善的农村金融市场，是关乎百年战略发展速度与质量的重点问题。

台州是改革开放以来经济发展比较迅速的一座城市，同时当地基于农村信用社建立的农村金融市场也比较完善。截至 2018 年 1 月，全市信用社总存款突破 4000 亿元，总客户数突破 968 万，各项指标超越各大银行在台州的分行。立足台州，服务三农，协助小微，台州农信为当地农村金融发展做出了重大贡献，这也是台州快速发展过程中不可缺少的重要环节。为了总结台州地区农村金融的发展经验，我们选取了当地农信合作社中的佼佼者——温岭农商银行。希望通过对温岭农商银行的研究，提出对解决农村金融发展难题有所帮助的结论意见。

（二）现状及发展态势

截至 2014 年 2 月，温岭农商银行主营业务持续增势。存贷款余额、增量、市场占有率居温岭市银行业第一，存贷规模突破 200 亿元。其基础客户群逐步壮大，服务覆盖面继续延伸,客户渗透率和影响力显著提高,客户关联度稳步提升,发展基础更加夯实。温岭农村商业银行坚持"小额、流动、分散"的信贷原则,通过把控客户的准入关和退出关,其信贷资产质量保持良好态势,不良贷款余额、占比均低于全省、台州农信平均水平,各项抗风险能力指标居全省、台州农信前列。

温岭农商银行扎根温岭大地 60 余载,与广大农户、小微企业水乳交融。在拥有良好发展现状的同时,始终坚持服务"三农"的经营方向,以支持乡村振兴为己任,充分发挥自身机构多、网络广的优势,以"团结求实、不断创新、服务'三农'"作为企业精神,不断强化支农理念,开发支农品种,创新支农载体,优化支农服务,拓宽支农领域和加强支农考核,成为支持温岭乡村振兴战略的金融先锋。农贷范围从农户生产扩大到农户生产、流通、消费、农村超市、基础设施、旧村改造、文化、休闲等领域。近年具体惠农方式有以下几点。

1. 开设"直通车",实现社会信用价值化整村授信

自 2016 年起,全面实行千名驻村金融指导员和村级联络员制度,进村入户采集客户信用信息,将信息输入大信贷系统,实现对农户的金融普测,结合村级授信小组集体评议,批量确定农户最终的信用等级及授信额度,实现"一站式"授信。

2. 搭建"融资桥",实现金融产品多元化

温岭农信积极构建融资通道,围绕农业产业链各环节上的生产、加工、销售等生产经营主体推出"农链通"贷款以及推出全国农信系统与共青团系统合作的首张丰收新青年联名贷记卡等。

3. 打通"便捷道",实现金融服务智慧化

除了提供资金来助力温岭农村金融发展,温岭农信也在不断尝试以市民卡作为媒介,建立智慧医疗、智慧市场和智慧交通,助推智慧城市建设。

二、成本与博弈,维护农村金融稳定

(一)从股改到稳定金融体系

温岭农商银行凭借着股权质押贷款模式构建了互利互信、合作共赢的新型关系,其意义不仅仅在于股份改制的成功与存款总额的增加。从长远来看,这种以股权质押贷款模型为基础的股份制改革,为稳固温岭农村地区的金融稳定奠定了坚实的基础。

在实现从股份改制成功到平稳运行的金融体系的这一过程中,违约失信的交易成本与农商银行同农民之间的博弈发挥了巨大的作用。我们将通过交易成本理论与动态博弈理论细致分析温岭农商银行是如何实现从股改成功到稳固金融体系的重大跨越的。

(二)交易成本层面分析

本案例中交易成本的概念被界定为制度的机会成本。这一定义强调交易成本是实际制度偏离最优制度而导致的效率降低,而这种情况的发生与制度的创立、维持和实施均无关,但会使主体在实际的交易中付出相对应的代价。

温岭农村商业银行股份有限公司在与农民互利互信的过程中,基于一定交易成本的考量,达成了某种协议。本案例将从农民和温岭农村商业银行股份有限公司两个层面来分析,当违约的行为发生时,违约方将面对怎样的交易成本。

1. 农民违约的交易成本

在本案例中,农民的身份具有双重性,农民既是投资方又是借贷人。在这个前提下,农民面临的违约交易成本具有多重性。在本案例分析中,假设农民与银行主体均为理性人。

(1)股份被收回带来的利得损失交易成本。

温岭农村商业银行股份有限公司运营良好,资金充足,每年按时按股份比例给农民发放相应的分红。在农民与温岭农村商业银行股份有限公司签订的条款中,明确规定了,若农民出现贷款后未及时偿还或卷款外逃等违约行为,公司方面将通过股份质押协议,收回农民在银行中的股份以填补资金的缺口。同时由于股份被收回,农民将无法继续得到红利,失去了一份固定的相当可观的收入。农民在长远利益上的损失,即利得部分的损失远大于未偿还的资金。所以,农民在违约时面临的交易成本高昂。

(2)社会网络成本。

与以商业银行为代表的城市金融体系相比,以农信合作社或农商银行为代表的农村金融体系具有相对紧密的地缘与亲缘关系,如传统的乡关关系、邻里关系。这使得在温岭农村商业银行股份有限公司的股东之间存在无法分割的关系。在这种前提下,假使温岭市的农民在向温岭市农村信用合作社贷款后,未及时偿还,由于地缘与亲缘关系,人际关系复杂,信息传递渠道多样。这一信息将通过交织重叠的人际关系网络而迅速传播,信息成本较低,近乎零。基于温岭浓厚的经商历史底蕴,失信行为的产生将使得违约人面临道德和舆论的压力,商誉严重受损。这使得违约人难以开展将来的商业活动,自身的长远利益受损。

(3)违法成本。

假使农民的违约行为十分严重,经温岭农村商业银行股份有限公司起诉,农民将会受到相关法律法规的惩处。如农民有能力偿还全部或部分却恶意拖延,经法院通知仍拒绝偿还的,法院可以采取强制执行的方式,对其处以罚款、司法拘留等。是以农民可能面临高昂违法的成本。同时这将影响农民今后的日常生活,对于农民将来的就业、生活等都会产生极大的影响。

2. 温岭市农商银行违背创办理念的商誉成本

基于温岭农商银行的创办理念以及自身性质,应该优先服务于"三农"。但是基于农民缺乏稳定的收入来源、债务偿还能力弱等现状,银行认为其存在较大的违约风险。是以银行决定将资金借给更有偿还能力、违约风险更小的企业主体。银行的行为,违背了与农民间互利互信的条约,使得自身的商业信誉受损。

基于相对紧密的地缘关系和亲缘关系而构建的社交网络,信息成本近乎零的特点,信息在农民中传播的速度更快,且信息的可信度更高。农信合作社一旦出现违约行为,该负面消息将会通过相互交错的人际关系网络而迅速传开,会造成股东(农民)对于温岭农村商业银行股份有限公司的信任缺失,导致信任危机的产生。如果公司没有及时处理危机,安抚股东情绪,股东会要求撤资来维护自身权益。此时,股东与公司的关系从协同转向对立关系,无法营造一个令人满意的交易氛围。由于信息不对称,对于未来情况的未知心理,交易的不确定性上升,双方对于交易更加谨慎,不得不浪费更多的时间和精力进行谈判。这意味着伴随的监督成本和议价成本也相继上升,交易成本也会随之增加。

(三)动态博弈理论分析

温岭地区由温岭农商银行形成对良性金融体系的循环可以用动态博弈论来进行解释。

形成该良性金融体系的循环的基本情况是农商银行在扩张与发展过程中面临资金不足的问题,而农民具有小额财富并寻求稳健增值的投资方式。

对于博弈双方而言,他们各自有两种截然不同的策略。其中,农商银行的策略为贷款和不贷款;农民的策略为守约还款和违约欠款。为简化模型,我们假设银行贷款与农民使用贷款所能得到的利益是1个单位。我们假定在不考虑其他因素的情况下,银行贷款或不贷款,在做出不同选择的情况下银行与农户双方的综合收益均为0。

其博弈过程如下:

如果银行贷款给农民,农民守约按时归还了贷款,此时信用社由于贷款的利息,其收益为1个单位;农民由于得到贷款进行了投资,不仅得到了1个单位的收益,同时归还贷款也使其保持了良好的信誉R。如果银行贷款给农民,而农民却违约没有归还贷款,此时银行由于收不回贷款(包括本金和利息),其收益为−3个单位,而农民却因没有归还贷款而得到了2个单位的眼前收益,但损失了信誉价值。而如果银行不货款给农民,此时无论农民是否守约,双方的收益均为0。

用模型简单化阐述即为:

设A1为农商银行(以下简称银行),A2为农民。D1与D2表示银行的选择,D3与D4表示农民的选择。

A1:＝银行

A2:＝农民

D1:＝选择贷款给农民　　D2:＝选择不贷款给农民

D3:＝选择守约还款　　　D4:＝选择违约欠款

则在此情况下银行与农户的收益可以表示为以下不同的情况:

1)若银行贷款,农户做出D3与D4的选择

A1:(D1,D3)＝1个收益单位

A2:(D1,D3)＝1个收益单位＋信誉R

A1:(D1,D4)＝−3个收益单位

A2:(D1,D4)＝2个收益单位−信誉R

双方在两种情况下综合收益之和即为0。

2)若银行不贷款:

A1＝(D2,D3)＝0个收益单位

A2＝(D2,D3)＝0个收益单位

A1＝(D2,D4)＝0个收益单位

A2＝(D2,D4)＝0个收益单位

则农户不论做出D3还是D4的选择,双方收益均为0。

故而从博弈论的理论层面而言,博弈双方均为理性经济人的情况下一定会做出第一种选择即(D1,D3)。因为如果银行选择D2则双方均没有收益,而如果选择(D1,D4)则此时双方总的收益为−1个收益单位−信誉R。可以预见的是,双方如果在长期博弈过程中选择(D1,D4),则双方的利益都将受损。

通过以上基本的博弈分析与博弈过程阐述,我们可以得到一个基本观点:农商银行贷款给农民,农民守约归还贷款将会使双方都得到最大收益。

（四）成本与博弈中的金融稳定——新信任机制

不同于城市金融体系的是,我国农村地区的金融相对而言较为脆弱。我国农村地区的金融脆弱性与在农村金融机构经营过程中存在的内生性缺陷有极为紧密的联系。这种缺陷主要体现在两大负面:一是农村地区的储户对农村金融机构失去信心时,就会发生挤兑现象,而且挤兑现象在农村金融机构中较城市而言更为普遍;二是由于信息的不对称性和不完全性,并且伴随着金融体系的相对不完善性,农村金融机构对借款人的筛选、监督并没有达到城镇金融机构的高效率水平。

在此现状下,温岭农商银行积极探索维护温岭地区金融稳定的新型发展模式。通过股份改制所形成的股权质押贷款模式,温岭农商银行在此基础上充分考虑了交易成本与动态博弈之间的关系,在动态博弈的基础上构造了一种与农民都相互认可的信任关系。为达成双方互利共赢的交易,双方都必须遵循诚信原则。温岭农商银行在积极探索诚信机制的建立的过程中主要采取了以下两个途径。

1. 确立"重复博弈"规则

"农商银行—农户"双方互信机制的形成依靠的是一个长期的、动态的博弈。农户与农商银行互信的良性循环需要一定的形成时间,温岭农商银行积极探索"协商—调解"解决借贷纠纷的模式。这是充分考虑并且运用了重复、动态博弈的原则。

2. 启动双向信用体系

在基本确立了立足协调解决问题的"协商—调解"解决纠纷的新模式后,温岭农商银行启动了双向信用体系,进一步加大了农户与自身违约失信的成本。此举,促进了重复博弈走向银行选择履行合约贷款给农户,而农户也按时还款的良好局面。

这样的双向信用体系,对银行而言,在树立良好形象与商誉的同时也潜在地提升了自身违背股权质押合约而不贷款给农户的成本,有利于督促温岭农商银行下属的各个支行与分理处恪守诚信原则;从另一方面来说,对农户而言,温岭农商银行树立的诚信行为的奖惩机制,也加大了农户违背股权质押合约而欠款不还的机会成本。正是这样的一种双向信用体系促进温岭农商银行构建了一个相对稳定、交易双方逐渐达成"互信互利"诚信机制的良好局面。在长时期的、重复的博弈过程中,农户与农商银行最终出于违约成本与自身长远利益的考虑而选择了遵守合约,恪守诚信。

三、总结

2015 年温岭农商银行成立后,其金融业务不断发展,积极实施以客户为中心的发展战略,坚持立足温岭、服务三农和小微企业的市场定位,大力推进普金融,发挥体制机构优势,推进金融创新,积极应对民间借贷风波,增强服务实体经济能力,是温岭地区区域领导型银行。

温岭农商银行的从创立到现在发展壮大的历史,对于我国其他地区的农商银行有非常强的借鉴意义。依托于本项目的研究成果,我们认为其他农商银行可以从以下方面着手,推动互利互信模式和信用体系的构建。

（一）挖掘农村社会网络优势

从理论上来说,乡村的社会体制是一种并没有具体目的,只是因为在一起生活而形成的社会,也就是礼俗社会,而不是为了要完成任务而形成的法理社会,乡土社会的信用并不是对契约的重视,而是发生于对一种行为的规矩从熟悉到不假思索时的可靠性。这种熟悉是从长时间、多方面、经常性的接触中所发生的亲密的感觉,而农商银行本身具备地方性特征,在与农民相互磨合的过程中,向农商银行借贷已然成了农村生活的常态。但随着时代的发展,乡土社会向现代社会转型,现代社会是个陌生人构成的社会,彼此不知道个人的底细,所以需要借助纸质契约和法律的帮助。在这样的一个转型期间,农商银行最大限度地发挥其长期驻扎于农村、贴近农村生活的优势,依赖所建立的客户群和网点,最大限度地发挥农村地区的血缘关系和地缘关系,提升农民信任度,推动农村信用体系建设。

(二)股权质押模式,推动互利互信

农民通过抵押农商银行成立时入股的初始股份,换取一定数额的贷款,缓解了农民借贷难的问题,同时也促进了温岭农商银行的业务发展。农商银行的飞速发展,进一步提高了农民的违约成本,除了基础的信誉成本,在其之上有更大的可量化的股份回收后损失收益的成本。而对温岭农商银行而言,向自身股东投资比对外投资的风险小,对借款人的情况相对而言更为清楚,可以节省大额的资信审核成本,即使产生违约情况,通过回收自身流转于民间的股份,也可以最大限度地减轻其损失。

通过这种股权质押模式,温岭农商银行构建了一套可自动的信用正反馈循环体系,从而降低了温岭农商银行的坏账率,提升了农商银行的存款数额和储户数量,更最大限度地推动了温岭当地信用体系的完善。目前全国各地的农商银行面临着如何吸引储户及降低坏账率的难题,而温岭农商银行构建的股权质押模式最大限度地发挥了农商银行的本土化优势实现互信互利,是帮助各个农商银行解决这一难题的理想模式。

(三)扎根本土区域,提炼信用基因

根据温岭农商银行在温岭当地成功构建信用体系的经验,其他企业应该积极梳理自身的历史发展情况,寻找所立足的当地农村地区影响信用体系构建的独特影响因素,如台州、福州等显著的氏族文化等因素,通过摸索一套与影响因素相关的信用体系建设模式,驱使当地信用体系的构建和良性贷款率的提高。

(四)紧跟潮流发展,攥住腾飞机遇

在国家大力推进"一带一路"政策的当下,鉴于我国为农业大国的国情,广大农村的发展也必然会受影响,农村发展也将迎来新的契机。"一带一路"政策将中国西南地区与中南半岛的农产品市场对接起来,建立新型粮食保障体系,西南地区推出超载的耕地资源,中南半岛利用西南地区的农产品市场,推动其现代化农业发展,使财富真正回到农民手中。这也为农村金融的飞速发展提供了巨大的契机。农商银行作为以前农村信用合作社的升级产物,专门面向广大种植户、养殖户、个体经营户、农民专业合作社、农产品加工流通企业、农产品加工流通企业、农业产业化基地等广大"三农"行业经营者,为其提供相关金融服务,是农村金融服务的支柱型企业。农商银行应紧抓此次机遇,进一步寻求其本身的发展与业务的扩展。

编者按

　　农村金融是新农村建设中的重要一环。本文采用的博弈论视角，既有静态层面的分析，如股权改制、农村商业银行成本等，又结合动态层面分析了农村商业银行和农户之间的决策平衡，这对其他商业银行开拓农村市场具有一定的借鉴意义。调研报告抽丝剥茧，创新性地总结了农村金融体系的优势和意义。农民富了，钱袋鼓了。我们应该看到除了保障性投资之外，发展性投资也是乡村振兴战略实施过程中的具体外延和应有之义。

机械为刃,破茧成蝶

——基于 Logistic 模型的农户农业机械投入意愿分析

经济学院 黄 骏 平垚锋 王 琦 曹肖烨 许泽慧 韩晓晓 谭嘉萱

一、背景

2017 年中央一号文件明确指出要强化科技创新驱动,引领现代农业加快发展,2017 年党的十九大报告中提出要"实施乡村振兴战略"。农业农村农民问题是关系国计民生的根本性问题,必须始终把解决好"三农"问题作为全党工作重中之重。而农业机械化是农业现代化的中心环节,它凝聚着现代科学技术的最新成果,成为提高劳动生产率、减轻繁重体力劳动的必要条件和根本途径,从而带来生产力的质的飞跃。研究表明,美国、西欧、日本等发达国家和地区在 20 世纪 50 年代至 70 年代就已经实现了高水平的农业机械化。从发达国家的农业发展经验来看,良好的机械化水平极大地加快了农业现代化的进程,解放了农村劳动力,加快了农业生产力的提高,能够推动农业实现可持续发展。

国内外已有的研究对农业机械化的发展前景的预测已比较完善,但对浙江省农业机械化的实例还未进行深入分析。近年来,浙江省运用现代信息技术以及人工智能技术,在农业领域推广"机器换人",以期推进省内农业生产效率的提高。在园艺产业领域,浙江省在杭嘉湖平原地区大力推广蔬菜、生态畜牧业等方面的"机器换人";在山地茶园开展"机器手臂"采茶制茶,提高制茶的生产效率;在山地果园引进和示范推广农业自动化生产加工流水线、农业物联网设备、农业机器人、山地果园运输系统等智能化装备,实现山地果园生产过程的智能化。2016 年 10 月,农业部正式批准浙江省为创建全国农业"机械换人"示范省;2017 年 12 月,浙江省又被农业部等八部门授予全国唯一整省推进的国家农业可持续发展试验示范区。

二、实践过程

2018 年 4 月至 7 月,笔者与团队成员共同开展"机械为刃,破茧成蝶"——以"机器换人"为主题的暑期社会实践,前往湖州、杭州、台州三地开展"机械为刃,破茧成蝶"系列调研活动。

1. 第一站:杭州市萧山区水良蔬菜专业合作社(关键词:依托政策、布局全国、机器换人)

2018 年 4 月调研团队来到了位于萧山区的水良蔬菜专业合作社进行实地调研,了解该蔬菜专业合作社的农业机械使用状况和成本收益状况,并据此优化已有调研方案,修改调研方向和目标,为暑期大规模田野调研积累宝贵经验。

调查首先从了解农场的性质、规模以及经营品种等入手,之后着重就"农场的经营时间、规模、主要种植农作物和机械化开始的时间以及随着时间的推移机械化是上升还是下降,机械化演进的过程中成本和收益是怎么变化的"等相关问题进行了深入访谈。

2. 第二站:湖州咩咩羊牧业有限公司(5月、6月、7月先后三次调研,关键词:因地制宜、农牧结合、适度规模、生态循环、机械化生产)

在公司董事长项继忠先生的带领下,小组成员参观了该公司现代化羊舍和现代化机械设备等,并就公司规模、投入成本、公司生产技术及配套设备设施、政府政策扶持情况、机械化使用产生的经济效益等问题进行了访谈,重点讨论了公司生产管理面临的问题及对未来的展望。

3. 第三站:萧山区杭州庞大农业义桥羊业基地(关键词:立足长远、坚持不懈、精益求精、依托大型机器设备)

在实地调研湖州咩咩羊牧业有限公司的基础上,调研小组又奔赴浙江省规模最大的羊业基地——杭州庞大农业义桥羊业基地。

为更好地了解"机器换人"所带来的经济效益的变化及其过程中遇到的问题,小组成员参观了其正在投入使用的饲料搅拌机、消毒剂等大型机械设备;同时,基地负责人也向小组成员介绍了现有的相关机械设备、其使用和维护情况以及人力资源状况。该公司坚持"农牧相结合,种养一体化"的发展理念,并致力于发展成为华东地区首屈一指的肉羊养殖和羊肉产品的深加工基地。

4. 第四站:台州市临海市涌泉镇(2017年7月赴黄岩区澄江街道、新前街道进行相关调研,关键词:因地制宜、扩大规模、突出特色、机器换人、节省成本)

2017年7月18日至20日,小组前往台州临海的"一镇五村"——涌泉镇、沙巷村、梅岙村、新花街村等五个村庄,开展相关的实地调研与问卷调查。

为更加深入了解农业机械化所带来的效益,团队切实走进农村,实地走访了五个村庄。在各村主任的带领与详细介绍下,团队了解各村柑橘产业近几年来的发展状况及机械使用情况。同时,团队还进行了问卷调查,与农户深入交流,了解"机械换人"所取得的成效和遇到的问题,并进行问题的自我思考和团队集中讨论。

三、实证研究

(一)数据来源

本文数据来源于课题组对杭嘉湖地区畜牧业以及台州市柑橘产区的实地调研,数据调查时间为2017年6月至2018年8月。调查地点为位于湖州市德清县、杭州市萧山区、台州市临海市和黄岩区等的十八个村庄。调研问卷涉及农户家庭的基本情况(包括家庭社会特征、资源禀赋、家庭经济情况),农户农业机械购买及租用情况,农户未来是否准备购买农业机械情况等,共收集有效问卷268份。

(二)模型设定

本团队所选因变量——农户是否愿意增加农业机械投入,是一个二分变量。对于因变量是非连续的且为二分变量时,一般常用定型模型,如Logistic和Prohibit模型。本团队将利用Logistic二项回归模型分析农户农业机械投入意愿的主要因素及各因素的贡献量。

模型设计中,农户意愿增加农业机械投入使用 1 表示,反之用 0 表示。为了检验农户农业机械投入意愿的影响因素,本文建立投入意愿影响因素的二元选择模型,用 SPSS 分析软件中的二项 Logistic 回归模型检验因素的影响程度及显著程度,并建立模型:

$$P = \frac{\exp(a + b_i x_i)}{1 + \exp(a + b_i x_i)} \tag{1}$$

式(1)中:P 为农户农业机械投入意愿发生的概率;a 为常数项,与 x_i 无关;b_i 为回归系数,表示因素 x_i 对 P 的贡献量;x_i 为各影响因素。

(三)变量选择

本文将影响农户农业机械投入意愿的因素分为三大类,即农户户主特征、农户家庭特征、政策因素。模型变量说明与自变量对因变量的预期作用方向(根据描述性分析)见表 1。

1. 第一次分析

应用 SPSS 统计软件对研究区域的农户调查数据进行二项 Logistic 回归分析,得到研究区域农户农业机械投入的意愿的影响因素估计结果。若模型拟合度较高,则进行接下去的研究。

2. 第二次分析

为了更准确地测度自变量的影响程度,需要剔除不显著的因素,对调查的数据进行第二次回归分析。再根据结果,对农户农业机械投入的意愿因素进行判断分析。

表 1　Logistic 模型所涉及的相关变量

变量类别		变量名称	变量类型	变量的度量	自变量对因变量的预期作用方向
因变量		农户农业机械投入意愿(Y)	虚拟变量	1=愿意,0=不愿意	+
自变量	户主特征	户主文化程度(X₁)	虚拟变量	1=文盲,2=小学,3=初中,4=高中,5=大专及以上	—
		户主年龄(X₂)	虚拟变量	1≤30,2≤40,3≤50,4≤60,5>60	+
	家庭特征	农化家庭人口数(X₃)	连续变量	家庭全部人口数量(人)	+
		农户务农劳动力比例(X₄)	连续变量	农户家庭务农劳动力占劳力的比例(%)	+
		耕地经营规模(X₅)	连续变量	农户耕地经营规模(hm²)	+
		农户人均收入(X₆)	连续变量	农户家庭人均收入(元)	+
		农业收入所占比例(X₇)	连续变量	农户农业收入占总收入的比例(%)	+
		农机购买情况(X₈)	虚拟变量	1=已购买农机,0=未购买农机	+
	政策因素	农机购置补贴政策了解情况(X₉)	虚拟变量	1=了解农机补贴政策,0=不了解农机补贴政策	+

（四）回归结果

1. 第一次分析

本文应用 SPSS13.0 统计软件对研究区域的农户调查数据进行二项 Logistic 回归分析。得到研究区域农户农业机械投入意愿的影响因素估计结果。经测算模型卡方统计量为 77.827，自由度为9，对应的 P 值为 0.000，在 0.05 的显著性水平下，即认为该模型是整体显著的。本文在回归中用 NagelkerkeR Square 统计量检验模型的拟合度，可以看出，Hosmer-Lemeshow 统计量为 0.512，意味着模型能够解释因变量的 51.2%，说明模型的拟合度是比较高的。由模型估计结果可见，户主文化程度、耕地经营规模均在 1% 的显著性水平上是显著的；农户人均收入、农机购置补贴政策了解情况均在 10% 的显著性水平上是显著的；户主年龄、农户家庭人口数均在 15% 的显著性水平上是显著的；农户务农劳动力比例、农业收入所占比例、农机购买情况等三因素的影响均不显著。

2. 第二次分析

为了更准确地测度自变量对因变量的影响程度，现剔除不显著的因素，对调查数据做第二次回归分析。得到研究区域农户农业机械投入意愿的影响因素估计结果。经测算模型卡方统计量为 75.917，自由度为6，对应的 P 值为 0.000。在 0.05 的显著性水平下，即认为该模型是整体显著的。本文在回归中用 NagelkerkeR Square 统计量检验模型的拟合度，可以看出，Hosmer-Lemeshow 统计量为 0.501，意味着模型能够解释因变量的 50.1%，说明模型的拟合度较高。由模型估计结果可见，户主文化程度、耕地经营规模均在 1% 的显著性水平上是显著的；农户人均收入、农户家庭人口数、户主年龄均在 10% 的显著性水平上是显著的；农机购置补贴政策了解情况在 15% 的显著性水平上是显著的。

四、回归结果及问题分析

（一）农机装备结构不合理，农机工业发展水平较低

在台州柑橘产业机械化情况的实地调研中我们发现，园艺业机械工业规模较小，产品技术含量低，装备结构不合理，新技术和新设备推广不够，农机装备制造企业自主创新能力不强。当地所使用的农业机械数量少，其中部分机械的技术为 20 世纪末研发，存在效率低下、使用成本高等问题。

（二）农机服务产业化服务体系尚不健全

在所有调研活动中我们发现绝大多数农户（合作社、企业）是以购买农业机械的方式提升机械化水平的，租用或者合作购置农业机械的方式非常少，许多农户个人无力承担购置农业机械设备的费用，缺少相应完善的服务体系来保障农业机械的全面推广应用。

（三）经营组织形式较落后

许多柑橘种植户仍然沿用分田单干的模式，个体户劳动力有限，家庭经营的规模小，因此购置农机设备会造成资源闲置，且个体户也不愿意支付大额资金购买。不利于提高劳动生产率和技术进步，从而阻碍农业的现代化。

(四)农民文化水平低

我们在调研中了解到,大多数农民年龄在 50 岁以上,学历较低。这样的教育水平使大多数农民不愿意接受新事物,意识不到农业机械化的重要性,仍然倾向于依靠体力去劳作而不愿意尝试机械,购买机械设备对于他们来说风险更高,这制约了农业机械化的推广。

五、建议及措施

(一)发展农业机械合作互助组织

我国农业人口多,小农经营是普遍的农业生产经营现状。发展农业机械合作互助组织,集中农业机械等农业生产资料,实行合作购置、有偿使用的组织模式,适合当前农业经济发展现状,可以提高农业机械的作业率,同时也能降低农民的农业机械投入成本。在满足合作组织内部农业生产作业使用情况下,还可以在一定区域内开展机械化作业满足农业机械化需求。应按照自愿原则,鼓励农户结合自家农业生产实际情况,加入农业机械互助合作组织,实现自家农业生产经营的最大化,同时也发展了农业机械化。农村集体经济组织、农民专业合作组织开展统一的农业机械装备投资和农业机械统计调配可以发展土地集中经营,合理规划土地面积,适应农业机械作业。

(二)提高农机服务的广度和深度

发展农机合作组织、农机大户专业协会和中介服务组织等各类农机服务组织,提高农机服务化组织程度,创新农用机械租赁制度,扩大跨区农机作业市场和农机服务范围,从产前向产中产后延伸,产品产后处理及加工拓展,可以促进农业规模化、专业化、标准化生产和产业化经营,降低农业生产成本,提高农产品质量和效益。

(三)将农业机械补贴落到实处

在当前农机直补政策的前提下,按农户农业土地经营面积,推行农业机械服务补贴政策。转变大机械、大农业土地经营模式,政府对大规模土地经营农户从农业机械购置和农业机械投入两方面予以较大程度的农业机械投入补贴,将有助于引导农村土地的规模集中,有助于无力购买农业机械的农户享受到农业机械补贴政策的优惠。

(四)鼓励集体土地流转集中

鼓励农民对集体土地进行流转,由大户承包或以土地为股份入股合作社。随着农村劳动力务农机会成本的上升,大量农村劳动力外流,农民对土地进行流转,逐渐形成有经营能力的农业生产大户和合作社,他们的土地面积在土地经营中呈现不同程度的集中,大规模农场式经营有利于农业机械的充分合理利用,降低农业机械的闲置成本,同时降低人工成本。

【参考文献】

[1]杜江,王雅鹏.我国农业机械化发展影响因素分析[J].农业经济,2005(3):17-19.

[2]刘承春.农业机械化发展存在的问题及对策[J].乡村科技,2017(5):81-82.

［3］朱帮辉.我国农业机械化现状及发展趋势［J］.南方农机,2015,46(12):10,29.

［4］黄小晶.农业产业政策理论与实证探析［D/OL］.广州:暨南大学,2002［2018-10-15］. http://kns. cnki. net/KCMS/detail/detail. aspx? filename = 2002114093. nh&dbname＝CDFD2002.

［5］白丽,李行,马成林.2005～2015年吉林省农机化作业水平定量预测［J］.农业机械学报,2005,36(9):64-67.

［6］YAMAUCHI F. Rising real wages, mechanization and growing advantage of large farms:Evidence from Indonesia［J］. Food Policy,2016(58):62-69.

［7］陈富桥,祁春节.中外园艺产业比较及中国的发展对策［J］.世界农业,2004(10):12-15.

［8］吴伟斌,杨晓彬,张震邦,等.山地果园轨道运输机测试系统研究进展［J］.农业工程,2017,7(3):1-5.

编者按

浙江省作为农业部批准的全国农业"机器换人"示范省,经过两年多的实践,立足本省实际,譬如在园艺果蔬和畜牧业方面已有比较成熟和完备的鼓励政策和实践经验。小组成员历时四个月,从农场到果园,从基地到田间,在我省三市十八个村收集了大量一手数据,通过经典经济学模型逐步验证分析"机器换人"的可行性和意义。农业机械化水平的提高在于政府主导提供政策支持,配合农机合作组织的技术支持和服务保障,农民积极参与等多个环节。在未来,浙江省将加强统筹规划,加大投入力度,围绕转变农业发展方式总要求,在实践过程中注重创新模式、探索规律、总结经验、加强宣传,为全国推进农业生产全程机械化、全面机械化、高质机械化、高效机械化积累宝贵经验。

在乡村振兴背景下针织产业转型升级的思考
——以浙江省桐庐县横村镇为例

管理工程与电子商务学院　汪洋帆

摘　要：横村镇素有"中国针织名镇""中国出口毛衫织造基地"的称号，针织产业不仅成了横村镇的龙头产业，也是桐庐县的支柱产业之一。在全国实行乡村振兴战略的背景下，横村镇针织产业转型升级之路应站准定位、加快创新、优化环境，拓宽营销渠道，突出地域特色，真正实现乡村振兴。

关键词：横村镇　针织产业　乡村振兴　互联网＋

一、背景及现状

（一）社会背景

乡村振兴战略是习近平同志于 2017 年 10 月 18 日在党的十九大报告中提出的。农业农村农民问题是关系国计民生的根本性问题，必须始终把解决好"三农"问题作为全党工作的重中之重，实施乡村振兴战略。

2018 年 1 月 2 日，中共中央、国务院发布了 2018 年中央 1 号文件，即《中共中央 国务院关于实施乡村振兴战略的意见》。3 月 5 日，国务院总理李克强在做政府工作报告时说，大力实施乡村振兴战略。5 月 31 日，中共中央政治局召开会议，审议《国家乡村振兴战略规划（2018—2022 年）》。

1.特色小镇

特色小镇发源于浙江，2014 年在杭州云栖小镇首次被提及。在 2015 年的浙江省"两会"上，政府工作报告中这样描绘特色小镇："以新理念、新机制、新载体推进产业集聚、产业创新和产业升级。"

2015 年 4 月，浙江省政府就出台了《浙江省人民政府关于加快特色小镇规划建设的指导意见》，对特色小镇的创建程序、政策措施等做出了规划。

特色小镇，特色创建。首先，产业定位不能"大而全"，力求"特而强"。细分领域、错位发展，不能丧失独特性。其次，功能叠加不能"散而弱"，力求"聚而合"。再次，建设形态不能"大而广"，力求"精而美"。美就是竞争力。最后，制度供给不能"老而僵"，力求"活而新"。2016 年住建部等三部委力推。这种在块状经济和县域经济基础上发展起来的创新经济模式，是供给侧改革的浙江实践。

2.互联网＋

"互联网＋"是创新2.0下的互联网发展的新业态,是知识社会创新2.0推动下的互联网形态演进及其催生的经济社会发展新形态。"互联网＋"是互联网思维的进一步实践成果,推动经济形态不断地发生演变,从而增强社会经济实体的生命力,为改革、创新、发展提供广阔的网络平台。通俗地说,"互联网＋"就是"互联网＋各个传统行业",但这并不是简单的两者相加,而是利用信息通信技术以及互联网平台,让互联网与传统行业进行深度融合,创造新的发展生态。它代表一种新的社会形态,即充分发挥互联网在社会资源配置中的优化和集成作用,将互联网的创新成果深度融合于经济、社会各领域之中,提升全社会的创新力和生产力,形成更广泛的以互联网为基础设施和实现工具的经济发展新形态。

(二)横村镇现状

横村镇地处桐庐县中部,由原横村镇与方埠镇经过行政区划调整合并建立,区域面积120平方千米,辖24个行政村、2个社区,人口4.6万,是桐庐县中部区域政治、经济、文化中心。横村镇享有"中国针织名镇"的美誉,拥有浙江金帆达生化股份有限公司、浙江春风米兰鸥服饰有限公司、杭州煜凯服饰有限公司、杭州绫绣针织有限公司、桐庐羊绒针织有限责任公司、桐庐华艺针织有限公司等龙头企业。

近五年来,全镇各项经济指标快速增长,2012年到2016年,工业销售产值由121.1亿元增加到137.5亿元,增长13.5%,其中规模工业销售产值由61.5亿元增加到70.5亿元,增长14.6%;财政收入由1.9亿元增加到2.6亿元,增长36.8%;农业总产值由3.38亿元增加到4.19亿元,增长24.0%;农民年人均纯收入由16509元增加到25515元,增长54.5%。先后获得中国美丽乡村建设典范镇、国家级农村电子商务改革示范镇、浙江省文明镇、浙江省针织出口基地、浙江省森林城镇、浙江省"治水美镇 环境改造"样本10强、工业旅游创新示范镇、纺织结构调整突出贡献奖,成功举办第25个全国"土地日"启动仪式,省"建设美丽乡村、深化千万工程"现场会,首个"浙江生态日"现场会,第五届杭州桐庐山花节等大型活动。

2017年,横村镇将认真践行"创新、协调、绿色、开放、共享"五大发展理念,按照"生态美、城乡美、产业美、人文美、生活美"要求,努力朝着打造省级一流中心镇、时尚针织小镇目标奋勇前行,全面实施生态立镇、产业强镇、全民兴镇三大战略,为建设山清水秀民富镇强的"中国针织名镇"而努力。

二、横村镇针织产业转型升级的积极意义

(1)扩大企业规模,企业本身有资金保障,又有针织孵化园、文创园、针织品市场等正在建设的平台,资源丰富,经过转型升级进一步扩大产业优势,形成自身品牌,而不是简单的代加工或者挂牌销售。

(2)在互联网时代背景下,主动创新,抓住大机遇,横村针织产业历史悠久,有较大的发展机遇,创业氛围良好,使整个产业链发展形成模式,立足于横村针织产业发展形成生态园区。

(3)促进全面实施生态立镇、产业强镇、全民兴镇三大战略,努力打造中国时尚针织第一镇。

三、横村镇针织产业转型升级的优势

作为横村镇支柱经济的针纺织业起源于 20 世纪 80 年代初,在近 30 年的发展中,一直是横村镇工业经济的主打产业,在县域经济中也独树一帜。目前已形成了以绢丝针织系列产品为主,毛纺、染整、成衣等生产门类齐全的针纺织块状特色产业。主要生产丝织成衣,羊绒针织成衣,小三件(帽子、手套、围巾)等针纺织品,在与国际知名品牌不断合作交流的过程中,积累了丰富的生产经验和雄厚的技术力量,已逐步形成了纺织产业集群。产品远销 30 多个国家和地区,成为沃尔玛、安泰莱、里斯、琼斯等国际知名跨国公司的服装、服饰贴牌生产基地。2004 年中国纺织工业协会授予横村镇"中国针织名镇"称号。2009 年全镇工业产值为 86 亿元,其中针纺业产值达 52.2 亿元,占 61%。全镇工业企业有 1685 家,其中针纺织企业 1228 家;规模企业有 112 家,其中针纺织企业 79 家。

四、当前针织产业存在的问题

团队经过此次社会实践的走访,参观杭州煜凯服饰有限公司,与多方讨论思考,总结出以下问题。

(1)缺乏自主品牌和国内市场。该公司已形成以外贸为主渠道,以国际市场为主市场,以贴牌生产为主形式的格局,企业自主品牌较少,自主创新能力较弱。由于市场知名度低,市场影响不大,缺乏国内销售市场,在国际市场日渐疲软情况下,生存发展面临危机。缺乏自主专业设计师对产品进行设计。国外国内需求产品样式存在较大差异,在国内市场缺乏竞争力。

(2)企业发展压力大。作为外贸出口型企业,受国际金融危机影响,人民币汇率波动,原材料价格及劳动力成本大幅上涨、产品价格走低,使企业利润空间被压缩。由于国外市场在运输、企业淡季缺乏订单等问题上难以解决,发展压力更加严峻。

(3)劳动用工紧张。针纺织业是典型的劳动密集型企业,虽然随着技术进步,很多步骤已用机器生产替代手工生产,但仍有很多步骤离不开人力,而劳动力效率低下且未来的年轻劳动力从事该行业的意愿低,使得劳动用工紧张问题仍然存在。

(4)电子商务以及国内市场还不具备较好的实力,缺乏相关人才技术的支持。

五、横村镇针织产业转型升级应该注意的问题

(1)对于"五个一"的总体要求:一是要抢抓一个机遇,在互联网时代背景下,主动创新,抓住大机遇;二是要明确一个定位,进一步拉高标杆,打造"中国时尚针织第一镇";三是要建强一个平台,把"时尚针织特色小镇"这一平台,打造成地方发展的龙头;四是要培育一个品牌,既要打造区域产业品牌,更要打造区域产品品牌;五是要建设一个产业生态,立足横村时尚针织产业发展,形成健康生态圈。

(2)国际国内并重,要用好国际资源,开拓国内市场,提升针织产业市场份额;线上线下结合,将线下制造与线上销售有机结合,从而进一步助推产业发展。

(3)建好小镇,要把平台搭建起来,规划完善起来,内容充实进来,软件提升起来;导入内容,要将项目、资本、技术、人才、品牌等内容通过双招双引导入;完善服务支撑体系,做好政府服务及社会服务。

（4）对于特色小镇建设要注意以下问题：一是概念清晰，定位准确。不能把特色小镇等同于一般的小城镇建设，不能等同于旅游景区、文化旅游或者企业运动的综合体项目，只注重单一功能，而忽视了综合功能。二是杜绝盲目发展，提高发展质量。三是杜绝同质化，形成自身特色。四是政府与市场共同主导，注重发挥市场作用。

六、对于横村镇针织产业转型升级的建议

（一）发挥政府职能，优化发展环境

面对当前经济形势，政府要围绕产业发展转型升级，提升针纺织业综合竞争力。

一是为企业提供人力资源和技术创新保障。尽快构建完善的专业化技术服务体系，培养和创造高级生产要素，尤其是产品研发和设计人才，加强针纺织行业研发中心建设，为企业产品开发、技术创新提供技术和智力支撑。

二是为企业提供高效金融服务。积极联系相关金融机构，确保企业创新发展的资金需求，降低企业的经营风险，帮助中小企业发展自己的核心竞争力。

三是规范市场运行秩序。政府应积极发挥引导和协调作用，加强企业间，企业与高校及科研机构、银行、保险、运输等不同部门的联系，促进各主体之间的对话与沟通平台的建立。

四是加大知识产权保护力度。坚决打击不正当竞争行为和假冒伪劣产品，营造诚信、公平、竞争的市场环境。

五是积极引进先进的管理模式。加快针纺织业技术改造、市场拓展，提升企业形象。

（二）加强品牌建设，推动产业转型升级

以区域龙头企业为主体，创立企业品牌，充分发挥龙头企业的品牌效应，以定牌生产、加工、销售的一体化形式，使中小企业形成合力。吸引国内知名品牌乃至世界顶级品牌落户当地，通过顶级品牌在经营管理、技术创新、品牌建设等方面的示范带动作用，进一步提高区域针纺织服装产业的整体竞争力。建立针纺织品专业交易市场，通过市场带动针纺织业的内销和品牌建设。组织企业参加国内外的大型展销，提高针纺织品牌的美誉度、吸引度，推动更多企业参与构建针纺织服装区域品牌。

（三）拓展国内市场，优化营销渠道

发展块状经济要充分发挥市场的基础作用。拓展国内市场，扩建和优化营销渠道对纺织产业集群竞争力的提升尤为关键。由于针纺织业长期以来是以外向型出口为导向的，导致国内广大市场的空白。因此在国外市场竞争逐渐激烈的情况下，注重国内市场，实现内销外销并重，不失为一个有效可行的战略途径。

（四）加大技改投入，加快技术创新

以产业转型升级为核心，以技术改造为重点，完善传统产业技改政策，继续加大技改投入，加快技术创新和信息化改造，加快产业转型升级，推动针纺织业进一步做大做强。同时，注重引进高新技术产业，引领、带动传统产业，积极构建块状经济产业新体系。

（五）优化商业模式

例如建立工厂店，采取从生产型企业到零售终端一体的产销形式，省去所有中间环节的费用，为消费者让利。对企业来说，能够直接与终端消费者交流沟通，可以最大程度向消费者展示产品，提高企业知名度。

▎▶ 编者按

乡村振兴战略不仅要依靠绿水青山大做文章，其自身产业结构的均衡发展也对农村经济增长有重要影响。桐庐横村镇作为发展起步早、基础好、氛围浓的"针织名镇"，已形成完整的产业链。2018年农业部有关文件指出，农村产业转型升级应注重质量品牌，以市场为导向，坚持绿色环保和创新理念，走城乡融合发展之路。栉风沐雨且前行，实践方能出真知，调研课题组成员以问题为导向，抓住企业发展进程中核心环节，提出建议和对策。

SWOT 分析视角下合村乡旅游吸引力的提升调研报告

旅游与城乡规划学院　卢　湘　黄绍婷　王瑞艳

摘　要：全域旅游作为新兴的一种第三产业，其本身的开发和发展就面临着许多挑战，这就需要各地结合自身的优劣势，因地制宜地开发全域旅游，而开发全域旅游就需要增加当地的旅游吸引力。本文首先介绍了什么是吸引力以及什么是旅游吸引力，接下来用 SWOT 分析方法分析合村乡的优劣势及外部机遇和挑战，研究了当地旅游资源的旅游吸引力；在通过对合村乡实地考察和游客问卷调查的基础上，提出了提升合村乡旅游吸引力的一些方法，希望能帮助合村乡提升自身旅游吸引力，建设全域旅游。

关键词：全域旅游　旅游吸引力　合村乡

一、相关概念

(一)吸引力

作为心理学术语时指能引导人们沿着一定方向前进的力量。在管理学中，组织设置的目标以及表扬、奖励、奖金、荣誉、职务晋升等都是一种吸引力。当吸引力作为物理学术语时，吸引力即引力，又称重力相互作用，是自然界的四大基本相互作用力之一。

(二)旅游吸引力

指反映旅游目的地或旅游设施吸引游客能力的一个量化指标。常用于引力模型中。通俗而言，旅游吸引力是指旅游资源的丰富程度所决定的对旅游者的刺激程度，刺激越强，旅游者决定或选择旅游地区、旅游方式和旅游类型的可能性越大，反之亦然。由于旅游是和人们的审美活动相联系的，而人们的审美意识会随社会的发展而变化，所以一方面，旅游吸引力具有与时俱进性。另一方面，旅游吸引力具有定向性，即一个旅游景区只能吸引同一种类型旅游者，如黑色旅游景区不会对喜爱探险的旅游者具有旅游吸引力。一个旅游区的旅游吸引力的大小不仅取决于该旅游区的旅游资源是否丰富，也取决于该旅游区的基础设施、配套设施是否健全等。如何提高一个旅游景区的旅游吸引力，最重要的是因地制宜，具体问题具体分析。

二、合村乡旅游的 SWOT 分析

(一)内部优势

作为一个已经成为国家全域 3A 级旅游景区的旅游乡,合村乡在发展 4A 级景区时,本身就具有很大的优势,其中具体的优势可以分为以下三个方面。首先,合村乡具有非常丰富的自然资源。这里远离城市,空气清新,环境良好,是人们放松解压享受生活的好去处,且雅鲁漂流景区的漂流项目,更是人们夏日游玩避暑的好方式。其次,合村乡内部交通便利。合村乡辖合村、合强、大琅、陈村、前柏、麻境、后柏、琅玗、支援、金星、大溪、牛水坞等 12 个村,村与村之间有公交车互通,为人们的出行带来了便利。最后,合村乡具有优质的农业资源。合村乡粮食稳步发展,粮食种植 3000 亩,粮食总产量 2310 吨。农民注重发展种养业,现有桑叶地 1077 亩、板栗 2085 亩、菜竹 3500 亩、甘薯 2100 亩,是合村乡的四大农产品,这些农产品为合村乡带来了丰富的农业特色资源。

(二)内部劣势

相对于优势来说,合村乡在发展 4A 级景区时,也存在着相应的劣势,主要体现在以下两方面。第一,未能凸显出当地特色。虽说合村乡有独特的绣花鞋文化和瓦雕文化,但并未有何项目可以展现出此特色,且在路标及农家乐的标志上并未有自己的特色。第二,旅游经济服务水平有待提高。虽然目前在合村乡内相应的服务设施相对完善,但在饮食、居住、交通等基础设施方面还存在一定的不足。

(三)外部机遇

在实际中,由于国家对乡村振兴的重视,合村乡在发展乡村旅游中得到了许多机遇,具体可以从以下两个方面分析。首先,当下国家政策的支持。目前国家对农村发展、乡村建设等非常重视,为此颁布了许多扶贫政策,且杭州市委也在为合村乡的旅游发展牵线协调,帮扶其打造 4A 级景区。其次,旅游已经成为当下的一种热潮。随着社会生活节奏的加快,越来越多的人在空闲时间都会选择外出旅游放松,而且人们对旅游的追求也逐渐由外在的物质追求升华为内在的精神上满足,乡村的田园生活更能满足人们对旅游的需求。

(四)外部挑战

合村乡的乡村全域旅游发展是一种比较新的旅游形式,在具有发展机遇的同时,也会遇到许多的挑战,这些挑战会对其旅游发展造成一定的影响。其中大致可以分为两大挑战。第一,旅游行业内部竞争激烈。作为一种新兴第三产业,全域旅游的发展面临着巨大的挑战。全国各地对开发发展全域旅游都十分重视,在浙江本省也有多个地区在开发发展全域旅游,所以合村乡在发展全域旅游的过程中定会面临巨大的挑战。第二,对自然资源的开发和保护。习近平总书记说过,"绿水青山就是金山银山",合村乡拥有丰富的自然资源,而如何合理开发这些自然资源、平衡好旅游发展和生态环境保护的关系便是合村乡面临的另一大挑战。

三、合村乡旅游存在的问题

(一)特色不鲜明,观赏游憩价值不高

旅游景区要想具有吸引力,就必须具有特色,即差异化,在全国正大力发展全域旅游、乡村旅游的大趋势下,这一点显得尤为重要。合村乡的旅游事业主要以雅鲁漂流为主,带动附近的其他旅游景点发展,合村乡景色宜人,自然资源丰富,山清水秀,具有很大的野趣,在旅游者推崇乡村游的今天,它的观赏游憩价值较高,具有较大的吸引力。但是旅游景点却没有科学的统一规划,景点之间的联系断断续续的,没有建立景点间紧密的联系;旅游线路规划或建设也不合理,以琅玕旅游线路为例,该旅游线路上的旅游景点单一,没有志愿者、服务亭可为游客休憩提供服务。

且就漂流这一旅游资源而言,相比同类型景区,合村乡旅游竞争力就显得不是很强,所以要加大合村乡其他旅游特色的建设,保障合村乡的旅游资源具有差异性。合村乡的主要旅游产品是绣花鞋和瓦雕,具有极强的特色,有些旅游者对于瓦雕前所未闻,但是,这两种产品在合村乡的日常生活中却不太常见,只有在游客服务中心才有展示。提升合村乡的旅游吸引力,应多开发其本土特色产品,如绣花鞋和瓦雕,增加合村乡的旅游资源特色,提高景区观赏休憩价值。

(二)历史文化科学价值没被挖掘

合村乡在唐朝时曾为昭德县治,现有遗迹,在历史上的很长一段时间里,被称之为“生仙里”。仙者,山人也;里者,居也。所谓“生仙里”,寓意着此地自有大自然赋予它的恩惠,山清水秀,由此也可得知,合村乡具有一定的历史文化价值。但是这些特色价值未被较好地挖掘。

(三)旅游资源珍稀或奇特程度一般

综观整个合村乡,其旅游资源以雅鲁漂流为主,带动其他旅游景区发展。在整个平原地区,高山流水的景色确实具有一定的珍稀度,然而随着经济的发展、人民生活水平的提高,出行已经不再是问题,更因为合村乡的客观条件,即基础设施、配套设施、外部交通网不完善,很少有游客选择留宿,来合村乡旅游的游客大可选择其他更加知名的旅游景区。如何将自身的特色旅游资源转化为美丽经济是合村乡发展全域旅游的一大难题。

(四)缺乏创新设计

在实地考察调研中,我们发现在合村乡有一个特殊的标志,以“合”字为主,用其他材料如木柴堆出“合”字,不凌乱,很有特色,很有品位,丰富了特色旅游的知识性,但是这种类型的设计却太少。而且就游客中心里的绣花鞋博物馆而言,它的趣味性不是很强,可以投入一定的科技力量,使绣花鞋博物馆的旅游体验感增强;最重要的,还应持续开发具有其特色的旅游项目。

四、合村乡旅游吸引力的提升措施

(一)完善基础设施建设

为缓解合村乡旅游旺季带来的交通压力,应增加公交专线,增强景区的交通可达性。增加村内的公共交通工具,如共享汽车、共享单车,以方便游客出行。应完善停车场建设,扩大停车场面积,设置停车场立牌,统一规范停车位。为提升整个乡村风貌,应整理清洁村内道路及农户庭院,完善排水设施。美化垃圾桶外观,增加和美化路牌。合村乡的部分墙壁上原本就有壁画,所以可在村落内的房子上增加壁画,供游客观赏拍照,一方面美化了建筑,另一方面提升了观赏乐趣与价值。壁画需美观新颖,不落俗套,有创意,能吸引游客驻足。美化乡村内的路标,路标的设计应符合当地特色,不与其余地区雷同。增加创意地标建筑,合村乡现有的"合"文化装饰物,例如栅栏等,运用得十分巧妙,所以地标建筑可与"合"文化结合。可扩展类似于栅栏的"合"文化装饰物,使得乡村内有统一的风格。合村乡景点零散,游客来到当地游览会陷入迷茫。可增加旅游产品,将具有观赏价值的景点串连起来,在各个站点放置旅游路线图,使游客能找准方位,设置服务亭,供游客休憩。

(二)开发与体验相关的活动

合村乡可将绣花鞋文化和瓦雕文化融入纪念品的设计,推出相关旅游纪念品,设立专属的旅游纪念品商店。可专门设立手工工坊,开发相关文化体验活动,例如:教游客制作瓦雕,让游客体验制作绣花鞋。设计几套以合村乡风景为摄影题材的明信片,突出当地旅游风景特色。挖掘历史文化价值,增加文创工作。文创是吸引游客的一大重要因素。文创工作需挖掘历史,迎合新流,具有当地特色。增加文创项目,可以吸引更多中高端消费者。开发农事项目,让游客亲身体验简单易操作的农事体验项目,例如采摘瓜果蔬菜、做农家菜。在原有的果园和蔬菜基地的基础上,开发一套更加成熟完善的体验项目,让游客体验一种远离城市浮华与喧嚣的宁静与自然。

(三)优化现有的旅游资源,发掘潜在的旅游资源

合村乡具有非常丰富的自然资源。这里远离城市,山清水秀,是人们放松解压享受生活的好去处,且雅鲁漂流景区的漂流项目,更是人们夏日游玩避暑的好方式。乡村内需增加必要的休闲设施,让游客体验到日常的放松项目。继续优化雅鲁漂流项目,推广宣传,扩大雅鲁漂流知名度。合村乡内道路宽阔,具有骑行的开发资源,可规划设计几条适合游客骑行的游线,让游客在骑行休闲放松的同时,还可以饱览合村乡的自然田园风光。合村乡当地农家乐或民宿由居民房改造,只具备最基础的设施,并无任何可观赏性特色,与居民楼别无两样。故可美化当地民宿,要符合当地文化特色。可参考浙江省金宿级、银宿级民宿的外观设计以及运营方式。加大宣传推广力度,使民宿入驻携程、爱彼迎等第三方平台。优化美化当地民宿,打造合村乡独一无二的特色民宿,使游客愿意在当地留宿,为游客提供极佳的入住体验。

(四)加大旅游宣传力度

新媒体已成为最主要的资讯获取渠道,微信公众号、微博、知乎、豆瓣、天涯等平台的宣

传力量不容小觑。为扩大合村乡的知名度,应加大宣传力度,拓展宣传平台,为游客们开拓一片新的旅游视野。其中,游客本身也是重要的宣传途径,所以要提高游客的旅游满意度。

五、结语

如今,国家大力实施乡村振兴战略,合村乡则抓住了乡村旅游发展的契机,响应政府号召,符合国家战略的整体趋势。随着人民生活水平的不断提高,其对生活质量的要求也逐渐提高,所以合村乡的旅游业具有广大的市场。合村乡发展旅游业,争创 4A 级景区符合其发展的总体定位。

旅游吸引力是发展旅游业的重要因素,一个旅游景区如具备强大的旅游吸引力则能拥有巨大的市场。合村乡现已为 3A 级景区,要发展为 4A 级景区就必须提高旅游吸引力。合村乡在旅游吸引力这方面还有很大的提升空间,本文运用 SWOT 分析法分析了合村乡的内部优劣势、外部的机遇与挑战以及调研途中发现的问题,并得出结论。合村乡可从多个方面提高其旅游吸引力,合村乡也将会向 4A 级景区迈出稳健的一步。

【参考文献】

[1] 康丽.论辽宁省全域旅游的发展[J].山西青年,2017(5):215-216.

[2] 张芳.荆州桃花村乡村旅游存在的问题及对策研究[J].产业与科技论坛,2014(8):35-37.

[3] 焦中宁.特色旅游项目对景区旅游吸引力提升作用研究[D/OL].合肥:安徽大学,2011 [2018-10-16]. http://10.99.253.33/kcms/detail/detail. aspx? dbname = CM-FD2012&filename=1011241836. nh.

编者按

乡村旅游是时下新兴也是增长迅速的旅游新形式,城里人往农村跑已不是一件稀奇事。乡村旅游不仅盘活了农村得天独厚的自然资源,也开创了当地消费推动形成农民增收的局面。旅游吸引力对旅游者选择具有直接的影响,可以表现为对地域特色、历史文化、民风民俗的喜好程度。虽然报告没有给出定量的分析模型,但是这正是今后值得深入研究的方面。当然旅游吸引力的本身没有公式,是多方面旅游资源整合的结果。

民宿经济体对乡村带动效应的研究

——以丽水市松阳县云上平田民宿群为样本

金融学院　陈　盼　钟家琪　吴攀顺　高　风　罗　鸿

摘　要：本报告以党的十九大提出的乡村振兴战略及生态文明建设为背景,选择浙江丽水云上平田民宿群为样本,通过对民宿产业进行深入研究并定义,分析浙江丽水云上平田民宿群建立运营前后该乡村地区经济、文化、社会、环境等相关方面的变化,了解相关地区的民宿对其带动效应的效果大小和具体表现,进而开展民宿产业对乡村发展带动效应的研究,简称为"民宿效应"——民宿的建成与运营对所在地环境、经济、文化、社会等多个方面产生的影响。通过设计一套精准的定量化且具有普遍示范意义的指标体系评估"民宿效应",进而整理出一套具有普遍示范意义的民宿运营管理体系,以供其他地区参考借鉴。

关键词：乡村振兴　云上平田民宿群　民宿效应　指标体系

一、研究背景

党的十九大报告提出,实施乡村振兴战略,要坚持农业农村优先发展,按照产业兴旺、生态宜居、乡风文明、治理有效、生活富裕的总要求,建立健全城乡融合发展体制机制和政策体系,加快推进农业农村现代化。在农村发展旅游产业,帮助其实现从第一产业向第三产业的跨越,对农村经济发展有重大意义。旅游业在乡村振兴中发挥的作用有:产业兴旺是前提,发展乡村旅游业是实现农村产业兴旺的重要途径;生态宜居是基础,发展旅游业有利于改善农村生态文明环境,实现人与自然的和谐相处;乡风文明是保障,发展旅游业在一定程度上有利于提升农民的思想、文化、道德水平;治理有效是根本,发展旅游业有利于健全自治、法治、德治相结合的乡村治理体系,为乡村振兴奠定基础;生活富裕是目的,发展旅游业可以提高当地人民的收入水平,提升农民的幸福感与获得感。

近年来,随着人民生活水平的提高,加之生态、环保等话题的持续发酵,我国旅游业朝着返璞归真的方向发展,常年在城市保持着快节奏生活的人们希望回到乡村,放慢脚步,感受最纯粹的自然。乡村旅游因此进入了快速发展时期。民宿旅游是指利用民居资源、农事资源、景观资源,设计个性化的经营项目,形成一个以住宿接待为基础,包含水吧、餐吧、作坊、民艺等休闲业态的高端农家乐集群,是乡村旅游的高级发展模式。民宿旅游产品应具备地方性和集群性两个基本特点;地方性使民宿旅游产品相互差别,形成独特的吸引力;集群性则让游客在一定的地域内有选择的空间,可获得更丰富的旅游休验。

民宿产业激发乡村振兴活力,但如何从定量化的视角上准确评价民宿产业建设的实际效益,需要解决民宿产业建设评估中的两大问题：其一是选择和构建何种评价指标进行评价;其二是如何通过选定的指标体系进行科学评估。现实中,我们更多地依靠感性认知来评价民宿产业为乡村发展带来的裨益。

二、指标体系实证应用对象介绍

作为本课题的实证应用对象，"云上平田"乡村慢生活体验区地处浙西南山区，松古盆地松阳县城东北，东北与武义县竹客村接壤，新220省道穿境而过，交通便利，村庄海拔610米。其按照"主题特色明显、基础设施完备、服务功能齐全、经营机制完善、经济效益显著"的农家乐综合体建设标准，规划建设一个集住宿、餐饮、会务、休闲于一体的综合群。由于海拔较高，民宿极易形成云雾缭绕的景观，一年有200多天都在云雾的怀抱中，因而得名"云上平田"。

其所处的平田村建于北宋政和年间，年代久远，至今还保留着原有的建筑，能完整体现一个历史时期的传统风貌。村落文化古迹丰富，存有多处古建筑物、构筑物，在2014年被列入第三批国家古村落保护名录。

据悉，"云上平田"每一座老旧建筑的修复、设计和改造背后都有知名专家的背影，其中包括清华大学原建筑系主任徐懋彦、香港大学建筑系主任王维仁、中央美术学院数字空间与虚拟实验室主任何崴，以及毕业于哈佛大学的年轻建筑师徐甜甜等等。这个人口只有几百、常住人口仅七十的偏远村庄，凭着自然貌美，以及当地政府的"活化"传统古村落政策，吸引了如此之多的建筑设计大师驻扎在此，公益设计，保护性改造村里闲置的古民居房，使得"云上平田"成为年客流可达十万的深山民宿村。

图1 古民居房改建前后

三、实证分析

为了更直接反映民宿建立对乡村经济等各个方面的带动作用，我们通过调查问卷的形式向村民以及民宿就业者调查2014、2016、2018三个年份的相关指标信息，相关指标体系包括居民收入情况、民宿从业人员收入情况、农副产品收入情况、民居保护认知状况、传统手工艺保护和认知状况、村民的文化自信和文化认知量化值、劳动力回流情况和基础设施建设数量，把这些指标作为评价依据。

(一)指标体系的构建

民宿集群对乡村发展带动效应贡献度指标一览表如下。

表 1 民宿集群对乡村发展带动效应贡献度指标一览表

一级指标	二级指标	三级指标	软指标量化
经济效应	相关收入增长情况	村民收入增长率	(民宿建立运营后村民平均收入水平－民宿建立运营前村民平均收入水平)/民宿建立运营前村民平均收入水平
		相关农副产品收入增长率	(民宿建立运营后农副产品平均收入－民宿建立运营前农副产品平均收入)/民宿建立运营前农副产品平均收入
		配套产业从业人员收入变化率	配套产业从业人员平均收入/从业前平均收入
	相关就业变化情况	村民就业变化率	民宿建立运营后村民就业人数/该时期村民总人数－民宿建立运营前村民就业人数/该时期村民总人数
		劳动力变化率	(民宿建立运营后劳动力人口数－民宿建立运营前劳动力人口数)/民宿建立运营前劳动力人口数
	乡村外来投资情况	产业投资变化率(民宿、农副产品及其他产业)	(民宿建立运营后外来投资次数－民宿建立运营前外来投资次数)/民宿建立运营前外来投资次数
	相关产业变化情况	产业数量规模变动率(民宿、农副产业及其他)	(民宿建立运营后产业数量规模－民宿建立运营前产业数量规模)/民宿建立运营前产业数量规模
	区域经济变化情况	乡村经济增长率	(民宿建立运营后地区经济收入－民宿建立运营前地区经济收入)/民宿建立运营前地区经济收入
人文效应	民俗文化	当地特色民居保护及认知状况	当地特色民居现存数量
		当地传统手工艺认知及保护状况	当地居民对当地传统手工艺的认知(非常值得保护,值得保护,维持现状就好,不必传承)
			民宿建立前后对当地传统手工艺认知的转变(确有转变,对当地传统手工艺的保护意识更强了,没有变化)
		当地民食知名度	当地传统小吃民食的知名度,如针对游客的问题:通过入住该民宿您对当地民食的了解(有很大的了解,了解,一点了解,没有了解)
			当地民宿每周民食销售额
			当地民食制作是否因为民宿产生了发展(有较大的发展,有发展,没有变化)
		当时特色民俗节日开展状况	民宿内关于当地特色民俗节日活动体验项目的开展状况

一级指标	二级指标	三级指标	软指标量化
人文效应	文物古迹	古遗迹的开发及保护情况	
		古建筑的保护现状	民宿建立前后村民对古建筑保护态度的转变情况（您觉得民宿的建立是否改变了您对古建筑保护的看法）
			民宿本身对古建筑的改造及利用程度
			民宿建立前后古建筑的拆除数量的变化
	历史遗产	历史遗产保护及传承状况（相关展馆，从业人员数量等）	民宿内关于当地历史遗产的体验项目发展状况（每周平均体验人数，因此增加的从业人员）
			相关展馆数量前后变化
			从业人员数量前后变化
		历史遗产认知度	村民对当地历史遗产的认知情况在民宿建立前后的变化（认知度大幅提升，认知度略有提升，没有变化）
	文化自觉	乡村文化认知度	村民对乡村文化前后态度的转变（明显好转，热爱乡村文化，稍有转变，没有变化）
		乡村文化自豪感	村民在民宿建立前后自豪感变化（自豪感强烈上升，自豪感略微上升，没有变化）
社会效应	基础设施建设	交通便利程度	道路硬化率＝硬化道路面积/道路总面积
		休闲服务设施完善程度	统计乡村休闲服务设施的数量
		网络覆盖率	网络覆盖率＝网络覆盖面积/总面积
		消防设施完善程度	统计乡村消防设施的数量
		公共厕所普及率	公共厕所普及率＝公共厕所数/厕所总数
		医疗卫生设施完善程度	衡量乡村医疗卫生设施完善程度
	村民生活质量	乡村社会保障覆盖率	乡村社会保障覆盖率＝乡村接受社会保障人数/总人数
		村民幸福感指数	村民间的关系、对村委的满意程度、个人精神状态以及参加村委组织活动的积极性
		村民恩格尔系数	恩格尔系数＝村民食品支出总额/村民支出总额
	乡村管理水平	村务公开满意度	
		乡村社会治安状况满意度	村民对社会治安状况的满意度进行打分，满分为100分，分值越大，满意度越高

续表

一级指标	二级指标	三级指标	软指标量化
环境效应	绿化面积状况	绿地率	用城市绿地的面积总和与城市总用地面积的比值来衡量
		绿化覆盖率	用乡村绿化覆盖总面积与乡村总用地面积的比值来衡量
		人均公园绿地面积	用一个乡村的公园绿地总面积与总人口的比值来衡量
	垃圾处理状况	居民垃圾分类意识	通过对当地居民的问卷调查,了解垃圾分类情况
		垃圾清运率	用已清运垃圾量与垃圾总量的比值进行衡量
	污水处理状况	污水排放量	污水排放系数×每人每天生活污水量定额×生活区人数/1000
		污水处理率	通过全年污水处理量与全年污水产生量的比值进行衡量,该值的范围[0,1]

从经济、文化、社会等三个方面对云田村云上平田民宿集群建立运营前后的带动效应进行定量评估,利用多指标综合评价法和综合评分法,为"民宿效应"评估体系中的每项指标设定相应权重,最后利用常规多指标综合评价法中的加权线性和法计算出带动效应的综合评价指数。其基本公式为:$X = \sum_{i=1}^{n} w_i x_i$。式中,$X$ 为被评价事物得到的综合评价值;w 为被评价指标的权数;x 为单个指标的评价值;n 为评价指标个数。

(二)云上平田民宿建设对平田村带动效应分项评价

1. 云上平田民宿建设对平田村居民收入情况的带动效应

表2　2014—2018 年间每三年内普通村民、民宿从业者、相关农副产品创收等经济内容

居民年平均收入(万元)	2014 年	2016 年	2018 年
村庄平均年收入	32000	39000	48000
	/	21.88%	23.08%
村里普通居民(占比增长率)	30000	36000	44000
	93.75%	92.31%	91.67%
	/	20%	22.22%
民宿内从业人员	36000	45600	57600
	112.5%	116.9%	120%
	/	26.7%	26.32%
民宿相关农副产品创收	5000	13000	19000
	13.89%	33.33%	39.58%
	/	16%	46.15%

资料来源:问卷信息数据收集、村内统计资料。

从表 2 中数据可以看出,在云上平田民宿刚建立时,它为平田村就做出了超出普通居民通过传统农耕、传统劳作换来的经济收益,其内部从业人员的劳动报酬等所得就超过了村内人平均年收入水平。并且在近几年,他们的经济收入是不断提高的,这虽然在一定程度上也拉开了居民收入差距,但从有利方面来讲,更多的还是拉高了整个村内的经济水平,这也使得整个村庄的经济的发展速度和整体水平都有了不一样的提升。

除此之外,与民宿密切相关的,也是其衍生出来的农副产品,通过向村民收购农副产品,通过自己或者与村民合作继续进行一些深加工,使其最终带上云上平田或者平田村的特色,并具有一定的纪念观赏意义;又或者通过民宿内的餐厅连带销售当地的民食或土特产品等。通过这种连带销售方式也为平田村村民收入的增加和整体经济水平的发展做出巨大贡献。特别是刚开始两年,这些农副产品的销售增速是十分显著的,带来的效益也是十分明显的。

2. 云上平田民宿建设对平田村文化方面的带动效应

(1)民宿建设对民居保护、认知状况的贡献度。

民宿建设对民居保护、认知状况的贡献度=(民居保护贡献度+认知状况贡献度)/2。

民宿建设对乡村民居保护的贡献度以修缮民居建筑数与原始民居建筑数的比值变化衡量,比值在[0,1]之间,比值大于 0 表示民宿建立对民居保护的贡献为正,比值越接近 1 表明民宿建设对民居保护贡献度越大。

民宿建设对村民认知当地特色民居状态的贡献度以认知状态转变较大的人数与总人数的比值变化衡量,比值在[0,1]之间,比值大于 0 表示民宿建设对村民认知当地特色民居状态的贡献度为正,比值越接近 1 表明民宿建设对认知状态贡献度越大。

表 3　平田村 2014、2016 及 2018 年民居修缮改建数占全村民居数比例

项目时间	2014 年	2016 年	2018 年
"云上平田"民居修缮数(幢)	7	15	20
平田村民居修缮数(幢)	7	17	25
平田村民居数(幢)	120	120	120
比例(%)	5.83	14.17	20.83

表 3 数据显示,2014 年"云上平田"在租借平田村 28 幢老房子改建民宿中,共修缮民居 7 幢,该年修缮民居建筑数与原始民居建筑数的比值为 5.83%;2016 年"云上平田"改建民宿中,加上外来投资改建的民宿——归云居,修缮民居共计 15 幢,到该年末影响平田村修缮民居、改造民宿客栈共计 2 幢,即该年修缮民居建筑数与原始民居建筑数的比值为 14.17%,同比增长约 8.34%;2018 年"云上平田"改建民宿群中,加上 2018 年改造修建的农产品展览馆,修缮改建民居共计 20 幢,至今带动平田村修缮民居共计 5 幢,到 2018 年 8 月初为止修缮民居建筑数与原始民居建筑数的比值为 20.83%,同 2014 年比增长 15%,即修建民宿至今,民宿建设对乡村民居保护的贡献度为 15%。

表 4　民宿建设前后平田村村民对当地特色民居认知状态的人数占比

类别阶段	2014 年民宿建设初期	2014—2018 年民宿建设后
较大转变/大有转变(人)	2	15
人数(人)	23	23
比例(%)	8.70	65.22

表 4 数据显示,在 2014 年民宿建设前,平田村村民对当地特色民居的认知状态占比为 8.70%,即在基于当地本土老房子改造的民居认知上,平田村村民尚处于较低的认知状态;在 2014—2018 年民宿建设后,平田村村民对当地特色民居的认知状态占比为 65.22%,同比增长 56.52%,即在基于当地本土老房子改造的民居认知上,平田村村民已经得到较大的改变,此时处于较高的认知状态。说明平田村"云上平田"民宿的建设对村民认知当地特色民居状态的贡献度为 56.52%。

综合以上数据结果显示,平田村"云上平田"民宿群的建设对民居保护、认知状况的贡献度为 35.76%。

(2)民宿建设对传统手工艺保护、认知状况的贡献度。

民宿建设对传统手工艺保护、认知状况的贡献度＝(传统手工艺保护贡献度＋认知状况贡献度)/2。

民宿建设对传统手工艺保护的贡献度以保护恢复传统手工艺数与地区原传统手工艺数的比值变化衡量,比值在[0,1]之间,比值大于 0 表示民宿建立对传统手工艺保护的贡献为正,比值越接近 1 表明民宿建设对传统手工艺保护的贡献度越大。

民宿建设对村民认知传统手工艺状态的贡献度以认知状态转变较大的人数与总人数的比值变化衡量,比值在[0,1]之间,比值大于 0 表示民宿建设对村民认知传统手工艺的贡献度为正,比值越接近 1 表明民宿建设对认知状态贡献度越大。

由于民宿建设前后对传统手工艺保护恢复的占比变化,民宿建设对文化自信、文化认知的贡献度,民宿建设对乡村就业岗位的贡献,民宿建设对乡村基础设施的贡献受篇幅所限,本文不一一列举。

四、民宿集群对乡村发展带动效应综合评价

通过专家打分法(略),确定民宿集群对经济效应、文化效应、社会效应的贡献影响权重分别为:a、b、c。因此,民宿集群对乡村发展带动效应 Y,可以用以下公式来表示:$Y=aX1+bX2+cX3$

表 5　2014、2016、2018 三个年度民宿集群对乡村发展带动效应变化表

年份	带动效应 Y 值	增加或减少
2014	/	/
2016	0.001805	增加
2018	0.006961	增加

Y 的取值范围介于[$-\infty$,$+\infty$]之间,X 值越大,表明民宿集群建设对乡村发展带动效应越大,反之,则表明对乡村发展带动效应越小。根据对民宿集群实际的研究,一般 X 值超

过 0.7,表明民宿集群对乡村发展的贡献极大;X 值在(0.3,0.7]之间,表明民宿集群对乡村发展的贡献很大;X 值在(0,0.3]之间,表明民宿集群对乡村发展的贡献一般;如果 X 值在 0 以下,说明民宿集群对乡村发展造成了负面影响。

通过综合评价分析,可以得出:在 2014—2018 年期间(即云上平田建成至今),X 值达到约 0.42,而带动效应指数 Y 是越来越大的。

▶ 编者按

浙江省作为我国民宿产业最早开始且发展最快的省份,目前仍然缺乏一套科学、完整的民宿产业带动效应评价体系,用以客观认识民宿产业对于乡村发展的意义及潜力。本文采用实证分析的方法,聚焦丽水平田村对民宿经济,从经济、文化、社会、环境等方面构建完备的指标体系,并进行了定量的研究。正如文中所总结的民宿经济的发展首先是还原和保护,其次是提高居住环境的舒适度。因此以保护为主、开发为辅的乡村旅游是现代农村经济体系的应有之义。

丽水市松阳县产旅融合发展路径探索

公共管理学院　徐梦洁　陆慧梅　鲜于姝茜　沈晓萱

摘　要: 基于对松阳县产旅融合现状的实地调研、深度访谈以及问卷发放,本文就丽水市松阳县产旅融合的发展路径进行了归纳总结,总结了其目前产旅融合的发展现状和问题所在,并提出建设性的意见。

关键词: 产旅融合　茶旅融合　文旅融合　茶产业

一、调研背景

文化和旅游部正式挂牌后,文旅融合也加快了步伐。包括文旅融合在内,农旅、体旅等一系列产旅融合作为全域旅游中的核心要素,正在全国各地展开具体的实践,在"旅游+""+旅游"上做文章。如何通过产旅融合,做到"1+1>2",是旅游高质量发展道路中绕不开的课题。

松阳地处浙江西南部,县域面积 1406 平方千米,人口 24.06 万,具有 1800 多年的建县历史,自古被誉为"浙南桃花源"。近年来,松阳围绕打造"全国绿色食品原料(茶叶)标准化生产基地""浙江生态绿茶第一县"和"中国绿茶集散地"现代农业区域品牌,把茶叶作为生态富民产业来培育,致力打造松阳茶叶的全产业链发展模式,有力地推动了茶产业跨越式发展。2016 年 9.8 万亩茶园成功创建为全国绿色食品原料(茶叶)标准化生产基地。作为松阳县最具特色的全国绿色食品原料(茶叶)标准化生产核心基地的大木山茶园,开展绿色食品一二三产业融合发展示范园创建已具备了扎实的产业基础与独特的资源优势。松阳大木山茶园坐落于国家级生态镇松阳县新兴镇,是农业部标准茶园示范区、浙江省高效生态农业示范园区和松阳县现代茶叶观光示范园区。2013 年 3 月正式开园,以茶园骑行为主题,突出"古韵茶香,健康骑行"的理念,结合了茶园观光、茶园品茶、采摘制茶体验、养生度假等功能。2015 年成功创建为 4A 级景区,是国内第一个将自行车骑行运动与茶园自然风光融合的景区,能充分展示农耕文化及绿色食品标准化生产水平,具有一定的教育、示范功能。

二、调研目的

本次调研,我们走访了松阳县新兴镇大木山骑行茶园风景区,了解其生产经营模式,并走访了周边民宿,了解民宿的经营状况,通过上述实地调研活动,初步认识松阳本地产旅融合状况,总结松阳县在产旅融合过程中值得学习的地方。除此之外,随着茶产业的发展、各地茶产业的崛起兴旺,松阳茶产业也面临严峻的挑战,如何加快茶产业转型升级,打造茶产业强县是松阳县的奋斗目标,我们将通过实地调研,分析松阳县产旅融合过程中存在的问题并提出建议。

三、调研现状

(一)茶旅融合发展,打造全新业态

茶旅融合既迎合当今社会旅游休闲经济发展的大趋势,又充分发挥了茶叶产区各类物质与非物质资源富集的独特优势,而松阳是 2016 年全国十大最美茶乡之一,茶旅融合发展大有可为。

松阳县人口有 24.06 万,茶叶产业作为松阳县"大农业"的重点产业,40% 人口从事茶产业、农民收入 50% 来源于茶产业、60% 的农业产值来源于茶产业。通过景区化改造,松阳县新兴镇横溪村的大木山茶园在 2015 年正式成为国家 4A 级景区,是该县茶旅融合发展的典范。这里茶香四溢、景色宜人,三三两两的游客骑着自行车在茶园里游玩。实践团队到来之时还不是当地秋茶采摘的时节,茶园内正在采茶的茶农不多,不过他们已经对骑行的现象相当熟悉。2017 年 9 月初,这里刚刚结束"2017 环浙自行车公开赛·松阳站"的比赛。作为全国最大的生态骑行茶园,大木山茶园核心景区面积达 3000 亩,已建成多类型骑行道路 20 余千米。优美的茶园风景、整洁宽阔的骑行茶道,让在茶园里骑行变成一件有意思的事儿!

"骑行茶园"在 2013 年被评为浙江省运动休闲旅游优秀项目,今年已经是连续成功承办浙江省山地自行车公开赛等赛事活动的第 6 个年头。通过旅游推广,"骑行茶园"的概念为当地茶叶种植注入了文化和生态理念,增加了农产品的附加值。茶叶相比其他农作物有天然的审美优势,连片种植构成景观,具有较好的旅游观光潜力。大木山茶园景区叠加种植效益和景观效益,是松阳县茶旅发展的一个缩影。

(二)文旅融合发展,乡村博物馆+传统村落

松阳的全县域乡村博物馆在推进文化旅游中起了重要的推动作用。松阳的乡村博物馆很多,有将近十个已经完成,有红糖工坊、契约博物馆、茶叶博物馆、松香博物馆、竹林剧场等。我们团队这次社会实践组织参观了茶叶博物馆,这些博物馆像有生命一样会呼吸,展现着松阳特有的气息,让每一位亲临者感受到松阳韵味。每一个乡村博物馆,都是挖掘当地的文化和产业特色,化整为零建立起来的。它们可能是古村落的文化礼堂、祠堂,也可能需要新建一部分和当地文化、特色产业结合,提供老百姓休闲文化交流的空间,也带有产业功能。

相对于茶园中的"动",隐藏在江南秘境中的古村落则能让你静下心来。松阳县是全国首个传统村落保护发展示范县,有着百余个传统村落,加上得天独厚的自然风光资源,如今已经有 25 个村庄成了省 A 级景区村庄,村村成景区,村村皆是旅游目的地。阳光倾泻在安详美丽的古村中,透着一种质朴又古雅的气质。茶园吐翠,田舍掩映,阡陌纵横……诗意盎然宛如桃源的原生态田园风光,在历史的年轮下越发显得迷人。美丽的田园松阳在古村落保护上,已经探索出了一条自己的道路,在传承传统优秀文化、弘扬现代田园文化的答卷上,交出了自己的答案。

(三)旅行的休憩之所——民宿的发展

松阳有好山好水,也有乡里乡情,让人心生家的温暖。也正是因此,很多人来了松阳,不住酒店选择民宿,我们团队本次也在一家民宿中住下。在松阳,"旅游+民宿"融合发展始终

没有停止脚步。如今,当地累计建成了 380 多家农家乐民宿。并且民宿不断与一二三产粘连,和农业农村农民连接,已经有一批领头的精品民宿如过云山居、云上平田等,早已成为了旅游目的地。

许多农户将自家住屋改建为民宿,接待游客。大部分户主于三四年前在政府的大力支持下开始发展民宿。民宿房屋多为户主的老房子或现居所。对于房子的改造和装修,有些户主甚至会请专门的设计团队进行设计装修。

松阳完整地保留了"山水—村落—农田"的原始生态格局,利用最少的人工干预,利用本土、原生态、低碳环保材质,维持传统生态的田园乡村风情,保留原味古朴沧桑的历史感。在有所保留的同时加入新的现代理念,打造出乡村共荣共生的充满松阳乡土情怀的民宿建筑。引领国内乡村民宿发展,集艺术家、设计师、民宿传承者等一群人的智慧的民宿作品,成为当地人文风貌最好的展示窗口。

四、存在问题

(一)产业经营模式单一

据走访的多家民宿以及茶田经营者来看,大多数经营者选择了风险小、规模小的家庭经营模式作为中规中矩的普遍模式,以自己的家庭为一个生产单位,家庭成员作为生产成员,一起投入到经营中,这样的确节约了人力、物力等方面的成本,也避免了较大的风险,方便改变经营战略,但是由于规模小,导致了收益也较少,不利于长久发展。

(二)同类产业缺乏创新

由于松阳茶产业知名度高,政策扶持力度大,大量农户投入民宿的行业中,大多数人选择了改装自家房屋,民宿相较于酒店更低的要求和更小的风险导致了民宿的大量增加,但是由于眼光的局限和政府引导的不到位,民宿经营清一色以茶为特点,缺乏记忆点和吸引力。

(三)市场经营缺乏计划

大木山骑行茶园的创建以及坚持的对生态旅游的推广宣传,的确促进了当地旅游业的发展和经济水平的提高。但是大力扶持的民宿经营和对茶农的补贴并没有达到进一步促进农民生活改善和增加收入的预期目的,政府仍需要进行严密的市场统筹规划。同样在茶叶市场方面,茶叶质量的参差不齐,外来茶叶抢占市场,市场管理不到位,等等,都是茶农和茶商面临的难题;另外,单一的茶叶交易市场并不能满足旅游业发展的需要,加工业、农副产品的销售以及文创产业的发展更能带动经济的发展,促进当地做出自己的旅游特色。

五、解决方案

(一)丰富产业经营模式,提高经济效益

改变民宿无组织的家庭经营的现状,由政府牵头积极引进企业投资,为民宿经营提供更多专业化的指导和改造,减少分散的普通个体间无谓的竞争,为民宿经营找到亮点和特点,促进民宿的进一步发展和提高,为产旅结合的经济发展模式注入更多的活力。

（二）促进民宿自主创新，打造特色民宿

政府应当对民宿进行审核和测评，将民宿是否拥有自身的特色作为一个考核标准，提高民宿经营的市场准入标准和补贴标准，激励民宿经营户改善自身经营模式，推动产旅融合进一步发展，促进第三产业的发展。

（三）明确市场经营规划，促进产旅融合

政府作为市场经济发展的重要力量，松阳县的茶产业发展始终依托于政府对经济发展的规划，在松阳县第一产业占比大，第二、三产业还在发展中的情况下，想要振兴该县经济要明确本地茶产业市场的前景，茶产品加工业和生态茶园旅游将成为以后产旅融合发展的重点。而对于较低端的茶叶种植和交易市场，政府应当对茶农进行培训和扶持，更应当规范交易市场的秩序，抵制不良的市场竞争。

六、调研总结

产旅融合并不是产业和旅游的简单结合，而应该是以茶产业为基本依托，以新型经营主体为引领，以利益联结为纽带，通过产业联动、要素集聚、技术渗透、体制创新等方式，使茶叶生产、加工、销售和茶宿、茶购、茶娱等产业有机地结合在一起，深化茶产业的供给侧改革，并通过政府和市场的监督与支持，坚持走"茶农—茶商—游客"融合共生的可持续的发展路径。

▐▶ 编者按

农民更富、农村更美、农业更增效是助力乡村振兴战略和打赢脱贫攻坚战的美好愿景。"旅游＋""农业＋"是日新月异的农业产业转型升级的突出特征，重在"集中力量办大事"，突出资源的有机整合和城乡共建共享协调发展的理念。丽水松阳县茶产业、农村旅游产业具有浙南农村的典型特点，研究产旅融合的发展路径不仅能为当地带来切实的收益，也能为浙江农村的可持续发展提供经验。

新时期海岛背景下的乡村振兴

——以台州市椒江区大陈岛为例

公共管理学院　陈　静

摘　要：自从党的十九大报告提出乡村振兴战略后，全国各地掀起了一股"振兴之风"。但是出台的许多措施以及规划都是针对陆地上的农村的，而对于像大陈岛这样的"海上乡村"却不适用。由于海岛村在中国乡村中占比不高，可借鉴的典范也较少，所以海岛村在开发振兴的过程中难免会存在有难题却无路可寻的现象。本团队认为本次对于大陈岛开发建设的调研不仅能够了解海岛乡村建设发展的现状，还能从现有反映出来的问题出发找寻对策，既能为"全面建设小康的大陈，全力建设现代化的大陈"贡献绵薄之力，也能为其他海岛乡村振兴建设提供参考依据。

关键词：海岛振兴　困境　出路

一、调研目的及背景

大陈岛行政隶属于浙江省台州市椒江区大陈镇，位于椒江区东南 52 千米的东海海上；大陈岛由上大陈岛和下大陈岛组成，同属台州列岛，下大陈岛是大陈镇的驻在地。在自然资源方面，岛上森林覆盖率达到 50%～60%，为省级海上森林公园。大陈岛上冈峦起伏，自然景观和人文景观独特，适宜度假、休闲观光和寻访史迹旅游；同时大陈岛也是国家一级渔港、省级森林公园和省海钓基地，岛周海域是浙江省第二渔场。这些使得大陈岛素来享有"东海明珠"之称。

大陈岛只是一个普通海岛。明代（16 世纪中叶），大陈岛为海上抗倭战场之一；到了清乾隆（1736—1795）年间，居民渐聚，浙江道特在岛上分设汛官、统领军、渔政务，此为大陈设治之始。至清末和民国初年，大陈居民已达万人规模，形成台州湾最繁荣的海上集镇，"亦可谓旧台属之经济重心"。"二战"期间，大陈岛曾被日本占领。中华人民共和国成立初，蒋介石当局虽迁至台北，但仍控制着诸多岛屿，其中包括大陈岛。1955 年，蒋介石当局施行了大陈岛撤退计划，随后中国人民解放军进驻大陈岛。1956 年，时任共青团中央书记的胡耀邦向温州青年发出"组成志愿队，开发建设大陈岛"的号召，浙江省 467 名青年志愿者登上大陈岛开始了垦荒生活，多年的垦荒建设让这个海岛发生了天翻地覆的变化，"艰苦创业、奋发图强、无私奉献、开拓创新"的垦荒精神因此在全国范围内流传。

综上所述，大陈岛在地理区位、自然资源和历史文化等方面具有其他海岛无法比拟的优势，我们围绕大陈岛在实施乡村振兴战略中如何发挥其自身优势而开展本次调研活动。

自从党的十九大报告提出乡村振兴战略后，出台的许多措施以及规划都是针对陆地上的农村的，而对于像大陈岛这样的"海上乡村"，由于海岛村本身在中国乡村中占比不高，可借鉴的典范也较少,所以海岛村在开发振兴的过程中难免会存在有难题却无路可寻的现象。本团队认为本次对于大陈岛开发建设的调研不仅能够了解海岛乡村建设发展的现状,还能从现有反映出来的问题出发找寻对策,也能为其他海岛乡村振兴建设提供参考依据。

二、大陈岛建设现状

(一)生态环境方面

1. 环境立岛

为改善海岛环境,大陈岛坚持生态立岛,从"脏乱差"入手,开展渔网清理行动、死角歼灭行动、变废为宝行动等三大整治行动。在渔网清理行动中,坚持堵疏结合的方法:一方面新建了3个堆网场,实现有序堆放;另一方面会同区海洋渔业局出台了废弃网具、禁用网具统一回收政策,建立和完善宣传发动、信息通报、任务督办、长效管理和环境卫生整治机制,实现环境立岛。

2. 生态护岛

大陈岛上的森林覆盖率已突破60%,入网污水处理也已达一级排放量,为推进海洋牧场建设,实行增殖放流。以垃圾处理为例,大陈岛上的垃圾实行三类回收,即可腐烂垃圾、不可腐烂垃圾和有害垃圾。同时通过各种方式宣传、教育、演示,让大多数居民能够正确掌握垃圾分类方法,并上门定时收集,定点分区处理,方便群众。目前,在污水排放达一级排放标准的基础上,大陈岛已完成农村生活垃圾收运系统建设,实施分类管理,实现垃圾减量化,垃圾填埋量减少50%以上,真正实现了生态护岛。

3. 美丽立岛

大陈镇结合海岛实际,以美丽大陈为目标,突出海岛韵味,体现渔家风情,开展环境综合整治。结合绿化提升工程,实施道路两侧边坡绿化,实施环岛公路公交驿站建设,用具有乡土特色的、彩色的大陈盆栽装饰庭院,同时进行路面改造和一定的景观小品设置,实现美丽出行;还按照修旧如旧的原则,加强古村落保护,建设美丽村庄,实现美丽立岛。

(二)基础设施方面

1. 交通便利化

2015年,4千米的水土路建成通车,全长16千米的环岛公路全线贯通。2017年9月到2018年3月,环岛公路进行改造提升,沿线增设观景驿站,道路两侧也进行了绿化改造,不仅提升了公路的美观性,也方便了游人驻足遥望。

其次,随着"海钜号""东镇山号"上线,去往大陈岛的海陆通航时间大大缩短,一来方便外人进入大陈,二来为大陈的旅游开发打下基础。

2. 水电全面通

大陈岛建成有装机容量25.5万千伏的风力发电厂,利用海岛风力优势,满足岛上居民用电需要。海底电缆铺设工作也早已完成,并建设了岛上第一座变电站。岛上的自来水厂实现改制兼并,将大陈水厂并入台州自来水公司,同时改造饮用水管网,为大陈供水安全提供保障。

(三)民生项目方面

1. 保健强起来

(1)2017 年,岛上第一家敬老院完成竣工验收,让岛上的老人老有所依、老有所养。

(2)引进微型消防车。尽管是海岛镇,可是一旦发生火灾,却也不能就地取材,加之岛上的路大多狭窄、复杂,大型消防车无法通行,而微型消防车在具有相同功能的前提下拥有更小的体积,更加适应岛上的路况。

(3)渔民社保全覆盖。

2. 办事快起来

大陈岛作为海岛镇,居民离岛办事既不便利,耗时又长。随着"最多跑一次"在全省范围内的普及,椒江区创新"渔小二"代办制度,努力实现"岛上办事不出岛,岛外办事不离岛"。

(1)海陆岛网络全覆盖。

椒江区行政服务中心与渔业服务窗口对大陈岛渔民实行"特区特办"制,将原件审核由现场改为后台调档和微信发送图片确认,代办员提供复印件,渔民就算出海在外也能实时办证。

(2)设立大陈综合窗口。

椒江区行政服务中心特设大陈综合窗口,依托区、街道、村(社区)视频互动事项,网络化办理平台,与上大陈服务店、镇便民服务中心和下大陈各村接通政务服务网,实时视频在线,当场审核,当场确认办件资料。

(四)旅游开发方面

大陈岛投入 1.6 亿元全面建成青春广场、渔民公园、省地质公园、鸡笼头军事遗址、梅花湾旅游一条街、甲午岩以及乌沙头景区等。还有包括在计划中的项目有两岸乡情文化公园、青垦公园等。此外,一江山岛景区将建成集战争纪念、文物保护和爱国教育于一体的国家战争遗址公园。

同时,民宿发展也成为大陈岛旅游转型升级的重要突破口。大陈岛海岛风光旖旎、历史文化深厚,具备发展民宿的有利条件。发展大陈民宿,不仅有利于渔民的转产转业,更能将民宿的专业化服务与当地特色自然资源结合起来,以提升大陈岛的旅游品质,吸引更多的游客。

三、大陈岛发展的困境分析

(一)上岛方式单一,岛上基础设施落后

尽管前文提到大陈岛的交通相对过去来说更加便利了,环岛公路的建设和更多航班的提供为之加分不少。但是目前上岛的唯一方式就是坐船,不同航班也耗时不等。坐船出行限制了很多游客的选择,它易受天气影响以及如晕船等各种其他因素的干扰。岛上交通也并不发达,除了公交和可租赁的电动车外,选择较少。其次,岛上的基础设施并不完备,缺乏公共厕所等设施,同时一些公共设施年久失修,又少有人使用,不仅没有发挥作用,反而造成资源浪费。而随处可见的旧屋也没有得到合理处置,在一定程度上影响美观。

（二）海洋渔业经济呈衰退趋势，海洋产业结构单一不成规模

作为浙江省第二大渔场，依靠其丰富的渔业资源，捕捞业曾成为大陈岛的主业，在 20 世纪 90 年代以前，大陈岛渔民平均收入高于椒江区农村或城镇居民，但在后期，由于海洋渔业资源逐步衰竭，加上海岛位置偏僻、交通不便，以捕捞业为主的产业经济的局限性日渐明显，其经济社会发展与椒江陆域的差距也越来越大。

就目前情况来看，渔业仍是大陈岛的主导产业，但其产业结构单一，且布局分散不成规模。虽然大陈岛现将旅游业作为第三产业支柱加以培育，但是当前旅游业在经济总量中所占份额还很小，尚未形成规模。

（三）旅游资源丰富，杂糅度高，缺乏特色

大陈岛旅游资源独特丰富，既有海岛自然生态资源又有独特的人文景观资源。大陈的自然景观资源主要表现为海域风光、海岸景观、森林植被景观等。大陈的人文景观资源以战争遗址、垦荒文化、渔村风貌为主，如下大陈的垦荒纪念碑、蒋经国故居、浪通门等。独特丰富的旅游资源构成了大陈岛的独特魅力，但是将这些资源整合在一起后，造成大陈岛的风貌定位不明确，既有爱国主义教育基地、红色文化基地，又想创造类似于东极岛那样的海岛氛围，事实上杂糅的东西太多反而难以给人留下特别深的印象。因为内容太过丰富而导致每个景点发展不全面，想要面面俱到却导致平淡无奇，缺乏最吸睛的特点。

以上三点是本文认为在大陈岛实施乡村振兴战略中主要的阻碍因素，但是并不表示其他困境并不重要，只是从比例方面来说，本文认为这几点相对来说影响较大，并存在解决难度。

四、方案及对策

基于以上分析，综合大陈岛的优势、劣势、机遇与挑战，致力于解决在大陈岛开发过程中存在的问题，权衡开发与保护的关系，本文提出以下策略。

（一）政府加强顶层设计，适度开发，恪守生态红线

政府要切实发挥其引导职能，坚持"保护为主，适当开发"原则，在不破坏大陈岛固有的自然生态的基础上做好资源与能源的合理规划，进行适度开发。同时加强政府的宣传力度，重视微博、微信等新媒体的运营，增加旅游网站、App 关于大陈岛旅游的广告投放，实时更新。改善生态环境、生活环境是大陈岛开发过程中的一项重要任务，普及环境教育，推行可持续发展。当然，游客的文明素质也需要提高，同时政府方面可通过制度来规范游客，例如用沿途增设宣传标语等方式来规范旅客行为，使之文明出行。此外，岛上原生居民也要注重环境保护，例如在垃圾分类方面，要按照政府的指示将垃圾进行分类处理，实现岛上资源的可持续发展。建立以政府为主导、游客与居民为辅的生态保护网，恪守生态红线，在保证生态环境的基础上，再通过合理规划来实现经济振兴。

（二）加快调整岛上产业结构，合理划分产业等级

如今处于振兴初期的大陈岛发展的产业众多，有原生的渔业，后期发展的轻工业、海产

品加工业、旅游业等,以及衍生出来的如船舶游艇、水上比赛等相关产业。如此多的产业链,要做到主次分明,确定振兴大陈的主要产业和次要产业,在大力发展主要产业的同时也不忽视次要产业。综合相关海岛振兴的经验和大陈岛实际情况,本文认为大陈岛可大力开发建设以旅游服务区、休闲产业区和海上游乐休闲区为主的旅游产业。一方面保护逐渐减少的渔业资源,另一方面通过旅游业带动衍生产业的发展,吸引更多外界投资者,以产业带动产业促进经济振兴,使大陈真正做到以旅游业为主导,一产、二产围绕旅游调整结构的新型产业结构,推动产业全面转型升级。

(三)以人为本建设小康化、现代化的大陈

尽管岛上现有很多的项目正在建设,尚未运行,但是肉眼可见的大陈仍给人一种贫穷的感觉:许多房屋长期未修缮、公共设施不完善……这或许是许多大陈的原生居民都选择离开的部分原因,它缺乏了某些人情味。作为人居住的海岛集镇,现在正被各种外来因素占据,与整座岛显得有些格格不入。那么在发展这些外来产业的时候,是否考虑到它真的适合大陈岛?振兴的直接结果确实是经济的快速发展,但是若是在发展中失去了原有的乡村韵味,却有些适得其反。乡村振兴的根本还是要以人为本,根据人的需求建设宜居的乡村。

【参考文献】

[1] 王卫君.当好海岛"渔小二"架起服务"便民桥":大陈镇"最多跑一次"改革工作综述[J/OL].(2017-09-07)[2018-09-30].http://jjnews.zjol.com.cn/zt/2017/zdpyc/news/2017/c_178022.shtml.

[2] 应巧艳.新时期大陈岛规划建设探索[J].产业与科技论坛,2017,16(15):108-109.

[3] 徐瑛,孙梦,钱梦婷,等.全域旅游视域下舟山海岛旅游开发研究:以东极岛为例[J].农村经济与科技,2018,29(8):69-70.

▶ 编者按

2016年,习近平总书记给大陈岛老垦荒队员的后代回信,勉励他们继承和弘扬大陈岛垦荒精神,热爱祖国好好学习砥砺品格。通过资料收集分析及实地走访,大陈岛虽然已开发了若干旅游和生态的资源,但振兴大陈岛仍有很长一段路要走。问题与挑战并存,这都是一个经济单元体所必须经历的发展过程。未来,大陈岛立足海岛经济,依托当地浓厚的垦荒文化,建设宜居乡村,必然会成为一个小康的、现代化的大陈。

乡村生态篇

我们既要绿水青山，也要金山银山。

宁要绿水青山，不要金山银山，

而且绿水青山就是金山银山。

——习近平 2013 年 9 月在哈萨克斯坦

纳扎尔巴耶夫大学发表演讲时提出

基于市场激励的农村水环境污染协同管理机制创新研究

——以新安江流域为例

经济学院　嵇乐君　许蒋鸿

摘　要:本次调研基于我国现实国情,通过学习和借鉴国际先进的水环境管理经验,选取新安江—千岛湖流域城市安徽省黄山市休宁县、歙县及浙江省杭州市淳安县、建德市为调研地区,通过相关的数理统计以及环境经济学的分析方法,定量评估我国水环境污染的特征、时空演变规律,在微观层面上探寻市场激励机制下农业增长方式、农户经济行为的变化及其对我国农村水环境污染的影响,进而寻求转型经济下的基于市场激励机制的中国农村水环境污染防控机制与管理的制度和理论创新,以期为政府决策部门和理论学界提供参考。

关键词:新安江　农村水环境　生态补偿　市场激励　协同管理

一、绪论

(一)调研时间

2018年6月至8月。

(二)调研地点

本次调研以新安江全流域为例。具体调研单位包括:安徽省黄山市财政局(含黄山市新安江流域生态建设保护局)、黄山市环境保护局、黄山市休宁县鹤城乡政府、六股尖矿泉水厂、黄山市歙县深渡镇政府,浙江省杭州市淳安县下姜村村委会。

(三)调研对象

本次调研的主要调查对象是新安江流域的居民、企业及相关政府部门。

(四)调研方法

包括文献法、实地考察法(人物访谈)、问卷调查法(抽样调查)等。

1. 抽样调查

安徽省屯溪区、休宁县、歙具居民,浙汀省淳安县下姜村村民。

2. 人物访谈

①当地村支书、村委主任;②调研流域的河长;③黄山市环境保护局副局长;④黄山市财政局局长、新安江流域生态建设保护局局长;⑤黄山市环境保护局总工程师、生态

科科长等。

(五)调研背景

改革开放以来,我国以粗放型经济增长方式推进工业化和城市化高速发展,这导致我国的水环境危机日益加剧。其中,对水体过度开发导致的农村范围内的河流水污染已成为最严峻的挑战。农村流域水环境是全国水环境的重要组成部分,农村流域水资源的可持续利用直接关系到流域人民生活质量提高、社会经济可持续发展、国家粮食和饮用水的安全供给以及美丽中国的生态文明建设。党的十九大报告中明确指出,必须树立绿水青山就是金山银山的绿色发展观和把握统筹山水林田湖草系统治理的整体系统观,通过制度和立法加大生态环境保护力度,设立自然生态监管机构以完善生态环境管理体制,并进一步提出乡村振兴战略,提高污染排放标准,健全耕地草原森林河流湖泊休养生息制度,建立市场化、多元化生态补偿机制等一系列保护措施。因此,基于农村水环境对于人民福利和经济发展的普遍影响,我们必须积极探索有效的治理策略。

新安江发源于安徽省黄山市休宁县,跨皖浙两省,自西向东流经安徽省黄山市休宁县、屯溪区和浙江省建德市,最终汇入千岛湖,是安徽省内仅次于长江、淮河的第三大水系,也是长江三角洲重要的生态屏障。随着新安江流域社会经济的快速发展,水环境的污染正不断地扩大和加重。黄山市境内农业生产以耕作为主,氮、磷肥的过度使用使得过剩的氮、磷元素沉积在土壤中,随雨水流入地表水水体内,导致河水富营养化。此外,各种生活用水、农业面源污水、畜禽业污水、地表径流污水的任意排放对新安江流域造成了不同程度的污染,河流自净能力逐渐减弱。作为连接皖浙的重要水上通道,认识新安江流域水污染现状并采取必要的保护措施显得尤为重要。

因此,本调研以新安江为例,从市场激励的角度探讨我国农村水环境污染协同管理的制度改革,这是全面落实"三农"政策、统筹城乡发展、加快生态文明建设的客观需要,也是我国政府改革实践和农村实现可持续发展目标的迫切要求。

图 1　团队成员受邀参加江西九江代表团赴安徽黄山新安江保护局交流学习会议

二、新安江流域市场经济手段的协同管理研究

水质交易制度是一种达到水质目标的有效方法。流域内各污染治理单位控制同种污染物的成本可能存在较大差异。根据这一特点,容许污染控制成本较高的排污单位向成本较低的污染源购买等量或超量的污染削减份额,可以较小的经济代价实现等效的水质改善目标。

新安江流域生态补偿机制试点在考核方式上,以皖浙两省跨界断面水质中的高锰酸盐、氨氮、总磷、总氮四项指标来加权综合测算出水质综合污染指数(称P值),作为补偿指数,年度水质达到考核标准(一轮为P≤1,二轮为P≤0.95),浙江省拨付给安徽省1亿元,反之安徽省拨付给浙江省1亿元。这种通过以水质标准来评定补偿金额的方法,可看作对水质交易制度的推广与应用。2012—2017年两轮补偿指数如表1所示。

经过连续二轮试点,水质交易的制度效应持续放大,成效显著。环保部监测数据显示,2012—2017年新安江上游流域总体水质为优,跨省断面水质达到地表水环境质量Ⅱ类标准,每年向千岛湖输送60多亿立方米干净水;千岛湖水质总体稳定保持为Ⅰ类,营养状态指数由中营养变为贫营养,与新安江上游水质变化趋势保持一致。

表1 新安江流域2012—2017年水质综合污染指数(补偿指数,P值)

年份	轮次	P值
2012	一轮	0.833
2013	一轮	0.828
2014	一轮	0.825
2015	二轮	0.886
2016	二轮	0.852
2017	二轮	0.888

数据来源:黄山市新安江流域生态建设保护局提供。

从经济学的角度而言,点源和非点源处理成本上的差异,使水质问题可以采用市场经济手段解决。除根据水质标准进行生态补偿外,还可根据流域特征和水质模型设定污染物排放限制,并给该流域中所有达到排放要求的污染单位建立"排放信用"档案,即在鼓励他们更多地削减污染物的同时,允许他们用富余的污染物削减量建立市场。在这个系统下,企业可以选择放弃安装昂贵的深度处理设施,转而向农民购买相对便宜的"排放信用",即帮助企业改善土地管理实践,采用较便宜的技术去削减更多的污染物。

事实上,经过多年的实践和积累,新安江流域及全国其他流域已经具备了进一步全面实施点源和非点源交易的条件。

农村水环境污染是指在城乡经济发展过程中向水体排入的污染物超过了水环境自净容量,农村地域水体的化学组成或物理状况发生了变化,导致水环境质量恶化,扰乱和破坏了生态系统和人们正常的生产和生活条件,对农业和农村生态系统中的水体系统造成了污染。

新安江发源于黄山市休宁县六股尖,是安徽省内仅次于长江、淮河的第三大水系,是钱塘江正源,也是浙江省最大的入境河流。流域总面积11452.5平方千米,干流总长359千米,其中安徽境内流域面积6736.8平方千米,占58.8%;浙江境内流域面积4715.7平方千米,占41.2%。新安江流域是黄山市与杭州市的主要农业生产区域,流域内农业人口和农业生产用地面积均占各所在市的70%以上,也是中下游地区的水源保护地,具有重要的生态和社会经济价值。然而,随着人类经济活动的不断加剧,加上受落后的生产生活方式影响,在流域内的城市污染逐步得到有效整治的同时,农村地区生产生活活动引起的环境污染问题更显得十分突出,已成为新安江流域水环境污染的最大污染问题。为此,在国家有关部委的协调指导下,黄山市、杭州市政府认真贯彻习近平总书记重要批示精神,于2012—2017年顺利开展了两轮新安江流域生态补偿机制试点,着重治理流域内农村水环境污染问题。试点经过两轮实施,取得了积极成效。流域内农村工业、生活污染排放量总体呈下降趋势,水环境污染总量得到有效控制(如图2、图3所示)。

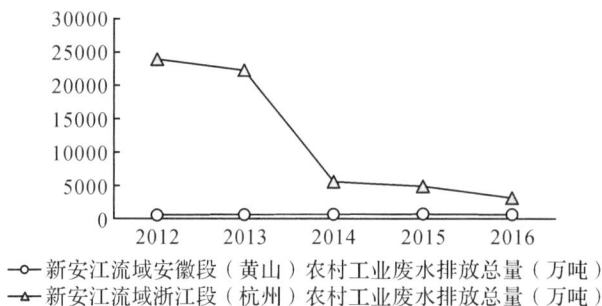

—○— 新安江流域安徽段(黄山)农村工业废水排放总量(万吨)
—△— 新安江流域浙江段(杭州)农村工业废水排放总量(万吨)

图2　2012—2016年新安江流域农村工业废水排放总量

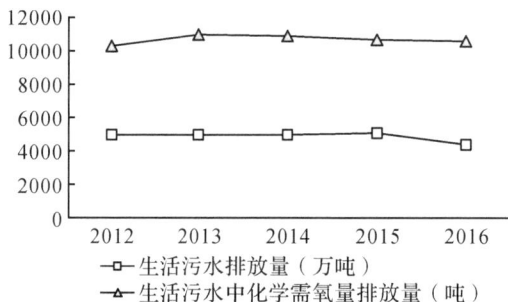

—□— 生活污水排放量(万吨)
—△— 生活污水中化学需氧量排放量(吨)

图3　2012—2016年新安江流域安徽段(黄山)农村生活污染物排放量

注:①2017年度数据尚未公布;
　　②《杭州市统计年鉴》暂未统计农村生活污染物排放量一项。
数据来源:《黄山市统计年鉴(2013—2017)》《杭州市统计年鉴(2013—2017)》。

三、新安江流域合作模式下的协同管理研究

新安江试点在推进过程中建立了多元投入的保障机制。按照"政府引导、市场推进、社会参与"的原则,充分发挥试点资金的"种子效应",创新资金筹措机制,引导社会资本加大生态投入。

根据两省二轮协议规定,黄山市按照"统一规划、统一建设、统一运营、统一考核、统一付费"原则,正有序强力推进农村垃圾和污水两个PPP项目,年度付费合计达1.95亿元,年限均为15年,流域环境治理着力从"重建设"向"重运营"转变。

坚持把科学规划和项目库建设作为高水平推进治理的重要支撑。为贯彻落实《千岛湖及新安江上游流域水资源与生态环境保护综合规划》,黄山市牵头编制了《安徽省新安江流域水资源与生态环境保护综合实施方案》,重点围绕水资源保护、水污染综合防治、生态修复、监测体系建设和生态建设等方面,编制项目319个,总投资638亿元。二轮试点中,黄山市与国开行、国开证券等共同发起建立全国首个跨省流域生态补偿绿色发展基金,主要投向生态治理和环境保护、绿色产业发展等领域,通过促进产业转型和生态经济发展,推动末梢治理向源头控制转变。这将撬动更多的社会资本,充分发挥补偿资金效益,有助于形成长效化保护和发展

模式。

新安江流域各地也纷纷响应号召,积极建立了各自的合作管理制度。地处三江源头的休宁县,在2017年跨省流域新安江生态补偿机制二轮试点工作圆满收官基础上,重点推出"五大"举措,巩固完善试点成果,进一步提升新安江流域综合治理水平,切实守护好一江碧水。为严明责任"管好水",休宁县成立了以县委、县政府主要领导为组长,县政府分管领导为副组长,县环保、财政等相关部门负责人为成员的领导组,负责全县饮用水水源地保护工作;逐步推进河长制、林长制以及路长制一体化管理,创新"三长"合一。

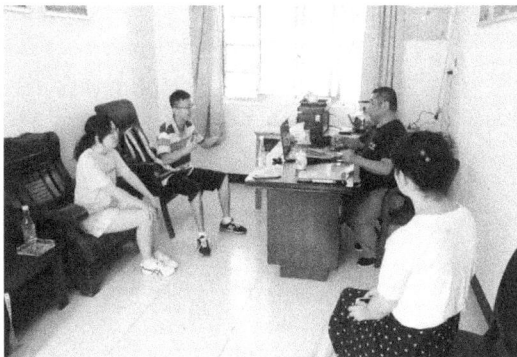

图4 团队成员在黄山市休宁县鹤城乡政府交流学习

2018年2月17日,黄山市新安源六股尖水环境保护基金会正式成立,这是一家以民营企业资本投资为主的基金会,也是安徽省第一家为保护水环境而成立的基金会。水资源保护是一项意义深远的公益事业,成立六股尖水环境保护基金会,将对倡导人们提高保水意识、推动保水行动、实现保水目标起到积极作用。

此外,六股尖还建立了社区共管制度,成立了社区共管委员会,制定了保护公约,建立了协调员制度和示范项目。全面规范周边社区群众与保护区有关的生产、生活等方面的村规民约、规章制度,明确保护区与社区的权、利关系,并定期对遵守公约的民众进行评选和表彰,逐步使环境保护意识深入人心。

四、新安江—千岛湖流域调研数据的处理与分析

(一)调研对象的基本信息

本次调查共发放问卷438份,回收有效问卷402份;其中安徽省黄山市休宁县64份,黄山市歙县116份,浙江省杭州市淳安县99份,杭州市建德市123份;有效回收率为91.78%。调查人群性别比(女=100)约为1.7。考虑到农村家庭文化背景情况,为了保证问卷的质量,调查对象主要集中在男性中高学历群体。被调查人群平均年龄在45岁,对于新安江—千岛湖流域具有较高熟悉度且具有独立分析能力。

（二）关于水污染现状的问题

根据图5可知，新安江流域居民将新安江流域水污染主要归结于来自生活及生产的污染，即生活污水与垃圾未经处理随意排放和农业上的化学污染，其次居民认为大量游客的进入也给新安江的水环境带来了不小的压力。这使得团队具有针对性地提出包括生态补偿机制、居民自治、排污权交易在内的多种手段和形式的水环境污染治理综合措施。

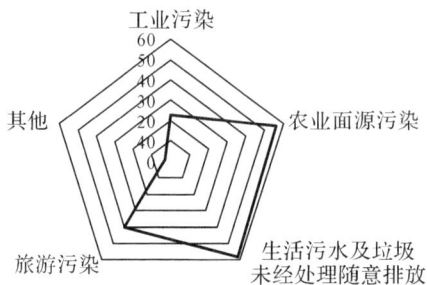

图5　居民认为新安江流域的主要污染源

（三）关于生态补偿机制的了解和看法

根据图6，近一半的居民认为政府应当是污染成本的负担者，同时有四分之一的居民认为应当由企业、政府、个人共同承担，极少数的人愿意或者说认为居民应当自己承担污染治理的成本花费。由此可见，从能力以及意愿层面来看，居民个人无法承担起水环境治理的大任，政府的介入是必要的。然而仅仅依靠政府的力量是不够的，如果企业和个人不具有环保意识或者不需要因破坏环境而受到负面的外部性困扰，那么政府一味的财政补贴也会有"弹尽粮绝"的一天。

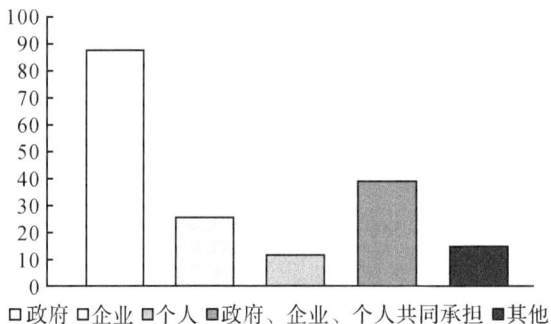

图6　治理污染所需成本应由谁担负

(四)关于农户种植业和养殖业税费和补贴情况

从图7可得,有超过50%的农户对现有的政府补贴满意度较高,有40%的农户对现有的政府补贴持一般满意态度,有7%的农户对现有的补贴政策不满意。由此可得,新安江流域政府对农户的补贴仍有需要完善的方面存在,这一点给本项目提供了改进的方向:把握住不满意人群的思考点,从群众利益出发,完善农村水环境污染协同管理机制。

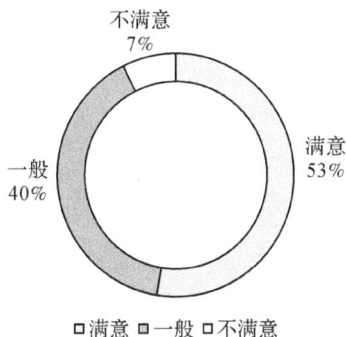

图7 农户对政府的补贴政策的满意度

(五)关于新技术推广对农业生产的影响

从图8可得,有超过90%的人认为新技术的推广给农业生产带来的影响是显著的,少于10%的居民认为没有显著影响。由此可得,大多数人是肯定新技术投入所带来的效益的,对新技术的未来发展是持乐观态度的。项目的群众信任度高、接纳度高,这样的情况对我们的项目推广是一个有利的信号。

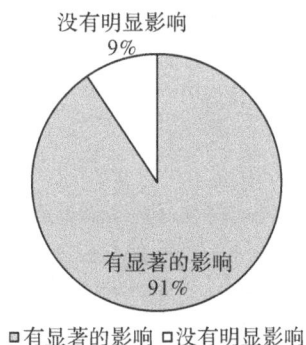

图8 农户认为新技术的推广对农业生产的影响

图9 团队成员对流域居民进行问卷调查

（六）农村工业生产方面

在"三个围绕、一个不上"（围绕旅游商品、山区资源、高新技术开发大办工业，坚决不上一个污染生态环境的项目）和"三个集中"（工业企业向园区集中、生产要素向重点产业集中、同类产业和相关产业向工业园区内的功能专业区集中）要求指引下，黄山市产业结构的调整优化工作取得初步成效，形成新材料、绿色食品、机械制造、纺织服装、电子信息、生物医药、文化旅游产品加工等七大优势产业。

（七）农村农业生产方面

按照"政府采购、统一配送、信息化管理、零差价销售、财政补贴"的原则，在黄山市基本建成"七统一"农药集中配送体系，实现乡镇一级农药集中配送覆盖率100%，村级农药集中配送覆盖率80%，废弃农药包装物回收率60%以上，实现统一采购、统一配送、统一标示、统一零差价销售、统一信息化管理、统一回收与处置、统一财政补贴。

针对当前的畜禽养殖污染治理工作，浙皖两省强力推进标准化养殖，立足扩建标准化规模养殖场实行科学养殖，减少污染。截至目前，黄山市改扩建生猪标准化养殖小区（场）86个，基本实现废水达标排放，对于实施无公害生产，发展生态农业，促进土壤生态系统能量有效转化，全面提高生态环境质量以及养殖场周边环境保护有较大的促进作用，环境效益明显。

图10　团队成员采集新安江水体样本

（八）农村垃圾处理方面

建立覆盖流域所有乡镇的"组收集、村集中、乡镇处置"垃圾处理体系，聘用农村保洁员，创新设立垃圾兑换超市，让村民带着垃圾去兑换肥皂、牙膏、油盐酱醋等生活必需品。

建立村级污水处理站，改造入河排污口，对主要河道的多条支流实行定期整治，完成农村改水改厕，现在的城镇、农村生活垃圾处理率已经分别达到100%和80%，城镇污水处理率达到93.4%，农村卫生厕所普及率达到90%以上。一体化推进农村垃圾污水厕所"三大革命"、船舶污水处理，重点抓好农村垃圾收运系统和污水治理两个PPP项目，力求全域化、根本性解决农村垃圾污水问题。

推进主要河道的综合整治，规范清理河道采砂场；加强对含磷洗涤用品的监管，明确禁止经营洗涤用品的单位和个人销售含磷洗涤用品。

植树造林建设森林长廊，退耕还林，增加森林覆盖率，加快新安江流域综合治理控制性工程——月潭水库建设，该项目为国务院确定的172项重大水利工程之一。

图 11　团队成员在深渡镇污水处理厂参观学习

（九）管理制度方面

创新资金筹措机制，积极克服财力困难，突破发展困局，引导社会资本加大投入。在一轮试点中，黄山市政府与国开行达成新安江综合治理融资战略协议，获批贷款 56.5 亿元。在二轮试点中，黄山市政府与国开行、国开证券等共同发起设立了首期规模 20 亿元的新安江绿色发展基金。积极申报亚行贷款项目，通过 PPP 模式推进全流域垃圾和污水治理。近年来，相继实施了农村面源污染治理、城镇污水和垃圾处理、工业点源污染整治、生态修复工程、环保能力建设等一批重点项目，已累计完成投资 125.8 亿元，其中试点补助资金 35.8 亿元。

坚持"整治"与"长治"双管齐下，及时把新安江流域综合治理的有效做法上升为制度和机制，严守生态环保的红线和底线，做到源头严防、过程严管、后果严惩，确保环境保护党政同责、一岗双责和失职追责落到实处。健全环保信用评价、信息强制性披露、严惩重罚等制度，加大政府目标管理绩效考核中环境保护和节能减排的权重，对不合格的实行"一票否决"，倒逼环保责任落到实处。

五、附录

关于新安江流域水污染现状及解决措施的调查问卷（节选）

（1）您认为您所在地区的水污染状况严重吗？

  A. 十分严重

  B. 严重

  C. 一般

  D. 不严重

  E. 不太清楚

（2）您认为水体受污染后对生产生活造成了哪些直接影响？

  A. 水产品质量下降

  B. 饮用水水质下降

  C. 造成水资源短缺

  D. 其他　＿＿＿＿＿＿＿＿

（3）您认为造成新安江流域水污染最主要的原因是什么？

A. 工业污染

B. 农业面源污染

C. 生活污水及垃圾未经处理随意排放

D. 旅游污染

E. 其他_____

(4)请问您觉得河流污染工作的最主要不足之处是什么?

A. 环保知识的宣传教育不到位,公众环保意识不强

B. 对农业污染缺乏有效的控制措施

C. 缺乏完善的公众监督及举报机制

D. 相关设施不配套,污染治理治标不治本

E. 其他_____

(5)您对经济发展和水环境污染之间关系的看法是什么?

A. 先治理后发展

B. 先发展后治理

C. 协同发展

D. 先后次序无所谓

(6)您觉得政府对水污染的重视程度如何?

A. 十分重视

B. 重视

C. 不重视

(7)您对"生态补偿机制"有所了解吗?

A. 十分了解

B. 只是听说过,没有非常深刻地了解

C. 没有

(8)您认为有必要对各县水资源地、耕地和土壤进行生态补偿吗?

A. 非常有必要

B. 有必要

C. 没有必要

(9)您认为治理环境污染所需要的成本投入应该由谁来承担?

A. 政府

B. 企业

C. 个人

D. 政府、企业、个人共同承担

E. 其他_____

(10)您认为生态补偿标准应该由谁来确立?

A. 政府

B. 当地群众共同协商

C. 具有相应资质、相对独立的评定或监督机构来确定

D. 其他_____

(11)您能接受的生态补偿方式是哪种？

  A.安排就业或提供就业指导

  B.接受土地资源作为赔偿

  C.提供生产或生活资料

  D.优惠政策或优惠贷款

  E.现金补偿

  F.其他_____

(12)您认为是否应该以适量减少农业中的化肥农药使用量来保护水环境？

  A.是

  B.否

(13)您对政府的补贴政策满意吗？

  A.满意

  B.一般

  C.不满意

(14)您觉得新技术的推广对农业生产的影响如何？

  A.有显著的影响，提高了农业的生产效率

  B.没有明显影响

(15)您认为现在农户的生产行为选择主要依据什么？

  A.政府政策

  B.市场需求

  C.出于自身考虑

  D.其他_____

【参考文献】

[1] DALES J H. Land, Water and Ownership[J]. Canadian Journal of Economics, 1968,1(4):791-804.

[2] JOHNSON R S, WHEELER W J, CHRISTENSEN L A. EPA's Approach to Controlling Pollution from Animal Feeding Operations: An Economic Analysis[J]. American Journal of Agricultural Economics, 1999,81(5): 1216-1221.

[3] MEIJL H V. The Impact of Different Policy Environments on Agricultural Land Use in Europe[J]. Agricultural Ecosystem and Environment, 2006,114(1):21-38.

[4] OSTROM E. Understanding Institutional Diversity[M]. Princeton: Princeton University Press,2005.

[5] 毕亮亮."多源流框架"对中国政策过程的解释力:以江浙跨行政区水污染防治合作的政策过程为例[J].公共管理学报,2007,4(2):36-41.

[6] 陈磊,张世秋.排污权交易中企业行为的微观博弈分析[J].北京大学学报(自然科学版),2005(6):926-934.

[7] 傅伯杰,陈利顶,于秀波.中国生态环境的新特点及其对策[J].环境科学,2000(5):104-106.

[8] 宋国君,冯时,王资峰,等.中国农村水环境管理体制建设[J].环境保护,2009(9): 26-29.

[9] 于良春,黄进军.环境管制目标与管制手段分析[J].理论学刊,2005(5):4-7.

[10] 赵景柱,罗祺姗,严岩,等.完善我国生态补偿机制的思考[J].宏观经济管理,2006 (8):53-54.

[11] 张维理,武淑霞,冀宏杰,等.中国农业面源污染形势估计及控制对策 I.21 世纪初期中国农业面源污染的形势估计[J].中国农业科学,2004(7):1008-1017.

[12] 吴效东.黄山市新安江流域水环境保护及河流水质排名[J].中国资源综合利用, 2017,35(6):79-81.

[13] 严丽丽.千岛湖及新安江流域水资源保护的对策建议[J].绿色科技,2017(8): 74-75.

[14] 聂伟平,陈东风.新安江流域(第二轮)生态补偿试点进展及机制完善探索[J].环境保护,2017,45(7):19-23.

[15] 王俊燕,刘永功,卫东山.治理视角下跨省流域生态补偿协商机制构建:以新安江流域为例[J].人民长江,2017,48(6):15-19.

[16] 胡婧.黄山市新安江流域水资源保护对策探讨[J].水资源开发与管理,2016(3): 12-14.

[17] 王金南,王玉秋,刘桂环,等.国内首个跨省界水环境生态补偿:新安江模式[J].环境保护,2016,44(14):38-40.

[18] 杨爱平,杨和焰.国家治理视野下省际流域生态补偿新思路:以皖、浙两省的新安江流域为例[J].北京行政学院学报,2015(3):9-15.

[19] 吴园园.新安江流域生态补偿机制效果分析与完善研究[D/OL].合肥:安徽大学, 2014[2018-12-13]. http://kns. cnki. net/KCMS/detail/detail. aspx? dbcode = CMFD&dbname=CMFD2014&filename=1014232484. nh.

[20] 麻智辉,高玫.跨省流域生态补偿试点研究:以新安江流域为例[J].企业经济, 2013,32(7):145-149.

[21] 雷英杰.试点即将结束:新安江生态补偿应有顶层设计[J].环境经济,2017(22): 52-53.

[22] 陈炼钢,施勇,钱新,等.闸控河网水文—水动力—水质耦合数学模型:I.理论[J].水科学进展,2014,25(4):534-541.

[23] 李云燕,葛畅.环境费用效益分析:理论、应用与展望[J].环境保护与循环经济, 2016,36(9):29-34.

▷ 编者按

本文作者具有敏锐的洞察力,结合平时所学专业知识,运用科学的调研方法,付诸实践。问卷设计针对性强,文献参考涉及广,并尝试用经济学分析方法,对我国水环境污染的演变方式、影响进行规律性总结,通过实证研究为政府决策部门创新地提出制度和理论建议。文章格式规范、论证严谨、行文逻辑缜密,足见本文作者具有较强的专业知识和扎实的理论功底。

海宁市长安镇"碧水行动"暑期实践调研报告

环境科学与工程学院　丁婧雯

一、厘清发展脉络：长安镇"碧水行动"背景溯源

(一)"碧水行动"是中国生态文明建设至关重要的一环

生态兴则文明兴，生态衰则文明衰。在国家的高度重视下，我国将绿色发展的蓝图一绘到底，生态文明建设渗透到生活、生产的方方面面，污染防治工作一项接着一项。6月24日，《中共中央国务院关于全面加强生态环境保护坚决打好污染防治攻坚战的意见》发布，提出坚决打赢蓝天保卫战，着力打好碧水保卫战，扎实推进净土保卫战。[1]蓝天、碧水和净土的三大战役再次成为公众关注的焦点。水污染防治方面，"保护水，治好水，确保人们饮用水的安全，保持水环境质量的底线"是基本准则。政府围绕城市黑臭水体治理，渤海综合治理的意见，详细介绍了长江保护与恢复、水源保护、农业和农村污染治理等"五大战役"。生态环境部将在减少污染和生态环境保护方面做出努力，实施"水十条"，推进河流系统的长期发展，采取措施确保饮用水安全，消除城市黑色和有气味的水体，减少严重污染水体和不合标准水体的污染。

(二)"碧水行动"是浙江推进"五水共治"的重要手段

浙江省将组织全省宣传文化工作，积极开展碧水行动宣传工作，重点关注"万名记者走进治水现场"大规模新闻宣传等六项主要行动，迅速提升全省全面宣传力度。会议指出，全省的宣传文化战线必须迅速行动，集中资源，发挥优势，全力以赴做好"碧水行动"的宣传工作，同时推动"碧水行动"重点报道和优秀文章的公开展示，表现公众参与"五水共治"的生动场景。会议强调，全省的宣传文化战线必须凝聚力量，全面开展"万名记者走进治水现场"的大规模新闻宣传活动。

"五水共治"开展三年来，全省上下同心、众志成城，"清三河"基本完成，劣Ⅴ类水大幅缩减，取得了重要阶段性成果。但这只是"万里长征"迈出的第一步，我们决不能沾沾自喜、止步不前，必须一鼓作气、乘势而上、乘胜追击，加大兵力、加猛火力、加快速度，不断向纵深推进，全面剿灭劣Ⅴ类水，奋力夺取"五水共治"的全面胜利。[2]

(三)"碧水行动"是长安镇实现"五水共治"的必然举措

海宁市位于我国长江三角洲南翼、浙江省北部。从海宁近年来的水质信息统计分析来

看,快速发展的经济为海宁地表水带来了大量的污染源,生态环境受到严重的威胁。

我们此次社会实践计划以"河小二"巡河的形式作为"十九大浙江工商大学环境学院改革四十年走进四十村"社会实践活动的一个形式,以"河小二"治水来促进"政府治水"向"全民治水"转变。开展"河小二"助力"碧水行动",推动青少年和社会力量参与"五水共治",建立健全共青团参与"五水共治"长效机制,为"美丽海宁"建设做出新的贡献。

在过去的两年里,海宁采取了新措施来控制水资源,并率先在全省推出了"河长制"。如今,在水控一线,不仅由政府任命的"河长"成为一支团队,而且还有大批自发的"河长"。河长制升级为全社会共同监督,水质常常在变化,要长效保持优良状态,离不开严格的管理、巡查和监督体系。我们此次社会实践计划去采访海宁市各个村庄的河长,对其工作内容和结果进行进一步了解,争取与海宁市我们所走访的村庄之间共建暑期社会实践基地。同时我们计划前往海宁市许村镇、长安镇的多个乡村,走进村民的家中,就改革开放四十年来乡村周围河道水质变化情况进行采访调查,收集村民们的意见以及建议。同时几名队员进入乡村村民委员会,对相关村委人员进行采访,了解改革开放以来乡村水环境的变迁以及收集当地针对水环境改善所做的工作。

(四)"碧水行动"社会实践参与人员的专业性

(1)在此次活动前,我校已经成功举办了"河小二"相关活动,并且取得了一定的成果。"河小二"是广大参与治水的志愿者的总称,是河长的助手。我们将借鉴"河小二"的经验,宣传劝导。在河堤拆除、河道疏浚、污水拦截和污水处理等重大项目开展之前和期间,每月"河小二"团队都会组织对社区、学校和企业进行项目推广,让群众知晓并理解、支持工程项目。该项目以青年为主体,成立工程项目观察组,参与了解和监督重大河道管理项目,生活污水处理、生活垃圾集中收集和处置等项目的实施情况,助力工程项目顺利完工。哨兵护水,记录每周的节水说明,重点是规范化,对沿河和项目区进行检查,并对项目的破坏和河流的无序排放进行文明说服;协助河长进行水质监测、垃圾处理、绿植种植和科普教育,发挥环境友好型青年社会组织的作用,在广场、社区、滨江公园等地区开展水知识和水文化的科普教育,培养公众的节水和文明保护意识。

(2)本项目许多的参与者都是河小二的一员,拥有"河小二"青年治水铁军的称号,协助河长参与治水护水,重点参与10个区内控断面相关流域的水资源保护、水环境改善、水污染防治、水生态修复等工作。

(3)我们全部的项目参与者,均是环境科学与工程专业、给排水专业、海洋专业的学生,在学院教授、副教授、讲师的带领下,关于环境知识,特别是水环境方面的知识都非常专业。

二、落实实践工作:长安镇"碧水行动"工作推进

(一)发放问卷

对沿村中主街的商铺以及路上的行人发放了关于五水共治"碧水行动"的问卷,之后一户户登门拜访村民进行了问卷调查。在征得村民的同意后,我们又和部分村民进行了比较深入的采访调查。

（二）水样检测

在村中的小河中，提取社区内河流进出口处的水样，用取水器取了若干份水样标本，并现场记录了水温等数据，之后联系学校相关老师，在学校实验室凭借自身所学的生化知识与检测方法，对水样的 pH 值、含 P 量、COD、浊度、溶解氧等指标进行了多次初步化验，并将得到的数据以实验报告的形式呈现出来。

（三）巡河工作

组织小队成员，沿河进行"随手拍、随手捡、随手护"，在水质不佳处（可直观感受出来的一些问题的河道，如臭气、水发黑、垃圾多等现象）进行拍照、取水样等证据材料获得工作，对巡河过程中发现的问题及时地向当地环保局和河长进行举报。

（四）环保科普知识宣传

在社会实践的过程中，我们进行关于剿灭劣五类水的宣传工作，让更多的人知道它、了解它、加入它！随着全浙江开展"碧水行动"以来，许多地区也都通过各种各样的活动来积极响应号召。在我们活动的全过程，我们会全程记录，陆续报道，及时宣传，全力守护"五水共治"工作成果。

三、呈现实践结果：长安镇"碧水行动"实践结果呈现

（一）调查目的

了解浙江省海宁市长安镇居民对"碧水行动"以及周围水环境的了解。

（二）调查对象及时间

调查对象：浙江省海宁市长安镇居民。

调查时间：2018 年 7 月 8 日。

（三）调查方式

本次调查采取的是随机问卷调查，在浙江省海宁市长安镇当场发卷填写，并当场收回。我们共发放问卷 400 份，回收有效问卷 398 份，回收率 99％。调查人员主要涉及学生、公务员、老师、农民、个体经营者、会计等，数据全面。

图 1　组员发放调查问卷

1. 调查内容即调查问卷(见附录一)

2. 调查结果分析

(1)问卷人群年龄段分析。

○ 18 岁以下○ 18～25 岁○ 26～30 岁○ 31～40 岁○ 41～50 岁○ 50 岁以上

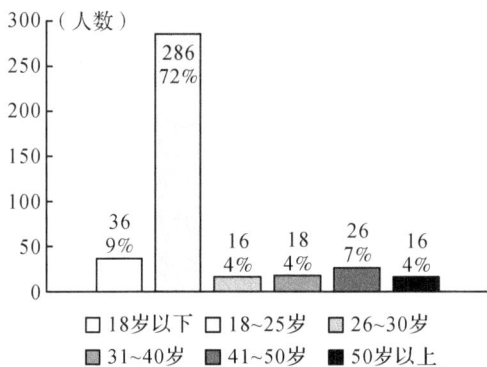

图 2 问卷人群年龄分布

分析:根据调查问卷所反映的内容,可知接受调查的 398 人中,①18－25 岁年龄段的人群多,共 286 人,占总数的 72%,已超过总数的一半,说明在实际接受调查的人群中以青年为主,符合我们培养水资源保护意识的一般受众要求;②占总数 9% 的是 18 岁以下的青少年人群,共 36 人,同时也符合一般的受众要求;③50 岁以上的为 16 人,但是根据实际能够填写一般调查问卷的年龄段分析,这个年龄段人群大多为他人代写和不能很好地理解调查问卷的具体内容,故有一定的数据不确定性。

(2)问卷人群性别分析。

您的性别 ○男 ○女

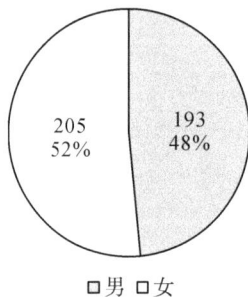

图 3 问卷人群性别分布

分析:调查结果显示,在本次调查问卷中接受调查的人群男女比例较为均衡,男性为 193 人,女性为 205 人,大约各占到一半,说明调查问卷没有对家庭成员性别区别对待,不存在明显的倾向性。

(3)问卷第一题分析。

您知道"碧水行动"吗?

A.完全没听说过   B.听说过

C.有一定的了解,而且知道政府的相应措施   D.参与过"碧水行动"

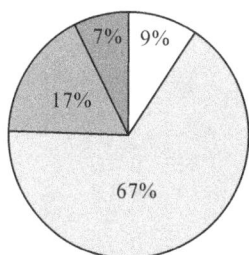

□完全没听说过 □听说过 □有一定了解 ■参加过

图 4　问卷第一题选项分布

分析：调查结果显示，在本次调查问卷中有 9％ 的居民没有听说过"碧水行动"，仅有 7％ 的居民参加过"碧水行动"，17％ 的居民表示对"碧水行动"有一定的了解，占比 67％ 的绝大多数居民表示只是听说过。从中我们可以看出大部分人对"碧水行动"的活动还是不够了解，很大一部分人从没有参加过关于"碧水行动"的活动，甚至还有一些人完全没有听说过，所以我们应该加强我们的宣传力度，增加活动形式，丰富"碧水行动"的主题活动，同时也从侧面反映我们的社会实践活动是很有价值的。

（4）问卷第二题分析。

您对周围的水环境满意吗？

A. 非常满意　　　　　　　　　　　　　　B. 满意

C. 一般　　　　　　　　　　　　　　　　D. 不太满意

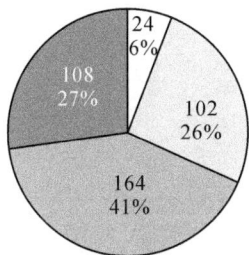

□非常满意 □满意 □一般 ■不太满意

图 5　问卷第二题选项分布

分析：根据数据可知，有 41％ 的人选择一般，有 27％ 的人选择不太满意，26％ 的人选择满意，只有 6％ 的人选择非常满意。数据表明，多数人对于自己周边水环境状况持不太满意的态度，认为周围水环境状况堪忧。有 6％ 的人对于自己所居住地区的水环境状况非常满意，这在一定程度上肯定了海宁市多年来推行水环境治理是有一定效果的。

（5）问卷第三题分析。

您认为海宁市自开展"碧水行动"工作以来成效如何？

A. 工作实施很到位，能感受到周围水质明显改善

B. 工作效果不明显，仍存在部分的水体污染情况

C. 不了解，平时不是很关心治水工作

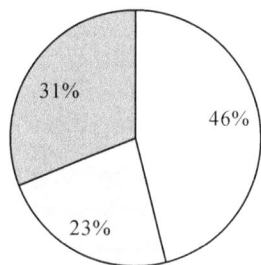

□ 工作实施很到位，能感受到周围水质明显改善
□ 工作效果不明显，仍存在部分的水体污染情况
□ 不了解，平时不是很关心治水工作

图 6 问卷第三题选项分布

分析：根据数据可知，有 46% 的人选择工作实施到位，能感受到周围水质明显改善；有 23% 的人选择工作效果不明显，仍存在部分水体污染的情况；31% 的人选择不够了解。这样的数据表明，将近一半的居民认为"碧水行动"的工作实施很到位，感受到了周围水质的明显改善，这在一定程度上肯定了海宁市多年来推行"碧水行动"水环境治理是有一定效果的。

(6) 问卷第四题分析。

您认为加强哪方面的工作有利于开展"碧水行动"？

A. 政府的管理监察职能   B. 企业的污染物处理设施

C. 群众水资源保护意识   D. 大力宣传"碧水行动"

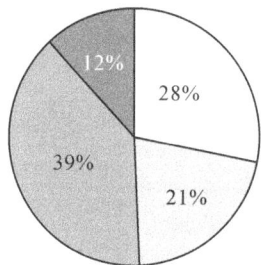

□ 政府的管理监察职能 □ 企业的污染物处理设施
□ 群众水资源保护意识 ■ 大力宣传"碧水行动"

图 7 问卷第四题选项分布

分析：根据数据可知，有 39% 的居民认为群众水资源保护意识的加强有利于"碧水行动"工作的开展，有 28% 的居民认为政府的管理监察起着重要作用，有 21% 的居民认为企业对于污染物的处理处置也是"碧水行动"不可或缺的重要力量，有 12% 的居民认为要加强宣传。由此可以看出，居民认为政府和居民自身行动对"碧水行动"有重要意义。

(7) 问卷第五题分析。

您是否乐意接受在目前的水费的基础上提高污水处理费？

A. 可以理解和接受，可以适当提高价格

B. 目前的水价勉强可以承受，不能再提高了

C. 污水处理费应由国家财政承担

D. 没想过，老百姓想也没用

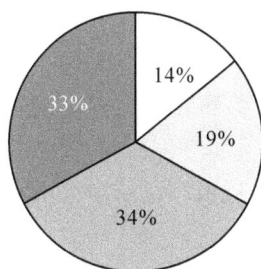

□可以理解和接受，可以适当提高价格
□目前的水价勉强可以承受，不能再提高了
□污水处理费应由国家财政承担
■没想过，老百姓想也没用

图 8　问卷第五题选项分布

分析：根据数据可知，有34％的人选择污水处理费应该由国家财政承担，同时也有33％的居民表示没有想过这方面的问题，这两项比例几乎相等，19％的居民表示不希望水费价格提高，也有14％的居民可以接受并愿意承担适当提高的水费价格。由此可知，居民对于政府部门对污水治理的决心及努力有很大期望，也有一小部分的居民同意以保护环境为主要目标，适当提高水费。

(8)问卷第六题分析。

您愿意参与到"碧水行动"志愿者活动中去吗？

A. 愿意　　　　　B. 一般　　　　　C. 不愿意

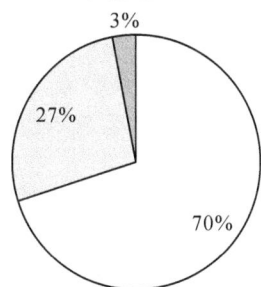

□愿意　□一般　■不愿意

图 9　问卷第六题选项分布

分析：根据数据可知，有70％的人愿意参与到"碧水行动"的活动中去，有27％的人持一般态度，仅有3％的人不愿意参加志愿活动。从中可以看出绝大部分居民的环保意识非常好，但是缺少机会，也从侧面表现出居民们对自身居住区周围水环境的关心。

(9)问卷第七题分析。

您对"碧水行动"有什么切实可行的建议吗？

调查对象对"五水共治"的建议：加大宣传力度；制定标准、严格监督；认真落实；给予市民激励机制，鼓励其曝光排污企业；加强节水环保教育；树立全民意识等。

分析：大部分居民对于"碧水行动"还是持积极态度的，也愿意为活动的开展提供思路，表达自己的真实想法。

四、解决污染迷思：长安镇"碧水行动"工作启示之分析

结合上述调查，经过我们成员的分析讨论得出：大部分海宁市长安镇居民对"碧水行动"的相关知识并不了解，但是他们愿意了解"碧水行动"的知识，听了我们关于水环境的知识的宣传，并且表示愿意积极参与各类保护水环境的志愿活动。

根据调查结果，我们有以下建议：

（一）政府引导群众思想，发挥群众作用

（1）加强教育培训，以家庭为单位，建立水资源保护的分层培训制度，对一线水资源保护的指导员、监督员，对村小组长、党员骨干、保洁员分别进行分类培训，增强全民水资源保护的意识，逐步使全民形成"保护水资源，从我做起"的良好习惯。积极开展水资源保护进课堂，在中小学校开设环境保护的课程，培养学生节约资源和环境保护的意识。

（2）完善相关法律法规，用立法来规范人们的行为，用罚款等强制的法律手段来督促人们进行水环境保护。

（二）社区/物业加大宣传力度，提升居民环保意识

加强舆论引导，利用宣传标语和图文并茂的宣传画、墙报、现场说明会等多种群众喜闻乐见的形式，广泛开展对居民的宣传教育活动，在潜移默化中使他们懂得"碧水行动"的意义和水环境保护的知识，增强垃圾分类的责任意识。

（三）大学生投身于环境保护的工作中

应当在自己的空余时间，定期组织或参与高校志愿者团队，开展各类宣传活动，投放垃圾分类宣传海报、宣传手册、资料，深入居民小区或街道，为实现更好的居住环境贡献一分力量。

▌▌➡ 编者按

为了响应"深化五水共治，剿灭劣五类水"的号召，环境科学与工程学院"小水滴"志愿活动队来到了浙江省海宁市长安镇，开展了"相约青春，绿行浙江"之"碧水行动"环保科普行系列活动。本文作者通过采访工作人员和针对不同人群进行问卷调查，了解"碧水行动"工作的现状，同时也给居民科普环保知识，在实践活动中锻炼自身的能力，把所学的理论知识用于实践之中，用所学的知识为环境保护贡献一分力量。

乡村振兴战略背景下的"美丽乡村"建设

——以浙江龙泉部分乡村为例

财务与会计学院 陈东美

摘　要:习近平同志在党的十九大报告中提出"乡村振兴战略"。美丽乡村建设是今后一项长期而艰巨的任务,要坚持遵循乡村发展规律,扎实推进美丽宜居乡村建设。早在"十二五"期间,浙江省制定了《浙江省美丽乡村建设行动计划》,而后"美丽乡村"一词多次在中央文件中被提及。乡村振兴战略为美丽乡村建设勾勒出了新画卷。美丽乡村建设既是生态文明建设的组成部分,也是推进社会主义新农村建设的前提。为了了解美丽乡村的建设与发展,并以实际行动贯彻党的"统筹城乡发展,推进社会主义新农村建设"方针,2018 年 7 月11 日,我们来到丽水龙泉开展了以"厉害了,我的村——贯彻乡村振兴战略,助推龙泉美丽乡村建设"为主题的社会实践。

关键词:乡村振兴　美丽乡村　龙泉

一、背景

2003 年,浙江启动"千村示范、万村整治"行动,拉开了农村环境建设的序幕。十几年间,造就万千"美丽乡村",浙江率先走向乡村振兴。近年来,浙江省龙泉市按照"统筹规划、群众自愿、公开公平、分批实施"的原则,正因地制宜地推进农村风貌打造。

为了解美丽乡村的建设与发展,加深对美丽乡村的认识,并以实际行动贯彻党的"推进社会主义新农村建设"方针,2018 年 7 月,我们来到丽水龙泉开展了以"厉害了,我的村——贯彻乡村振兴战略,助推龙泉美丽乡村建设"为主题的社会实践,我们选择龙泉的部分美丽乡村作为研究对象,重点关注龙泉美丽乡村的建设与发展。在了解其基本现状的基础上,通过实地调研、问卷调查等方式,分析并展望龙泉美丽乡村的未来与发展,并总结提供可借鉴的经验。通过本次活动,在提升我们自身综合能力的同时,为龙泉美丽乡村建设提供有效建议,推动当地的可持续发展。

二、调研方法

我们以龙泉市美丽乡村的现状与发展为主线,通过实地考察黄南村、住溪村、骆庄村、锦溪镇等地进行研究分析;运用采访笔录、观察等方法,探讨在龙泉市美丽乡村建设过程中,寻求村庄改造与保护相结合的路径,实现乡村振兴与美丽乡村建设的统一。

针对实际情况,我们主要采用面对面访谈和问卷调查法,同时,辅之以文献法,使信息之间相互印证。

(一)实地观察

主要观察所选乡村的基础设施建设,如农田水利、景点绿化、文化礼堂等生产和生活服务设施。

(二)面对面访谈

有选择地选取一些个体进行分别访谈,对龙泉市部分村的村委会有关负责人进行专门访问,对村民进行个别随机访谈。

(三)问卷调查法

问卷调查法涵盖范围广,效率高。调查对象是黄南村、住溪村、骆庄村、锦溪镇的村民。采用随机抽样的方法展开调查,在每个村镇中发50份,现场回收,同时选个别村民进行采访。最后收集全部的问卷进行数据分析。

(四)文献法

收集的文献资料主要包括:(1)我国乡村振兴战略方针及有关美丽乡村建设的最新文件;(2)浙江省龙泉市有关美丽乡村建设的地方规章及媒体报道。

三、问卷设计及结果分析

(一)问卷设计

(1)您的年龄。
  A.25岁以下;B.25—35岁;C.36—45岁;D.46—55岁。
(2)您的年收入(估计)
  A.20000元以下;B.20000—40000元;C.40000—60000元;D.60000元以上。
(3)您村的生活垃圾如何处理?
  A.建立公共垃圾堆放池、垃圾桶;B.倒河里或田野边。
(4)您家用的厕所属于哪一种?
  A.简易厕所;B.水冲式。
(5)您对本村的居住及生态环境是否满意?
  A.非常满意;B.满意;C.一般;D.不满意。
(6)您对美丽乡村建设的政策与举措有了解吗?
  A.非常了解;B.基本了解;C.不了解。
(7)您愿意为美丽乡村建设贡献力量吗?
  A.非常愿意;B.愿意;C.无所谓;D.不愿意。
(8)您对美丽乡村建设的建议。

(二)问卷分析

我们在4个村镇共发放了160份问卷,其中有效问卷122份。总体来看,4个村村民年收入集中在 2 万至 4 万元。4 个村都有建立公共垃圾堆放池,还有污水集中处理设施。92.6％的村民家里建了水冲式厕所,拆除了原来的简易厕所。81.9％的村民对本村的居住及生态环境表示非常满意或者满意。绝大多数村民基本了解美丽乡村建设的政策,以及愿意投入到建设中。最后对美丽乡村建设的建议,有村民提到希望进一步加大资金投入,也希望吸引更多人投入到建设中。

我们主要以小梅镇的黄南村为例,结合对村委会的采访做具体分析。黄南村是一个历史文化古村,周围青山连绵起伏,享有"竹海"美称,全村共有 300 余户 1000 余人,耕地面积 567 亩。这个古村也是远近闻名的油菜花胜地。村主任介绍,2012 年黄南村开始举办油菜花节,到现在已举办了 7 届,每年能吸引游客上万人。

(三)农旅融合村模式成果显著

龙泉市黄南村原本并不被太多人知晓,但经过近几年的发展,通过"现代农业＋创意稻田＋乡村漫游"的组合,变成了农旅融合村,渐渐走上了乡村振兴之路。2018 年 3 月,一年一度的"黄南乡村文化漫游节"又拉开帷幕。除了原有的文艺表演、文化灯谜、耕田体验等活动,还推出了坐热气球赏花,花田里设计了"不忘初心、牢记使命"八个大字。村主任表示,黄南村一直坚定不移地践行"绿水青山就是金山银山"的重要思想,全力推进村庄建设,最终成为了浙江省首批 3A 级旅游景区村庄。黄南村将进一步挖掘本地的生态、文化资源优势,让农民致富,让老百姓享受到更多福利。我们从产业发展、基层建设、文化、生态展开。

产业振兴是乡村振兴的重要基础,其目标在于实现产业兴旺。首先要确保生产稳定,贯彻落实粮食安全的基本国策,充分发挥农田水利基础设施的保障功能。黄南村作为省级粮食生产功能区,粮食基础生产能力得到保证。2018 年,黄南村油菜种植面积 1000 余亩,是历年来种植面积最多、长势最好的一年。村民王先生从 2011 年起承包土地种植油菜和水稻,凭借着对农业种植的热情,他成了村里的种粮大户,在他的带动下,黄南村投身种植业的村民越来越多。另外,"稻油轮作"是黄南村产业发展的新亮点。稻谷、油菜分季,木耳、稻谷高效轮作,一年四季各有不同,真正实现了农业增产、农民增收。

(四)基层组织工作是保障

战略与政策的具体实施和有效落地都离不开基层组织的工作,乡村治理体系和基层组织的有序运转是实现乡村振兴的基础保障。黄南村通过多年的基层党组织建设,组织能力水平有了较大提升,形成了一支骨干队伍。黄南村两委成员 6 名,其中党员 6 名,平均年龄五十余岁,为多年来的老干部,经验丰富,威信高,勇于前进。村两委团结实干,开拓进取,通过集体山林的有效经营不断壮大集体经济,取得的成绩斐然。黄南村曾被省委、省政府命名为"全面小康建设示范村",被丽水市委、市政府命名为"新农村示范村",被龙泉市委、市政府命名为"文明村",同时还获得"文化示范村""卫生村""省村务公开民主管理示范村"等荣誉称号。我们看到很多墙上还贴了标语——积极响应党的号召。

(五)乡村文化是动力源泉

乡村文化是乡村振兴的内在保证和动力源泉。黄南村一方面将乡土人文、礼尚道德充分融入到家风家训、村规民约的建设中,在采访村民时,我们看到每家每户的门口都有一块写着家训的牌子;另一方面健全乡村公共文化服务体系,建立乡村文化服务中心。黄南村在打造历史小镇、红色遗迹的同时,建设新时代文化礼堂,拉动了文化经济和旅游经济,通过文化振兴来实现文化繁荣。

另外,保护好乡村的生态环境是实现生态文明建设总体目标的重要内容,也是实现农业绿色发展、提升农业质量的必经之路。村主任介绍,黄南村积极响应"两美浙江"战略,村里开辟了"鱼虾稻共生"的养殖模式,促使农业经济与生态有机结合。

四、总结

建设美丽乡村,是新时代"乡村振兴"的重要举措。新时代的美丽乡村,从生产发展到产业振兴,从村容整洁到生态宜居,带领农民一步步走向生活富裕;建设社会主义新农村的过程中,美丽乡村是主要载体。近几年,浙江省龙泉市按照"统筹规划、群众自愿、公开公平、分批实施"的原则,因地制宜打造农村风貌。我们走访了美丽黄南、红色住溪、文化骆庄、灵秀锦溪,这些都是美丽乡村建设取得良好成效的重要见证。

另外,我们通过龙泉市有关政府部门,了解到龙泉市还统筹推进"美丽宜居示范村""传统村落保护利用"和"六边三化三美"等重点工作,注重公共服务设施配套、产业发展等,并在改造中寻求危房改造风格和传统村落保护发展的相统一。借助乡村振兴战略的东风,各地需要因地制宜进行美丽乡村建设,走出具有地方特色的新路径。同时,作为大学生的我们也应为社会主义新农村建设贡献自己的力量。

【参考文献】

[1]王小荣.美丽乡村建设的龙泉实践[J].农村工作通讯,2015(22):37-38.

[2]杨承清.丽水美丽乡村建设的现状分析与发展对策[J].现代园艺,2014(19):105-106.

[3]顾婷婷.当代中国美丽乡村建设研究[D/OL].武汉:中共湖北省委党校,2014[2018-11-08]. http://www. wanfangdata. com. cn/details/detail. do? _ type = degree&id =D562826.

编者按

美丽乡村建设是今后一项长期而艰巨的任务。本文作者对热点政策具有敏锐的嗅觉,并以实际行动开展暑期实践调研,分析并展望龙泉美丽乡村的未来发展,并总结提供可借鉴的经验。值得一提的是本文作者运用了非常丰富的调研方法。除了常用的调查问卷和访谈法,还运用了文献法。作为对策性文章,运用文献法有助于我们借鉴更多成功的经验和案例。

建设绿色家园　提倡垃圾分类

——基于杭州市萧山区党湾镇梅东村"美丽乡村"建设的调研报告

管理工程与电子商务学院　吴筱

摘　要:为了响应习近平总书记关于"加快建立垃圾分类投放、分类收集、分类运输、分类处理的垃圾处置系统"的指示精神,浙江工商大学青藤社区服务队来到萧山区党湾镇梅东村,开展暑期社会实践活动,借此来了解居民对建设绿色家园的重视程度以及向居民们宣传关于垃圾分类的知识与方法。服务队在调研过程中发现垃圾分类现存的一些问题,并提出相应的处理方法,为垃圾分类的宣传与落实提供意见与建议。

关键词:垃圾分类　环保　美丽乡村

一、调研目的

2016 年 12 月 21 日,在中央财经领导小组第十四次会议上,国家主席习近平在听取浙江关于普遍推行垃圾分类制度的汇报后指出,普遍推行垃圾分类制度,关系 13 亿多人生活环境改善,关系垃圾能不能减量化、资源化、无害化处理。要加快建立分类投放、分类收集、分类运输、分类处理的垃圾处理系统,形成以法治为基础、政府推动、全民参与、城乡统筹、因地制宜的垃圾分类制度,努力扩大垃圾分类制度覆盖范围。

为了向公众倡导垃圾分类的理念,宣传垃圾分类的相关知识,以及发现当今社会中在垃圾分类上存在的一些问题以便寻求相应的解决办法,为了深入学习贯彻落实党的十九大精神,充分调动各方力量积极参与生态文明建设,宣传垃圾分类知识,让公众了解到垃圾其实是一笔很重要的财富,提高公众垃圾分类的意识,共同建设一个绿色美丽的乡村环境,我们开展了本次暑期社会调研活动。

二、调研过程

(一)调研地点

杭州市萧山区党湾镇梅东村。

(二)调研时间

2018 年 7 月 14—15 日。

(三)调研对象

在我国提出建设新农村后,亲身经历了美丽农村建设的杭州市萧山区党湾镇梅东村村民。

（四）调研方法

通过实地派发问卷、访问当地的人员来进行调查。共发放问卷 100 份,收回有效问卷 30 份。

（五）调研内容

在分配好工作以后,我们出发前往目的地。在到达目的地之后,我们分三组进行调研活动。第一组访问村民,并让他们填写我们的问卷和发放关于垃圾分类的宣传单。第二组协助当地的登革热防治宣传,帮助发放宣传单。正值夏日,这类虫媒传染病也不可避免。众所周知,蚊虫极易在垃圾堆放的脏乱环境中滋生,若不及时处理,后果不堪设想。因此,在登革热防治的宣传中,队员们也能够宣传垃圾分类的重要性,劝说村民重视垃圾分类,协助垃圾分类工作更顺利进行。第三组了解当地"绿色家园,美丽乡村"建设成果,并探寻存在的问题。

在调研过程中,村支书在知晓"角落计划进社区"的活动内容后,积极鼓励队员们,还带领队员们参观了曙光村的文化礼堂,并让其随同其他党员一起参与了党委的党课,之后还带队员们参观了村子里的图书馆、文化长廊以及他的办公场所,与其讲述源远流长的村落文化和经济发展情况。图书馆和文化长廊的存在丰富了村民们的闲适生活,茶余饭后不仅可以聊聊八卦,还可以读读古今中外历史名著,陶冶情操,洗涤心灵;简单整洁、井然有序的办公环境更是体现了书记"人民的好公仆"的美好形象。我们在调研的同时,也对这个村子有了一个更加全面的认识,更好地了解到建设美丽乡村的重要性。所以我们更要呼吁大家好好地配合政府的政策与需求。

在调研结束后回到学校,我们进行了数据的整理,对发放问卷与访谈过程中遇到的问题进行统计与讨论,并寻求相应的解决办法。通过集中大家的智慧,我们得出了结论。

三、调研结果

（一）现状分析

垃圾分类是人们文明程度提高的重要表现。垃圾分类在国外实行已久,效果显著。目前,我国也开始提倡《垃圾强制分类制度方案(征求意见稿)》,将强制分类提上日程。该方案明确要求,到 2020 年底,实施生活垃圾强制分类的重点城市,生活垃圾分类收集覆盖率达到 90% 以上,生活垃圾回收利用率达到 35% 以上(含再生资源回收、分类收集并实施资源化利用的厨余等易腐有机垃圾)。

在倡导垃圾分类之初,人们还不太习惯这种相对于以前麻烦的垃圾分类。大多数人还是直接忽视垃圾分类,为了图方便全部丢进离自己近的垃圾桶中。其实在很多街道上,每隔 20 米不到就会有一对垃圾桶摆放在显眼的位置,方便人们丢弃垃圾。上面印有"可回收垃圾"和"其他垃圾"的字样,有些还会印有详细的分类图标。虽然垃圾桶是分了类,但是在日常丢垃圾时,很多人并不是非常注意垃圾的分类,甚至有些人并不了解哪些垃圾是可回收垃圾。因此对于垃圾分类的倡导应该落实到每一个角落,"绿色家园,美丽乡村"建设每个人都应该出一分力。

通过调研可以发现"绿色家园,美丽乡村"建设对居民有较大影响,93.33% 的居民对美丽乡村建设或"绿色家园、美丽山村"建设有一定了解,比较了解和很了解的人数占比高达56.66%。而"绿色家园,美丽乡村"建设对居民生活确实有明显改善,所有受调查者都认为"绿色家园,美丽乡村"建设改善了他们的生活,乡村的环境治理在确实落实,村民的环保意识得到提高,对政府的工作持认可态度。

(二)存在的问题

虽然"绿色家园,美丽乡村"建设取得了一定的成果,村民的环境保护意识在稳步提高。但是在平常生活中一些关于垃圾分类的问题和难题还是无法避免地存在。在我们与村民交谈的过程中,发现几个问题还需要进一步的解决。

1. 大多数村民在家中仍未进行垃圾分类

据我们调查了解到,只有不到12.56%的村民会在家中进行垃圾分类。大多数人认为在家进行垃圾分类较为麻烦,家中没有足够的空间放置多个垃圾桶,平时都是丢在一个垃圾桶里。这些垃圾只有每天在清洁工人进行垃圾清运的过程中,发现一些饮料瓶等可回收垃圾,将其分拣出来,扔进周围可回收垃圾桶内。这样严重降低了清洁工人的工作效率,给他们增加了负担。

2. 垃圾该如何分类?很多村民都有这么一个问题

我们调查的大部分村民表示垃圾分类是件好事,节约又环保,他们都会积极支持相关工作的展开。但是垃圾该怎么分类,具体到操作上,还是有些犯难。虽然垃圾分类的知识都进行过宣传,但是除了专业人士,目前中国的普通人基本上只能凭生活经验来区分垃圾的类别。在一些地方,仅仅只靠垃圾桶上的图标来进行垃圾分类宣传,是根本解决不了这个问题的。

3. 垃圾分类需要用不同的塑料袋分装,这样可能会增加白色污染

我们了解到,在家进行垃圾分类的部分居民因为家里空间不足,都是用塑料袋分装不同的垃圾,这样又会造成塑料袋的使用量增加,可能会加剧白色污染。而在丢垃圾时都是带着塑料袋一起丢弃,丢弃时也不可能解开。这些塑料袋就会出现在各类垃圾中,不仅造成污染还造成回收时工作量的增大。

4. 分类垃圾桶设置的地点太偏僻,不易被发现

有些垃圾桶摆放的位置过于偏僻,一些村民甚至不知道它们的存在。"垃圾桶离我们住的地方太远,将垃圾分类后还要走那么远才能丢,我们这些老人腿脚不方便,有人就近扔掉,大家就都就近扔掉,后来就慢慢地形成了习惯。"一位老人在我们采访时说道。

(三)解决方法

面对此现状,国家发展和改革委员会印发的《关于创新和完善促进绿色发展价格机制的意见》中提出实行分类垃圾与混合垃圾差别化收费等政策。我们认为这还远远不够,除此之外又查询了一些相关的知识,提出了以下几点建议:

1. 树立正确的垃圾分类观念

广泛开展垃圾分类的宣传、教育和倡导工作,使村民树立垃圾分类的意识,建立垃圾分类的知识体系。着重突出垃圾不分类会对社会生活造成的严重危害,宣传垃圾分类的重要意义,呼吁全体村民积极参与其中,使村民逐渐养成垃圾分类的习惯。

2. 规范拾荒者的经营行为

加强引导和管理,在使其减少对社会不良影响的前提下,实现从无序到有序的转变,充分发挥垃圾分类回收利用的作用。

3. 完善或增设垃圾分类回收的设施

垃圾分类应逐步细化,垃圾分得越细越精,越有利于回收利用。垃圾桶可以从一对改设成一套,分别为可回收垃圾、不可回收垃圾、厨余垃圾和有害垃圾。可以用不同颜色的垃圾桶分别表示不同类型的垃圾,在分类时避免扔错,且在宣传时更加容易让村民们记住每个颜色的垃圾桶应该扔什么垃圾。垃圾桶上必须标注回收的类别和一些常见的回收物品,用来指导村民的使用。

4. 改变目前现有的垃圾运输方式

对一些体积较大、可以压缩的垃圾,应该压缩后进行运输。更重要的是,应该对回收的车进行分隔式的改造,分类装载垃圾,避免分类好的垃圾又混成一堆。另外,积极扶持垃圾回收企业,使垃圾分类回收后得到再次利用,而直接就地焚烧。

5. 加强垃圾回收的技术开发与使用

如电池、白色垃圾等的无害化处理或者降解技术的研究。总之,垃圾分类是每个人都应该尽到的责任。动员全体村民积极参与自家垃圾的分类工作,并且建立完善的垃圾分类回收制度,就完全可以让垃圾变废为宝,为社会创造新的财富。

【参考文献】

[1] 赵慧. 垃圾分类:16 年后再出发[J]. 民生周刊,2017(1):62-65.

[2] 中华人民共和国中央人民政府. 国家发展改革委办公厅和住房城乡建设部办公厅垃圾强制分类制度方案(征求意见稿)[R/OL]. (2016-06-20)[2018-08-20]. http://www.gov.cn/hudong/2016-06/20/content_5083862.htm.

[3] 周杨诗琴. 城市居民生活垃圾源头分类的意识与行为调查研究[J]. 中国科技博览,2013(33).

[4] 中华人民共和国中央人民政府. 国家发展改革委关于创新和完善促进绿色发展价格机制的意见[R/OL]. (2018-07-02)[2018-08-20]. http://www. gov. cn/xinwen/2018-07/02/content_5302737. htm.

[5] 东方慧. 循证医学好处多多[J]. 中华养生保健,2013(2).

⫸ 编者按

"垃圾分类"是目前全社会关注的重点和热点问题,本文作者能够以此为角度进行切入,探讨并组织社会实践,说明作者不仅关心时事,而且也对此类问题有过深入思考。选取社会热点作为社会实践主题不失为一个好的做法,值得大家借鉴。本文作者选取垃圾分类做得比较成功的村镇作为调研对象,通过调查问卷和实地访谈的方式对调研对象进行深入分析,并提出可行性建议。本文若选取多个样本,增大样本容量,提高有效问卷的数量,提取更多的成功经验以及垃圾分类的难点和重点就更佳了。

关于绍兴市上虞区蒿东村"垃圾分类、五水共治"进展情况调研报告

环境科学与工程学院　潜浩杰　李楚妍　徐茜茹　江雨蒙　丁春敏

摘　要： 习近平总书记曾指出："环境就是民生,青山就是美丽,蓝天也是幸福。"在他眼中,生态环境与人民生活质量息息相关。垃圾分类和五水共治是城市、农村能否持续发展的关键。本调研以绍兴市上虞区蒿东村为调查对象,以问卷,访谈等方式深入了解该村"垃圾分类"和"五水共治"的开展情况,了解各项政策在该村的落实程度,并针对问题提出建议。

关键词： 农村　垃圾分类　五水共治

一、背景

过去几十年来,中国经济社会发展取得历史性成就,但也承担了资源环境方面的代价。当下,人民群众对清新空气、清澈水质、清洁环境等生态产品的需求越来越迫切。2005 年 8 月,时任浙江省委书记习近平同志在湖州安吉考察时,提出"绿水青山就是金山银山"的科学论断。习近平总书记在 2014 年 APEC 欢迎宴会上致辞时强调,"希望蓝天常在、青山常在、绿水常在,让孩子们都生活在良好的生态环境之中,这也是中国梦中很重要的内容"。2015 年党的十八届五中全会提出创新、协调、绿色、开放、共享五大发展理念。随着时代的发展,环境保护已经越来越受到国家和个人的重视,并且随着人类对生活质量要求的提高,人民更趋向于一个好的环境,一个能够让人们更好地工作、更好地生活的环境。生活垃圾分类收集是城市管理中的一项重要工作,也是衡量一个地方文明程度的重要标志。垃圾分类不仅是人们精神文明素质提升的体现,更是对垃圾资源再生利用的促进和发展。比如浙江义乌市全市的社区和机关企事业单位对垃圾分类的意识淡薄,对所有生活垃圾基本上没有进行分类,不但增加了环卫工人的工作量,也加大了垃圾处理的运营成本。所以从 2014 年开始,义乌市农村实行了垃圾分类,采用了可腐烂和不可腐烂两分法,在农村建设了太阳能垃圾房,可实际效果并不是很理想,认真实施垃圾分类的村民屈指可数,农村依然可见人们随意倾倒垃圾。垃圾问题制约着生态城市的发展。

2013 年底,浙江省启动"五水共治",以治水为突破口,坚定不移推进转型升级,经历了清三河—零直排—剿灭劣五类—碧水行动。五年下来,"五水共治"在各地取得了一定的成绩,很多河流得到改善。为了了解相关的垃圾分类在绍兴市的落实程度和实际效果,了解村民对"五水共治"的态度和"五水共治"的进展状况,环境学院的"环保绿衣小队"响应号召,前往绍兴市上虞区曹娥街道蒿东村,进行了实地考察,了解了村民对垃圾分类、"五水共治"的关心程度、具体落实情况和实际效果。同时我们发放了传单,宣传了环保、低碳和"五水共治"的知识,意在以一个村为突破口,让更多的村民了解垃圾分类,熟悉"五水共治",响应国家的号召,支持村里相关工作的开展,让所有村民加入保护家园环境的队伍中来,实现节水治水意识全民化,达到垃圾分类做法全民化,让我们有一个良好的居住环境。

二、实地调查

(一)调查时间

2018 年 6 月下旬和 7 月上旬。

(二)调查地点

浙江省绍兴市上虞区曹娥街道蒿东村。

(三)调查问题

蒿东村垃圾分类落实及"五水共治"进展情况。

(四)调查人

潜浩杰、徐茜茹、李楚妍、江雨蒙、丁春敏、吴英姿、褚纪欣、方凌浩。

(五)调查分工

8 人在指导老师的带领下分成 A、B 两组,潜浩杰、徐茜茹分别任组长,在该村对各个年龄段的人进行宣传单发放和垃圾分类、"五水共治"进展情况的调查。

(六)调查方法

我们采用了访谈的方式,并在该村进行了环境保护、垃圾分类、"五水共治"的宣传。我们实地调查的时候先是发放宣传单,然后通过访谈调查收集当地人对该村垃圾分类、"五水共治"的进展情况的看法,最后采访相关负责人也就是该村书记,深入了解具体情况。

图 1 在绍兴市上虞区蒿东村开展调研活动

在调查过程中,我们开始了解到,农村垃圾处理与城市大不相同,由于农村面积大,不像城市那样可以集中有几个垃圾分类点,而且农村垃圾多为农作物秸秆等植物残余类废弃物,这些废弃物数量多,体积大,难处理。这就导致了蒿东村如今还没有开始垃圾分类落实工作。但是现在筹备工作已经基本完成,马上就要进行具体的落实了。该村村委会在考虑了农村垃圾的特殊性之后,因地制宜,把垃圾分为"可腐烂""不可腐烂"两大类,而且基于农村垃圾总量大、体积大的特点,拟定建造垃圾房代替垃圾箱作为分类垃圾的载体。除此之外,村支部书记还向我们展示了蒿东村的地图,从地图上看,本村的占地面积还是比较大的,这就导致了村委会工作人员的管理协助任务十分繁重。据介绍，每天都会有垃圾车去各个垃圾点将垃圾全部收集起来，载到固定的垃圾处理点进行集中处理。

图2　在蒿东村村内进行问卷、访谈调研

在"五水共治"的落实上，农村也有着和城市完全不同的操作方法。城市的"五水共治"是治污水、防洪水、排涝水、保供水、抓节水。但是对于农村，特别是蒿东村这些有田而且地域广大的村庄来说，防洪水和排涝水是基本不需要的。而且该村附近有一个小水库，能够做到村里自来水的供给，所以以该村为代表的农村"五水共治"重心就是治污水和抓节水。通过和村民们的对话以及对村书记的采访，我们了解到，在污水处理方面，村里现在已经开始实行生活污水分类处理。我们观察了解到，村里基本上有专门的厨房用水、洗涤用水、卫生用水等三部分生活污水的外排分类水管，据统计，蒿东村80％的房屋具备此类外排分类管道，剩下的小部分由于地势过低等原因无法实施。所有生活污水会集中处理，所有厨房用水、卫生用水和洗涤用水会分类进行处理，这大大降低了处理成本，提高了处理效率。此类管道在2014－2016年间建造完毕，属于"农村生活污水改造"，也是响应"五水共治"的号召而进行的一个利国利民的工程。而在抓节水这一方面，随着平均文化水平的提高，越来越多的村民知道节约用水的重要性，越来越多的村民加入了节约用水的队伍中。

图3　蒿东村村内生活污水分类排放管道图

三、存在的问题

通过和村民们的访谈和村支部书记的介绍，我们发现了以下几个问题：

图 4 蒿东村委书记向暑期实践队员介绍村内开展"五水共治"和"垃圾分类"活动的相关情况

(一)企业偷排漏排的现象依然存在

《中华人民共和国水污染防治法》第二十二条明确规定"禁止私设暗管或者采取其他规避监管的方式排放水污染物",因此"暗管"应该理解为通过隐蔽的方式达到规避监管的目的而设置的管道。随着排污在线监测、视频监管的推行,排污监管能力大幅提高,但排污企业通过暗管,避开受监管排污口,偷排污水的现象越来越突出。常见的暗管偷排有:

(1)中途接管,分流直排。在生产车间修建暗排管道,或在生产车间至处理设施之间增设暗排管,分流部分污水直排。

(2)暗设阀门,伺机偷排。有企业在排水管网内设置阀门,检查时,阀门开启,污水进入处理设施,其他时间关闭阀门,污水改道偷排。

(3)私改设计,不合理设置溢流口。有企业在处理设施建设施工时,私自改变设计,在污水处理设施预留小口径暗管,直通企业附近的自然坑、河流等。

(4)大量蓄水,隐蔽偷排。有企业修建大容量集水池(调节池),将污水全部排入集水池中,利用环境监管的空当期用软管抽水外排。

(5)清污混排,合二为一。有企业将暗管用于抽取清水,稀释要排放的污水。

除此之外,周边的汽修店以及工厂堆放原料的地方在用水清洗或者是下雨后冲刷地表形成的污水随水的流动而扩散,也对水造成了污染。

(二)村民对工作项目实施中涉及个人利益的部分热情度不高

以公共厕所为例,村里计划将原本的老式公共厕所改建成新的公共厕所,但是因为老式的公共厕所可以给菜农等提供一些肥料,所以有些村民就不乐意村里对厕所进行改建。

四、解决方法

(1)对企业进行定期检查,要求将器材放置于固定位置,尽量不要在露天场所,避免雨水冲刷携带污染物进入河流。同时在对人口相对密集地方的农村居民的生活污水和固体废弃物进行治理时,最好采取集中处理方式,借助城市排放系统构建手段将污水全部集中起来,并建成较完善的污水处理场,确保污水经过处理后得到循环再利用。而对于一些无法集中污水的农村地区,则可采用厌氧沼气池技术和藻类塘技术等多种方法,其中前者经济性较强,能够实现污水处理和资源循环利用,而后者具备富营养化水质净化功能。

（2）对于配合工作不积极的村民，不但需要工作人员的细心沟通，也需要国家政策的保障，才能让村民切实感受到工作开展后给他们带来的福利，也就会对配合工作更加积极。

（3）环境方面的宣传力度仍需要大力加强，并且提倡"宣传方式创新化，宣传教育针对化"。对于新时期农村环境宣传，要加强宣传力度，重视宣传工作，宣传做到位，村民的环境意识也会随之提升；对于不同职业、不同年龄段的村民要采取不同的方式进行宣传；要加强宣传广度，创新宣传模式。科技日新月异的变化，互联网、手机等科技产品也带来了新的宣传模式，要创新模式，与时俱进。加大宣传力度，才能提高村民环保意识，要从最深层次去解决，形成一种"人人维护环境，人人提倡环保"的新局面。

五、结论

在时代发展的过程中，城市已经逐渐地完成了转变，无论是在垃圾分类还是在"五水共治"方面都取得了一定的成绩，有些比较落后的村庄由于各种内在外在的因素，没有办法很好地实施环保低碳的计划，甚至在一些较为发达的农村或者居民楼也没有得到很好的落实。通过这次社会实践，我们更为深刻地了解到"五水共治"在我们所调研的村落的具体实施情况。

"纸上得来终觉浅，得知此事要躬行"，"五水共治"与垃圾分类远没有我们想得那么简单，并不是盲目去投入资源就可以做好的，而且具体的实施还要因地制宜，提高灵活度，比如城市的垃圾其实远没有农村多，就拿农作物来说，城市里一栋居民楼因茭白和毛豆产生的垃圾很少，但是农村里一两户人家的茭白草和毛豆根就能填满一间屋子，所以村支部书记说，蒿东村垃圾分类的具体落实不是一两个垃圾桶能做到的，应该建立一个垃圾房甚至垃圾仓库。不仅如此，一个村庄，一个国家的环保事业不是一帆风顺的，是需要政府宏观调控和每个人的积极参与的，一些露天厕所的存在极大地影响居民生活，但是还是有部分人为了省一点化肥的钱，为了自己的一点私利，阻止村里的改建工作，这对环保事业是极大的阻碍。

现阶段农村水环境污染治理应被正式提上日程，针对当前面临的水环境污染隐患提出可行性治理措施，彻底改善以往水环境严峻局势，实现生态环境和农业生产的可持续发展。同时相关部门还要不断加大生态环境保护宣传力度，培养农村居民树立良好的水环境保护意识，构建相对健全的水环境管理体系，促使农村水环境污染得到彻底改善。也正是因为如此，在实地考察调研之后，我们能做的其实也只是更多地去劝导村民，加大宣传力度，让环保低碳的种子在他们心里逐渐生根发芽。

本文的目的就是让更多的人知道垃圾分类、"五水共治"的重要性以及农村落实的滞后性，让广大的大学生实践团队积极投身到宣传实践活动中去，让更多的人了解这件事，让更多的村庄受益。一个人的力量是有限的，一个团队也是如此，而我们这个团队作为先行者，能够做的，就是让更多的人知道，我们所赖以生存的家园，不仅需要国家、政府的帮助，更需要我们自己的保护。

【参考文献】

[1]曲伟，王帅，张涛. 对排污企业暗管偷排现象治理的探讨[J]. 科技传播，2010（20）：113.

[2]刘越. 浅谈我国农村水环境污染现状及治理对策[J]. 绿色环保建材，2019（1）：

54-55.

[3]顾萍,丛杭青,孙国金."五水共治"工程的社会参与理论与实践探索[J].自然辩证法研究,2019,35(1):33-38.

[4]彭佳学.浙江"五水共治"的探索与实践[J].行政管理改革,2018(10):9-14.

[5]冯远亮.我国城市生活垃圾焚烧处理存在的问题和处理措施分析[J].绿色环保建材,2019(1):24.

[6]张英民,尚晓博,李开明,等.城市生活垃圾处理技术现状与管理对策[J].生态环境学报,2011,20(2):389-396.

编者按

"垃圾分类"和"五水共治"的提出都是为了建立一个良好的生态环境样本,为了深入了解党的环保政策在农村的执行普及程度,本文作者以垃圾分类和"五水共治"的落实情况为主题展开调查,实地调查了蒿东村的垃圾分类、"五水共治"进展情况,通过和村民、村干部的交流,了解村民的生态维护意识和村里的环保氛围,同时宣传环保科普知识,结合实际,为村庄现阶段存在的问题提供相关解决思路。

十年"限塑"再审视

——以浙江省杭州市桐庐县横村镇为例

环境科学与工程学院　马　萌　胡佳柯

摘　要:颁布"限塑令"距今已经十年了,我们本次关于调研十年"限塑令"的暑期社会实践活动就在横村镇展开。本次的实地调研不仅加强"限塑令"的宣传力度,让桐庐县的村民们深度了解有关治理白色污染的公共政策,还通过调查问卷和访谈等形式使调研小组的成员更加了解当地白色污染相关治理的现状。我们结合专业知识提出一些建议和意见,最终形成报告。

关键词:限塑令　横村镇　白色污染　防治

2007 年 12 月 31 日,国务院办公厅发布了一条关于限制生产、兜售和使用塑料购物袋的通知,这条通知就是人们常说的"限塑令"。2008 年 6 月 1 日,"限塑令"开始在全国范围内正式实施,转眼"限塑令"已经实施了十年,白色污染的现状到底如何再次引起了广泛的关注。相关调查显示,在"限塑令"实施初始,在塑料袋制造和出售流通等方面的确起到了一定的正面作用;但是,因为缺少对应的规则和相应的奖惩措施,"限塑令"逐步演变成了"卖塑令",出售塑料购物袋变成很多超市商场的一项固定收益。而且不少摊贩、小商贩以及农贸市场等无序、无偿地使用劣质塑料袋的现象仍然大行其道,致使"限塑令"形同虚设。

另外,随着近年来电商、外卖、快递等新型行业的快速崛起,国人的消费样态发生了很大的变迁,塑料餐盒、胶布和各类包装袋的损耗量急速增加,随之而来的是这些行业产生的大量的"塑料垃圾"。在多重因素的综合作用下,"限塑令"在实施过程中的实际效果并不明显。一方面是社会对十年"限塑令"效果的质疑,另一方面是电商、外卖等新行业对塑料包装的刚需,我国当下社会与"白色污染"的斗争该何去何从?为了解"限塑令"落地十年后的现状,我们决定进行实地调研。

一、调查现状

我们先后走访了隐匿于大山中的白云村和阳山畈村。渐渐映入眼帘的这两个村落,山清水秀,地广人稀,大多数青壮年外出打工,而妇女儿童则留守于村内。令人欣喜的是,我们一路上几乎没有发现白色污染垃圾,路面非常干净,与我们印象中村落的样子截然不同。我们发现家家户户的门口都有分类垃圾桶,垃圾分类措施即便是在部分镇里都没有很好的落实,而在这两个村落能够得到这么好的实施着实让我们又惊又喜。在与当地负责人的交谈中,我们了解到当地会定期举行清洁示范户评比的活动,这在很大程度上提高了当地村民对环境保护的热情,使当地的环境治理更加轻松高效。

虽然当地政府对环境保护采取了一定的措施,也取得了显著的成效,但仍存在着很多白色污染的治理问题。如:(1)当地超市或菜市场为了方便仍会免费提供塑料袋,塑料袋在给大家提供方便的同时,因为使用过量、回收及处理不当等因素,不仅引起能源的浪费,也导致了对环境的破坏。特别是比较薄的塑料袋因为存在容易破损的缺陷,大多会被随意地丢弃,从而成为"白色污染"的主要来源;(2)部分小饭店仍采用塑料快餐盒打包,大量快餐盒被使用和废弃,而这些快餐盒大多不符合环保标准。鉴于以上潜在的白色污染源,我们必须采取相应的措施以使白色污染得到更有效的控制,更好地落实科学发展观。

另外,在进行问卷和实地调查的途中,我们还利用专业的水质检测仪对当地的水源进行了取样和检测。结果表明,当地天然水源水质良好。虽然被大雨冲刷了两天,但各项指标仍处于高位。可见,当地的生态环境还是处于较好水平。

二、调研结果与分析讨论

为了深度观察桐庐县白云村和阳山畈村的环境污染现状及当地民众对"限塑令"及白色污染的认知,我们进行了此次的问卷调查。调查时间虽然正值夏日酷暑,但是调查团队的同学们的积极性都很高,家家户户走访调查。所选样本总数是 200 个。各项活动结束后,我们将调查内容进行总结,其分析结果如下:

(一)概念模糊,认识错误

"白色污染"其实是指用聚氯乙烯等高分子化合物制备形成的各类塑料制品被丢弃后形成的固体废物。有超过 60% 的人对"白色污染"的具体概念不清楚,大部分人认为"白色污染"就是一次性垃圾袋或是对环境有影响的一切污染,有 3% 左右的人甚至以为废纸废屑也都为白色污染。对"白色污染"的认知存在错误在一定程度上阻碍了对"白色污染"的治理,因此,向村民普及"白色污染"相关知识非常有必要。

(二)初见成效,观念转变

"白色污染"的主要来源就是购买商品时使用的塑料袋。过去,顾客为了购物方便常常不愿自备环保购物袋,而商家为了迎合顾客也往往会无偿提供塑料购物袋,从而导致了塑料袋的过量使用,使环境急剧恶化。而本次调查问卷则显示,超过一半的人会在购物时使用自带的环保袋,17% 左右的人选择花钱购买塑料袋,但仍有 28% 的人选择免费提供的不可降解的塑料袋。"限塑令"落地十年,其力度的确不如从前,加上一些新业态的快速发展,塑料制品的使用量加速上升。十年限塑令,对环境的影响、人们的环保观念有了很大的改变,但是不可否认,"限塑令"应该升级了,普通的宣传已经难以达到"限塑"的效果。

(三)直面问题,追根溯源

关于"一般在什么情况下使用一次性塑料袋"的问题,调查结果显示用于"购物""装放垃圾"各占 37% 左右,用于"用餐打包"占了 22%。这三项都是生活中必不可少的,特别是购物和装放垃圾,村民表示:这不仅仅是意识就能解决的问题,一次性塑料袋给人们的日常生活带来了很大的方便,长此以往,大家对塑料袋产生了一定的依赖性,导致在生活中塑料袋成了不可替代的存在,如何从根源上减少一次性塑料袋的使用成为一大难题。

(四)全民环保,任重道远

在我们调查的范围中,所有人每天使用塑料袋、饭盒等一次性用品1—3件,超过50％的人会选择将使用后的塑料袋或一次性塑料制品投入垃圾袋,有43％的人表示会进行循环利用。另外,对于随处丢弃的塑料袋等一次性用具,32％的人会感觉不舒服,68％的人会帮忙捡一下。在调查中,有50％的人对防治白色污染有很强的意愿,有25％的人对防治白色污染有较强的意愿,有21％的人对防治白色污染有一般的意愿,有4％的人对防治白色污染无所谓。这些数据说明现代人的环保意识已经有所改善,这也是"限塑令"推行后的效果,但想要实现全民环保,还需要各部门坚持不懈的努力。

三、意见与建议

根据此次暑期实践调研采集的数据及分析发现的问题,我们对"白色污染"的治理提出以下建议:

(一)直击源头,技术上进行改造

在和村民的交谈中,我们了解到很多村民对治理白色污染有自己的一些想法。大家认为要想有效地控制"白色污染",首先要从源头上解决问题,从技术上进行改进,寻求塑料产品原材料的替代品,使用可降解材料,在短期内能被自然界降解,从而达到对环境无害,实现可持续发展。目前可降解材料如生物降解材料的研发均有一定的进展,但如何使之大规模使用,降低成本,仍需要专业的人才投入更多时间和精力才能实现。

(二)严格把控,政策中遥相呼应

技术上改革创新尚需时日,但政府以及相关环保部门应该加强"限塑令"的力度,比如实行塑料制品限制生产,商家限制使用等措施以减少塑料制品数量;或同时也可以推出一系列相关的奖惩举措,对于违反规定的商家等进行严格的处罚,并对真正实施"限塑令"且取得明显成效的区域进行一定的鼓励和奖赏。

(三)加大宣传,提高全民素质

从以上调研数据可以看出"白色污染"并非是从技术和政策上改进就可以完全解决的,还需要全民自觉。可以通过电视公益广告宣传、学校加强环保意识教育、社区开展环保活动等加大对"白色污染"的防治力度,从而提高全民素质,使人们减少塑料制品的使用,在垃圾分类放置等生活细节上能更自觉,对自己所产生的塑料废弃物能够有效回收,也能对身边的塑料制品进行自觉分拣。

四、结束语

本次的暑期社会实践,使我们发现桐庐县白云村和阳山畈村存在着对"白色污染"概念认知不准确,"限塑令"无法严格执行等问题,针对这些问题,我们结合自身专业知识,向当地提出了一些建议。我们认为首先应该加大对何谓白色污染以及如何治理的知识宣传,其次,当地政府应该加大对"限塑令"的执行力度,限塑十年,应当针对现有的环境进行改良。本次暑期社会实践,对我们自身也有很大的帮助,在实践中,我们深刻认识到团队精神的重要性,认识到专业知识的有限性。我们意识到,身为当代大学生,特别是环境学院的一分子,我们应当努力学习,提升自身的专业文化素养,同时,我们也要提升自身各个方面的能力,为能更好地保护环境打下坚实的基础。

【参考文献】

[1] 刘香丽.白色污染治理现状与对策[J].当代化工研究,2017(12):65-66.

[2] 黄冠燚,张琴."白色污染"现状及防治研究[J].资源节约与环保,2018(12):100.

[3] 马明凯."限塑令"难执行的原因与对策研究[J].管理观察,2018(19):52-54.

[4] 周一博.十年"限塑令"再审视[J].环境保护与循环经济,2018,38(5):13-16.

编者按

文章作者选取"限塑令"十周年之际,对"限塑令"政策的实施情况展开调研,通过调查问卷和访谈形式在横村镇进行调研,并通过专业的水质检测工具对当地的水源进行检测,做到了专业与实践相结合,并针对实践情况,提出建设性意见和建议。

关于农村居民对"资源再利用"的认知度调研
——以杭州市余杭区普宁村为例

环境科学与工程学院　陶宁遥

摘　要:随着社会经济的发展,非绿色消费方式出现,加剧了资源能源消耗和环境污染,且这些问题在农村尤为突出,因此垃圾分类和资源再利用势在必行。针对我国农村垃圾污染及垃圾分类现状,以及村民资源再利用意识较薄弱、认知不到位的情况,我们的暑期社会实践以资源再利用宣传及调查作为切入点。2018年7月8日,浙江工商大学环境科学与工程学院"资源再利用"宣传小分队来到杭州市余杭区普宁村进行社会实践,开展农村居民对资源再利用认知度的调查,同时宣传资源再利用的重要性。

关键词:资源再利用　垃圾分类　认知　宣传　调查

一、我国垃圾污染及资源再利用现状

目前,我国部分地区垃圾通过卫生填埋、焚烧、高温堆肥等进行处理,而更多地方的垃圾则常常被简易堆放或填埋,导致大气、土壤、水等环境遭到严重破坏。严重的垃圾污染问题将影响农村居民的切身利益,而垃圾分类可使资源重复被利用,在源头上减轻处理垃圾的负担,能够在资源再利用的前提下保护环境、促进经济。

随着人们生活水平的提高,产生的垃圾也随之增多。根据测算,到2014年底,我国城市生活垃圾年产生量已达到 1.79×10^8 t,清运量 1.77×10^8 t,处理量 1.67×10^8 t,与2013年相比分别增加2.91%、2.54%、3.45%。而农村垃圾每年产生量是 1.5×10^8 t左右,约占城市生活垃圾产生量的80%。据预算,城市的垃圾处理率能够达到90%以上,农村垃圾处理率却只有50%左右。在农村只有一半的垃圾经过处理,和城市相比,农村垃圾处理问题十分严峻。至此,我们确定了以分享优秀的资源再利用方法为主,采访当地干部及居民的宣传调查形式。

二、宣传调查的必要性及可行性

(一)必要性

1. 了解农村资源再利用现状

据统计,截至2016年底,86%的建制村实现生活垃圾集中收集有效处理,开展垃圾减量化、资源化、无害化处理村4500个,占建制村总数16%。现阶段,大部分农村都开展了垃圾的有效处理,但是关于农村垃圾处理以及资源回收利用的具体情况调查相对较少。此外,农村地区消息相对闭塞,不能及时了解到时下关于资源回收利用的最新消息及技术方法,及时有效的宣传调查可以为农村地区带去他们所需要的最新消息及技术方法并且及时了解农村对于资源回收再利用的认知以及实行效果,为国家以及社会提供第一手资料。

2. 加强农村居民资源回收再利用意识统计

截止到 2017 年,农村人口对于垃圾分类以及资源回收利用的意识低于城市人口,而农村居民对资源再利用的认知度是资源再利用的重要前提,更是资源再利用顺利开展的关键。造成这一现象的原因是多方面的,包括人口的受教育程度、地方的宣传力度以及国家社会的重视程度。因此,在这种大背景下,及时的宣传调查可以加强农村人口的资源回收再利用意识,进一步提升农村资源回收再利用的效率,改善环境状况。

3. 资源回收再利用的优势

根据工业部门的相关统计,与使用原生资源相比,使用回收的再生资源可以大量节约能源、水资源和生产辅料,降低相关企业生产成本,减少环境污染。同时,许多矿产资源都具有不可再生的特点,这决定了再生资源回收利用具有不可估量的价值。有效的垃圾分类可以最大限度地回收可再次利用的资源,保护我们的生活环境。农村因其特殊的环境,是资源再利用天然的场所,例如垃圾分类处理使部分可降解、可腐烂的有机垃圾如剩菜剩饭可在农村大环境容量下自行消耗达到资源有效重复利用。因此,及时的宣传调查可以加快资源回收利用的进程,充分体现资源回收再利用的优势。

(二)可行性

1. 资源丰富

(1)有文献资料支撑,接洽相关单位的支持,方法与经验丰富,实践团队有实力,相关导师给予指导与培训,实践过程中可能出现的问题及解决办法;

(2)通过查阅相关资料,在农村环境问题上探讨更好的发展前景,且团队成员皆为环境相关专业的同学,有一定的知识作为基础,能够给予一些环境相关的意见;

(3)此次活动在杭州本地开展,宣传资源再利用知识,调查资源再利用情况,具有很强的实践性,能丰富成员的社会实践经验。

2. 准备充分

在开始前,我们需要确定好宣传及调查方式,选择合适的地点,联系接洽我们的普宁村村主任。同时,为了更有效率地工作,进行人员的任务分配,准备开展活动所需的宣传册、调查问卷、采访问题等。

在宣传、调查开展前的一个月,我们便与接洽单位,即普宁村的村主任取得了联系。选取普宁村作为调查对象,是因为普宁村历史悠久,先秦时代普宁地区为百越之地,百越文明鼎盛之时其至媲美繁荣的中原文明,其文化广泛地影响了珠三角和闽越地区。自明朝嘉靖年间批准建立普宁以来,已有 400 余年的历史。本次调研活动的前期准备充分,主要表现在这几个方面:首先,宣传调查能够按时按点展开,没有出现浪费时间的问题,得益在开展前期我们便制订了详细的出行计划,根据出行天气及大家的空闲时间安排。其次,准备的宣传册、调查问卷、采访问题等相关材料通俗易懂,资源再利用的主题同村民生活息息相关。因此,村民们都非常配合,表现出极大的兴趣和热情,另外,我们的队伍中有本地的居民,利用本地语言优势,使得宣传、采访调查更为迅速有效。

三、宣传介绍促认知,调查采访得真知

(一)问卷调查

此次问卷总数 300 份,有效问卷合计 285 份,问卷回收率达 95%。问卷内容主要为村民的基本情况、资源再利用意识、对垃圾分类的认知情况。

具体问卷调查结果如表 1~3 所示:

表 1　村民基本情况

受访者年龄区间	人数(人)	受教育程度(人)	
1—20	98	从未上过学	15
21—40	98	小学	100
41—60	69	初中	113
61—80	20	高中	36
81—100	0	本科	21

表 2　村民垃圾分类意识

问题	选项	人数(人)
是否了解资源再利用	了解	66
	有些了解	150
	不了解	69
是否会对日常垃圾进行分类	仔细分	67
	大致分	120
	不分	98
是否关注或抽空参加资源再利用宣传活动	会	164
	不会	21
	视情况而定	100

表 3　村民对五种生活垃圾分类正确率(%)

垃圾种类	剩菜剩饭	废旧荧光灯	过期药品	牙刷	纸板箱
厨余垃圾	100	0	0	0	0
可回收垃圾	0	7	19	66	100
其他垃圾	0	20	18	7	0
有害垃圾	0	66	56	20	0
不清楚	0	7	7	7	0
合计	100	100	100	100	100

表 1 为受访者基本情况,表 2 为村民资源再利用意识情况,表 3 为村民对五种具体生活垃圾分类正确率情况。从表 1～3 中可以看出,村民的资源再利用认知度与受教育程度有关,村民的垃圾分类意识较高,具备一定的垃圾分类能力,对不同垃圾种类的认知存在差异。其中,可回收垃圾与厨余垃圾的正确率最高,有害垃圾与其他垃圾的正确率较低,能做出完全正确的判断的村民不多。

(二)采访调查

同时我们对普宁村的妇女主任进行了采访。

图 1 小队成员采访当地妇女主任

从对村干部的采访中我们了解到余杭区普宁村积极宣传资源再利用,也制作了相关宣传单下发每家每户。针对普宁村居民喜欢串门的风俗,开办茶话会,动员大家投放垃圾前对垃圾进行分类从而使资源再利用。同时,邀请环保专业人士开办的资源再利用系列讲座提高了村民们对资源再利用的关注度。例如,定点放置的大垃圾桶和每家每户黄色和绿色的小垃圾桶也使垃圾分类变成举手之劳。

在采访和调查过程中我们发现村里随处可见分类的垃圾桶,覆盖率高,村民的环保意识较好,将不同的垃圾分开投放以保护当地的环境。村内见不到乱扔的垃圾,环境十分整洁。除此之外,里还建有公园、纪念馆等,文化氛围浓厚。

图 2 小队成员宣传资源再利用知识

四、总结与启示

(一)余杭区普宁村基础设施与分类垃圾桶配备较完善

从采访和调查中,我们看出普宁村在资源再利用方面的决心与行动,几乎每家每户门前都配备了分类垃圾桶,这在一定程度上改善了村里的环境。现如今,在美丽乡村、生态文明等建设的推动下,普宁村作为新农村建设的一个示范点,在各方面的努力下,已经成了余杭精品村,相信随着政策不断的落实以及我们共同的努力,普宁村会越来越好。

(二)村民资源再利用的实际行动不足,认知不够明确

虽然村民们有相应的资源再利用意识,但真正将资源再利用落到实处的家庭并不多。在受访对象中,仅24%的村民表示会对日常生活垃圾进行仔细分类,24%的村民了解资源再利用知识。农村居民资源再利用的认知度也与受教育程度有关。

(三)需要更多措施促进资源有效再利用

政府部门可以加大资源再利用的宣传力度与资金投入,实施有效的奖励惩罚机制,环保部门定期对资源再利用情况进行调查,设计更加科学合理的资源再利用技术,村民们自身也可通过资源再利用的宣传活动、新闻媒体的相关报道提高自身对资源再利用的认知度、行动力。资源再利用的顺利开展,对后续垃圾处理、环境保护、资源重复利用、经济发展具有重要意义。

(四)在农村开展资源再利用的意义重大

通过资源再利用,可有效减少农村生活垃圾的数量,从源头环节减少垃圾的总量,部分可降解、可腐烂的有机垃圾如剩菜剩饭可在农村大环境容量下自行消耗,农作物秸秆可作为燃料或发电厂原料,进而减少垃圾处理相关人员、设施的数量。同时,降低垃圾处理成本,在农村进行资源的重复利用,对农村环境也大有好处。

【参考文献】

[1]王君.我国农村垃圾分类问题现状与改进对策[J].环境卫生工程,2017,25(1):24-26.

[2]占敏露,张江娜,吴伟光,等.农村居民对垃圾分类的认知度及其影响因素分析[J].农村经济与科技,2018,29(7):234-237.

▸ **编者按**

针对我国农村垃圾污染及分类现状,村民资源再利用意识较薄弱、认知不到位的情况,本文作者以资源再利用为切入点,并选杭州市余杭区普宁村作为调查对象,进行社会实践开展活动。并通过问卷调查和采访等调查方式,对农村居民进行关于资源再利用认知度的调查,同时进行广泛的环保科普宣传。

关于改革开放 40 年来我国农村环境变革与居民环保意识的调查研究

——以浙江塘栖古镇为例

环境科学与工程学院　沈灿丽

摘　要:本次调研以塘栖古镇为调研对象,以宣讲、问卷调查和访谈结合的形式,向当地居民调查改革开放 40 年来塘栖镇的环境变革。

关键词:改革开放　塘栖古镇　水污染　环境治理

一、绪论

(一)调研时间

2018 年 7 月 3 日—2018 年 7 月 25 日,为期 23 天。

(二)调研地点

浙江省杭州市塘栖镇。

(三)调研对象

塘栖镇当地居民与游客等。

(四)调研内容

通过主题宣讲与展板宣传,向居民宣传"环保生活"的相关知识。通过问卷调查,调查塘栖镇居民对现在环境的满意程度,环境变化趋势,环境污染的主要来源,需要改善的方面与环境保护改革中遇到的问题及改进举措等的看法和观点。

调研方式:通过深入交流、开设讲座、展板宣传、宣讲等形式向居民宣传介绍环保组织,同时随机发放调查问卷,调查当地居民的环保意识以及现存的环保改革问题。

(五)调研背景

改革开放 40 年来,我国经济社会发展取得了举世瞩目的成就,但伴随着经济的快速发展,生态环境问题也日益突出,成为人民群众和政府部门的"心头大患"。同时党的十九大报告中指出,必须树立和践行绿水青山就是金山银山的理念。绿水青山既要求优良的环境质量,也需要生态健康的保障。强调人与自然和谐共生,将建设美丽中国作为全面建设社会主义现代化国家的重大目标,提出着力解决突出环境问题。

塘栖古镇,位于杭州市北部,与湖州市的德清县接壤,著名的京杭大运河穿镇而过,历朝历代以来,塘栖均为杭州市的水上门户。如今,老桥名河古镇,在岁月冲刷下,那抹江南风韵依旧,成了塘栖的瑰宝,为城市发展带来历久弥新的原动力,映现着历史文化传承与现代文明共融的发展理念。

在改革开放的 40 年里,塘栖镇开辟了"古镇新城"发展模式,成功叠加小城市培育和古镇资源开发双重效益[1],并坚持以环境提升为抓手,锁定目标、重点攻坚,环境面貌持续改善,"五水共治"成效显著,"三改一拆"深入推进,"美丽乡村"打造精品。

(六)调研目的

为实地探索改革开放 40 年来的环境变化,学习习近平总书记提出的"绿水青山就是金山银山"的理念与了解当地的环境变化及政策落实情况,此次我们团队以塘栖古镇南北方向的十个村作为宣讲和调查的目标,希望通过此次调查能够对改革开放 40 年来塘栖古镇的生态环境变化有深度的体会,并向村民们传递"绿水青山就是金山银山"的理念。

二、塘栖镇水环境基本情况与改革开放以来的变革研究

(一)塘栖镇水体所在流域污染源分布与排放情况

据了解,塘栖镇在 2017 年流域内污染源就已治理到位,河道面貌获得了一定的改善,但是当时由于受到上游来水和沿河支流影响,以及沿河群众堆积物乱堆乱放等影响,使得水质达不到 V 类以上[2]。为此,塘栖镇当时制定了一系列治理方案来加强支流的污染源治理。对于农业方面的污染源,采取了强化日常保洁和长效管理,设置拦污设备,种植水生植物等。对于上游与支流流域污染源影响,提出扩面联动治水。最终于当年 7 月底全面完成了污染源控制与河道改善任务。而此次我们调研小组到达塘栖镇进行实地考察的时候也确实没有发现明显的排污口与垃圾堆放现象,且河道两岸绿植茂盛,警示标志也醒目可见。

(二)塘栖镇水体水质情况与改革开放 40 年来总体变化

塘栖镇是名副其实的江南水乡,辖区内水网纵横交错,池塘密布,而这些水流的源头就是我国著名的京杭大运河。我们调研小组到达塘栖镇后首先对其主要流域内的水体进行了观察与研究,发现水体水质较好,总体上看整块区域颜色呈淡青色,取少量水体观察呈无色透明,扇闻后并没有明显的异味。沿着几条主要河流调研的过程中,我们也都没有发现水面上有明显的污染物,整个流域水体呈较为洁净的状态。而且塘栖镇与其他水乡小镇不同的是它拥有众多且密布的池塘,本次我们对这些池塘也进行了调研分析,最终发现塘栖镇的池塘水质情况较为不错,没有出现"死水化""垃圾化"的现象。

塘栖古镇经过长时间全面的治理,现水体所在流域的自然情况得到了显著的改善,水体水质情况也得到了明显的提升。而我们在询问当地居民的时候得知在早些年间,塘栖镇水质情况良好,水体清澈见底,是他们赖以生活的地方;后来流域内水质逐渐变差,到后来根本不会有居民饮用河流里的水,也不会有居民下河游泳,甚至一些较为封闭的池塘出现了发黑发臭的现象。近几年开始治理河道,政府努力改变水体污染现状,流域的水体水质情况开始逐渐好转,作为生活在这里的居民感到十分满意和欣喜。

三、塘栖镇居民生活环境基本情况与改革开放以来的变革研究

(一)塘栖镇居民居住环境基本情况

通过查询相关资料,我们得知自 2017 年起塘栖镇开展"三改一拆""无违建"创建,并正式启动小城镇环境综合整治。在整治过程中坚持拆控结合,坚持拆整结合,坚持拆用结合,坚持拆引结合,坚决拆除具有严重安全隐患的违规建筑等[3]。我们在走访塘栖镇的各个街道时,首先第一感受是危房破房数量较少,总体看来房屋的安全性较高。其次基础设施完善,街道整洁,没有垃圾横飞的现象。再者,周边的商店也没有给人脏乱差的感觉,饭店、超市以及景区内的商铺环境卫生良好。由此我们调研小队认为塘栖镇居民的生活环境已经有了一个大幅度的提升,居住环境良好。

(二)塘栖镇居民对改革开放 40 年来生活环境变革的看法

在沿街采访和问卷调查中我们发现,不管是游客还是当地居民都对塘栖镇现在的环境情况表示基本满意,其中满意度已经高达 80%,而且有 41% 的被调查者认为塘栖镇近年来的环境变化趋势呈逐渐好转状态,51% 的被调查者认为环境状态处于基本稳定,可见塘栖镇的生活环境状态还是处于一个不断改善的时期。其中有被采访者直言塘栖镇近几年的环境相比前几年已经有了巨大的好转,在它还没有成为知名的旅游小镇之前,塘栖经济发展水平不高,处于边界地带,没有好的资源也没有经济基础,到后来开始发展旅游业并通过环境保护进一步促进旅游业,通过这样的一个良性循环才逐渐发展成现在的塘栖古镇。

四、塘栖镇环境变革的经验与不足

(一)塘栖镇环境变革的经验与优势

紧跟时代的潮流,把握时代的先机,坚持"绿水青山就是金山银山"的发展理念,对"五水共治""美丽乡村"等发展战略认识深刻并且贯彻实施,同时因地制宜,发展特色旅游业,打造江南水乡古镇风情,塘栖由此成为浙江省知名的旅游景点之一。在环境改善与变革中,塘栖镇政府号召全体居民参与到河道整治中来,设立了如"河小二""角落观察员""美丽巡河队"等多个治水项目,使全民行动起来,参与进来,同时政府整治态度强硬,方法多样,使塘栖镇总体环境得到了显著改善。我们在调研过程中发现当地居民的环保意识普遍较好,对当地的"五水共治""美丽乡村建设"等相关政策认识比较深刻。通过问卷调查的完成率与结果分析,发现居民对当地现在环境状态认识较为清晰。

(二)塘栖镇环境变革的不足

通过主题宣讲发现居民对于环保组织的认识程度不够,大多数人对此表示从未了解过并且兴趣不大;通过问卷调查的完成率与结果分析,发现虽然居民对环境状态认识较为清晰,但对环境污染以及改革中存在的问题并没有深刻的认识。

五、对塘栖镇环境调研情况的体会与分析

(一)塘栖镇环境调研情况总结

本次环境改革调查项目,我们团队选择了塘栖镇以及附近的村落作为宣讲与问卷调查的地区,以"十九大精神宣讲"为主题,以"环保组织""环保创意""环保公益活动"等环保小知识为内容,以主题宣讲、问卷调查等形式为调查方式,同时结合我们环境科学与工程学院的专业知识,有针对性地介绍相关环保知识,调查居民对当地环保改革的看法与建议以及解答居民的相关环保问题。通过这次宣讲与调查活动,我们团队总结出自改革开放以来农村的环境变化及政策落实情况,发现当地许多居民对农村的环境变化认识体会深刻,切身感受到了改革开放以来环境由优美到糟糕,再从糟糕到现在的和谐美好,比起文字语言的描述,他们的切身感受更为直接与深刻,也正因如此,更能体会到政府政策所带来的巨大改变与积极意义,因此在采访过程中我们发现当地居民对有关环保政策持支持与信任的态度,并且积极配合与响应政府的相关工作。尽管如此,我们仍旧发现了一些问题,比如当地居民对于我们所宣传的环保创意、环保组织等相关环保知识认识普遍较浅,大多数居民表示不知道这些知识并且对此没有学习的兴趣。同时他们对于在当地环境保护与治理中存在的问题没有多大了解,只是停留于支持这些环保举措的开展,而不了解改革中存在的问题等具体情况。

(二)塘栖镇环境调研结果分析

我们在结束本次调研后对各个成员所获得的相关信息进行了总结与分析,最后得出了以下几点结论:

(1)塘栖镇流域水体水质情况良好,河道清洁,无大型垃圾漂浮物。

(2)塘栖镇居民生活环境良好,食品安全、住房安全、消防安全得到了有力的保障。

(3)塘栖镇居民环保意识较强,积极参与环保活动中去,但对较为专业的环保知识认识不够。

(4)改革开放40年来,塘栖镇环境有了显著的变革,且现今环境正在逐步改善。

(三)针对塘栖镇仍存在的环境问题的相关建议

(1)针对大量游客进入景区所带来的垃圾问题与环境污染问题,我们经过讨论认为可以在进入景区前设置一些特色的宣传展板,在景区内可在一些醒目位置设置警示公告,同时加强人员的巡查与监督。

(2)针对部分居民指出的非主干道路的街道卫生情况,首先是加强对居民的环保知识宣传,要让更多人认识到生活环境健康的重要性;其次政府部门也要加大该环保项目的支出,同时要加强监管。

(四)塘栖镇改革开放40年来环境变革调研体会

通过这次暑期社会实践活动,我们每一位成员都获益良多。前期通过网络调查与查阅文献等方式了解了有关"环保生活"的知识,根据实际情况制作了宣传板与选择了合适的宣传资料,结合当地居民的实际情况设计了问卷与访谈问题,这在一定程度上加深了我们组员

自身对"让环保进入生活"的理解。再者,在调研活动进行过程中,我们部分组员结合十九大精神中有关生态文明建设的部分论述向村民介绍环保小知识,这不仅考验了我们对知识的掌握程度,也考验着我们如何让当地居民明白接受这些知识的意义。还有部分组员随机向居民发放调查问卷,调查村民的环保意识,改革开放以来的环境变化与现存的环境问题等,同时进行相关访谈,从他们的描述与问卷反馈中我们更为深刻地感受到环保的重要性与政府部门相关政策的有效实施所带来的巨大变化。最后我们通过 PPT 展示、成果展板、微信推送等多媒体方式宣传与展示本次社会实践的成果,以扩大本次活动的影响范围,加深民众与同学们对环境保护与十九大生态文明建设的理解与认识。

图 1　塘栖镇居民接受问卷和访谈调研

【参考文献】

［1］黄玉环.古镇与新城齐飞 塘栖在历史传承中缔造新繁华［EB/OL］.（2017-05-31）［2018-10-31］. http://biz. zjol. com. cn/zjjjbd/ycxw/201705/t20170526_4050098. shtml.

［2］陈坚,郑维梅. 新桥港:综合治理整旧如新［EB/OL］.（2017-03-27）［2018-10-31］. http://www. eyh. cn/class/class_24/Articles/406160. html.

［3］商赟,李书畅. 塘栖正式启动小城镇环境综合整治［EB/OL］.（2017-01-06）［2018-10-31］. http://www. eyh. cn/class/class_24/Articles/398219. html.

编者按

改革开放 40 年是一个非常重要的选题,同时也是一个非常大的选题。本文作者将塘栖古镇变化发展的探究置于这个大背景下,将该选题以大化小进行处理,又从农村环境变革和居民环保意识的角度来切入,从小细节看古镇改革开放 40 年的变化。选题处理得非常好,细微处可以看出文章作者经过一定选题筛选。在调研过程中运用问卷调查、访谈、政策研究等方式,总结归纳改革开放 40 年来的发展变化情况、不足和相关建议,有一定的借鉴意义。

乡村文化篇

要推动乡村文化振兴,加强农村思想道德建设和公共文化建设,

以社会主义核心价值观为引领,

深入挖掘优秀传统农耕文化蕴含的思想观念、人文精神、道德规范,

培育挖掘乡土文化人才,弘扬主旋律和社会正气,

培育文明乡风、良好家风、淳朴民风,

改善农民精神风貌,提高乡村社会文明程度,焕发乡村文明新气象。

——习近平在 2018 年 3 月 8 日参加十三届全国人大一次会议

山东代表团审议时的讲话

从文化参与走向自主治理的路径探索

——绍兴市乐和家园项目的经验启示

公共管理学院　杨绪杨　王国栋　曹强龙

摘　要：针对乡村建设和乡村自主治理存在的村民参与冷漠和自主治理瘫痪等问题,本文基于绍兴市上虞区永和镇项家村乐和家园项目的实地调研,总结归纳项家村从文化参与到自主治理的路径所做的尝试及效果,最终,借鉴项家村的具体经验,探索乡村从文化参与走向自主治理的路径。

关键词：文化参与　自主治理　项家村　乐和家园

一、调研背景

我国民国时期乡村建设领袖人物梁漱溟曾说:"求中国国家之新生命必于其乡村求之;必乡村有新生命而后中国国家乃有新生命焉。"乡村建设于国于民都极为重要,美丽乡村建设离不开良性的乡村治理,构建多效可行的乡村治理体系在乡村发展中显得极为关键。

"凡是属于最多数人的公共事务常常是最少受人关注的事务,人们关怀着自己的所有,而忽视其他公共的事务。对于公共的一切,他至多只留心到其中对他个人多少有些相关的事务。"(亚里士多德,1983)提升乡村治理水平,需要尽可能地促使村民切实参与到乡村治理中,提升村民自主治理意识。在新农村建设中,有许多事情是可以充分调动民间力量的,而不必什么事情都由政府来操办。民间组织出面,让农民自己操办,成本低而且效率高。(赵树凯,2006)村民互助组织在乡村治理中有着得天独厚的人力资源优势。

文化参与所形成的互动性和主体能动性是推动乡村治理的关键路径,本文在实地调研的基础上探索构建从文化参与到乡村治理的路径。

团队核心成员于2018年暑期前往项家村进行前期调研,访谈了社工站主任和两名社工、项家桥村支部书记、永和镇团委书记、项家村互助会一位成员和部分村民。除了访谈外,本团队还针对村民和慈善基金理事会成员等进行了随机走访问卷调查。

二、调研发现

(一)乡村治理面临的基本问题

当今中国乡村治理面临着自下而上村民不愿参与到村庄自主治理中来和自上而下政府及村两委不能取得村民较为完全的信任的双重矛盾,有效解决这两个矛盾是提升乡村治理水平的关键所在。

1. 民主参与冷漠

在当下的中国,很多乡村面临着"空心化"的困境,迫于生活的压力和为了谋求更好的生活,很多青壮年劳动力会选择外出打工。国家统计局数据显示,2017年农民工总量达到了28652万人,比上年增加了481万人,在农民工总量中,外出农民工17185万人,比上年增加251万人。留在乡村的群体大多是妇女老人和儿童,对于这部分人群来说,大部分受制于年龄、身体状况以及认知水平,对乡村自治活动参与度并不高。

在中国广大农村曾经消失的宗族势力又有复活的趋势,随着改革的进一步深化,宗族势力在我国乡村的影响力日渐增强(宋佳,2012)。宗族势力在乡村发展的过程中有一定的益处,但在乡村自治的过程中往往会带来消极的影响。某一单姓村民占村民数大多数时,他姓村民参与村庄治理的意愿会有所下降。

受乡村人口结构和村庄差序格局影响,村民参与公共事务的热情和自主治理的热情较为有限,这是阻碍村庄自主治理和乡村发展的重大障碍。

2. 自主治理形式化

《中华人民共和国村民委员会组织法》规定:村民委员会是村民自我管理、自我教育、自我服务的基层群众性自治组织。村民委员会作为基层群众性自治组织,本应该代表广大村民的利益,为村民服务,但在具体的实践中却面临着治理瘫痪的局面。

民主形式化,虽然很多村子都有村民大会、村民会议等渠道以表达村民诉求,但是在实际的决策过程中,往往还是由村领导说了算,民主议事流于形式;管理低能化,由于乡村"空心化"等原因,乡村大量精英流失,以致村子管理者能力较弱,在村子的管理过程中,缺少主观能动性,没有创新思维,不能够因地制宜地管理村子,往往上级说什么就做什么,上级怎么说就怎么做;监督表面化,我国的村民会议等是我国民主监督的重要机构,但实际上,由于农村社会长期存在的复杂性,这些监督机构并未能很好地发挥其监督的职能(张明轩,2017)。

当代乡村治理中,仅仅依靠村两委已经很难提升村庄治理水平。村两委既要对村民负责,又要向乡镇政府负责,有时甚至像是乡镇政府的派出机构。村两委在村庄具体事务的处理上有过多考虑,其中还包括对自身利益的考量。所以,如何提升村庄自主治理水平,提升村民在村庄治理中的参与感和主体意识极为关键。

三、项家村乐和家园项目经验阐述

上虞区永和镇项家村位于余姚与上虞交界处,属于浙江绍兴偏远乡村,村子分散,自然村比较多,面积大约是3.4万平方米,距离上虞区要50分钟的公交车车程。大项家村和小项家村是项家桥行政村的8个自然村中的2个自然村,有七八个村民小组长,没有自然村的村主任。

"乐和家园"项目于2016年3月底走进浙江上虞区永和镇项家村,项目为期两年。该项目是由敦和基金会资助、北京地球村驻村提供社工服务的社区治理项目,始终坚持党委领导、政府为主导、村民为主体、文化为主脉、社工为助力的社区治理方针,培育基础社区组织,以"一站两会四公六艺"的模式服务乡村,开展社工服务。一站即社会工作站,招募大学生社工开展社工服务,两会即作为社区组织的互助会和作为村庄公共议事机制的联席会,四公即建立公共基金、开展公共活动、处理公共事务、培育公共精神,六艺即开展耕、读、居、养、礼、乐六个方面的村民活动和社区服务。

(一)文化准备

在乐和家园项目最初进入项家村的时候,为了让村民理解乐和的理念,认同乐和项目,社工在村领导的支持下做了一系列的文化准备活动。从 2016 年 4 月份乐和家园开始,乐和社工就针对镇领导、村委成员、村民分层次开展宣导,让大家了解乐和项目、乐和文化等。从乐和文化入手,提升人们对文化建设在乡村发展中的重要性的认识。

在乐和文化的倡导下,项家村建立村社工站,并以其为阵地,依托不同节令节气组织了与当地文化息息相关的传统文化活动。例如:立夏时节祭地活动,端午节包粽子,重阳节包饺子重孝道,社工组织村中儿童利用六一儿童节到永和敬老院开展"手牵手·心连心"主题活动。在推进过程中,村民参与热情较高。

(二)文化的日常行为习惯

只有将文化融入村民的日常生活中,文化才能展现自身强大的塑造能力。项家村在乐和家园建设中,重视敬老、助贫助困,倡导互助精神,为新时代文明乡村建设注入精神活力。

为帮助解决村民因病致贫问题,项家村从 2016 年中秋节开始,在每年中秋节举办慈善基金劝募大会,将劝募而来的爱心基金用于资助村中符合条件的大病救助对象。截至 2017 年底,已募得 3 万元的爱心基金,所有慈善款共救助了 5 位村民。

另一方面,为提升村中老人养老服务质量,村中以社工站为主导,经过长期探索,为老人提供健康养老、社会交往、改善餐饮等服务。互助会在村中选拔了两名社工阿姨,负责老人的周末午餐等,社工将社工站一楼装修布置成了一个具备理疗、就餐和观影等多功能的乐和活动中心。社工站空间虽小,却聚人气、暖民心,村中老人乐意到社工站看节目做理疗。

慈善基金、互助午餐和互助养老等措施得到了项家村村民的大力支持,这些活动也得到了良好反响。

(三)乡村治理的制度落实

为进一步推进乐和项目,使乐和理念真正根植在村民心中,创建文明村落,项家村以此为契机,建立和完善了一系列的制度体系。

1. 民主参与制度

完善会议制度,提高决策的科学性、村民的参与度和广泛的代表性,项家村通过联席会、互助会等,将民主参与落到实处。

(1)联席会。

由村两委、互助会、社工组织和其他共建组织多方组成。联席会坚持民主集中、少数服从多数的原则,实施大事政府办、小事村委办、私事自己办的三事分流、礼法结合的方法,包括公共资源的分配和工作责任的分担。联席会原则上每月召开 2 次会议,根据工作需要可临时召开。联席会切实反映了项家村多中心合作治理村庄,起到了村民自治的良好效果。

(2)互助会。

村民互助组织互助会每周都会开一次会议,方便及时解决村子里存在的问题,做到"早发现、早治疗",互助会做出的决策在后期的执行过程中得到了良好的落实,村民都积极参与其中并乐在其中。互助会在村中是村民互助组织,作用显著。互助会和村两委、社工站协作为村民做了很多好事大事。在多中心治理模式下,互助会是由村民自下而上选举产生的组织。互助会成员在村中较有声望,能代表大部分村民的想法;村民也支持互助会的决定。

2. 村务公开制度

在乡村治理和文明乡村推进的过程中,公平公正公开是和谐乡村建设的基础条件,尤其是开展慈善基金劝募活动以来,村务、账务公开也成了项目与村民、村民与村民之间相互信任的重要环节。项家村坚持每月公开村务,每年的慈善基金使用情况也在村务公开栏张贴明细。

在社工站和村两委的推动下,项家村互助组织在村庄治理中的作用逐步显现,村民民主参与热情有所提升。

四、项家村从文化参与推进乡村治理的成效与不足

绍兴上虞区项家村作为中国传统乡村中的一分子也面临着乡村治理和发展的基本问题。从 2016 年 3 月开始推行乐和家园项目两年半以来,项家村开展的文化活动一定程度上解决了乡村治理中碰到的村民民主意识不强和自主治理瘫痪等问题。

(一)项家村从文化参与推进乡村治理取得的成效

1. 多样的文化活动凸显村民参与感

多样的文化活动特别是面向村中老人的活动很受村民的支持,这些文化活动以村民为主体,改变了村中常年千篇一律的生活习惯,增添了村庄活力,村民也能在这些活动中感受到自己的价值所在。

多样的文化活动提升了村民参与感,在乡村网络状、带有差序格局色彩的村民关系中,村民因多样的文化活动而联系更加紧密,加强了村民之间的关系强度,村民关系趋向融洽,村民主人翁意识有所提升。在多样的文化活动中,村民感受到了村中社工和村委的关心,对其工作支持力度提升,为村民支持村中社会组织和互助组织做了良好准备。

2. 日常文化行为习惯提升村民幸福感

活动制度化会增加活动的持久影响力,项家村将村庄发展的难题作为突破口,定期组织村民参与。

为了解决村民乱扔垃圾造成的村中环境脏乱差的问题,以互助会为主体组织村民一年两次定期打扫村中卫生,不仅改善了村容村貌,也使得村民自主意识增强,注重垃圾分类,不乱扔垃圾。为了解决村民因病致贫的问题而成立的项家村爱心基金降低了村民因病致贫的风险,提升了村民安心感和幸福感,村民愿意在捐款活动中出自己一份力。为了提升村中老人养老服务质量而推行的互助午餐使得村中老人较之前有了更多机会和村中其他老人交流,有效缓解了老人孤独问题。村民看到村中老人更有活力,自会平添几分对社工站的信任和感激。

不同于临时性活动,定期活动更有切身体会,规律性活动会提升村民对社工站、互助会、村两委的信任,也会大大提升村民幸福感。村民在这些日常行为习惯中逐步提升自主治理热情。项家村日常行为活动大大改善了村民和村中相关组织的关系,为村民互助组织的成立打下了良好的基础。

3. 多样的互助组织推进村民的民主参与和自主治理

在多样的文化活动和日常行为习惯的作用下,村民参与感和幸福感提升,村民逐步愿意参与到村庄治理中来,愿意为村庄发展出力。在社工站的推动和村两委的支持下,项家村相继成立了互助会、联席会和慈善基金。这些村民互助组织以村民为主体,提升了村民乡村治理参与感。村民通过自荐、推荐选拔成为互助组织成员,为村庄治理献计献策。以互助会为主体的村庄互助组织为承担乡村治理中的一方,能够在乡村事务中有发言权,以村民为主体的互助组织在村庄场域中为自身谋福利。

(二)项家村从文化参与推进乡村治理的不足及原因分析

1. 空心化和老龄化严重,缺乏活力

项家村 90% 以上的户主都姓项,是传统的单姓村庄。该自然村有 230 余户,常住村民约 20 户,总人口 638 人。60 岁以上人口 168 人,占村里总人口的 26.3%,80% 以上女性老人经常参与念佛活动;小学生 25 人,实际在村仅为 6 人,其余均在城区就学。

项家村青壮年劳动力绝大多数外出工作生活,留守在村的大多是老人和小孩。村庄空心化和老龄化严重,村庄活力不足。对于社工站和互助会组织的相关文化活动,一方面老人行动不便,另一方面老人缺乏参与热情。这导致村民文化活动参与度较为有限,部分村民感受不到主人翁的幸福感,他们不愿意参与到村庄自主治理中。

2. 资源有限,缺乏公共空间

社工站负责人叶其均表示,在乐和家园项目开展初期,永和镇副镇长为项目提供了很大的支持,帮助联系各种社会资源。项目进行到中期时副镇长调走,来自政府实质上的支持减少了很多。关于资金方面,政府没有给出过多支持,并且政府项目要求很严格,争取政府有资金支持的项目很不容易。项家村乐和家园项目建设资金支持基本上来自敦和基金会,政府和社会提供的资源支持有限。绍兴越剧团偶尔会到村庄举办公益性免费演出,但此类活动举办频次有限。资源的缺乏特别是文化资源的缺乏,使得村中文化活动内容受限,村民参与度不高,村民体验不到参与其中的村庄主体感受,便不愿意参与到村庄自主治理中。

笔者在实地调研中发现项家村缺少公共活动场地,经过访谈,我们了解到:乐和项目现在最需要的帮助是扩大公共空间,他们曾经提出过一个计划就是修建一个老年人活动中心,但是由于土地有限的问题,这个计划一直未能得到落实,因为修建老年人活动中心需要一些指标和规划,而镇中心现在正在不断修建房屋,带来的影响就是会不断扩大镇中心的占地面积,而项家村处于镇中心的边缘,所以修建老年人活动中心存在一系列的安全隐患,他们曾经有一个想法就是去租用一个老房子来作为老年人活动中心,但是由于各种原因最后没有成功落实这个项目。近两年,项家村所举办的活动主要是场外活动,但项家村没有良好的公共空间。互助会等村庄互助组织和互助午餐等则是在面积有限的社工站进行。良好的村庄公共空间的缺失,使得文化活动形式和内容受限,村民的活动参与热情有所下降,进而对村中公共事务热情和村庄自主治理热情不高。

3. 互助组织制度化建设有待完善

项家村乐和家园项目引进初始,社工站就起着连接基金会、村两委、村民和后来项家村成立的互助会、联席会、基金会的职能,社工具备专业的乐和家园项目建设知识和经验,但在村庄建设中引导性作用太大,村民互助组织互动发起能力和执行能力相对有限。项家村已经在逐渐弱化社工在村庄建设中的作用,但怎么提升互助组织提升村民自主治理能力仍然是项家村自主治理建设的一个难题。

和中国绝大多数村庄一样,项家村村两委成员在村中影响力大,并且村两委拥有极大的村庄事务决策权及决策影响力和更多资源。村庄公共事务基本上要和村两委商量后才能推行,村两委对村民互助组织的影响过大。

突出村民互助组织的影响力,减低社工站和村两委的不恰当影响可以有效提升村民主人翁意识,村民会更加愿意参与到由村民自主决定的文化活动中来,村民也会更加关注村中公共事务和自主治理。

五、从文化参与走向乡村治理的路径探讨

项家村虽然面临村庄老龄化和空心化、村庄资源有限、缺乏公共空间、自主治理中的村民互助组织建设不足等问题,但项家村村两委、社工站、互助会、联席会、慈善基金会等组织协同治理,通过举办多样的文化活动、形成日常文化习惯等方式提升了村民主人翁意识和活动参与幸福感,进而提升村民参与公共事务管理和自主治理的热情。

借鉴项家村乐和家园建设经验,推动乡村发展,政府和村两委可以根据当地实际引进社会组织,进而注重村民的文化参与。文化参与能唤醒村民参与自主治理的热情,村委和政府要尽可能在村庄多举办相关文化活动,提升村民参与感和村庄活力,凸显村民在村庄中的主人翁身份。再加以正确引导,提升村民主体意识,增加村民公共事物务与热情和自主治理热情,在村庄中建立相关互助组织,实现村民自主治理。这样才能提升村庄治理水平进而推动美丽乡村建设。

【参考文献】

[1]梁漱溟.河南村治学院旨趣书[J].村治月刊,1929(9):1-59.

[2]亚里士多德.政治学[M].吴寿彭,译.北京:商务印书馆,1983.

[3]宋佳.转型期中国村民自治困境与出路[D/OL].西安:陕西师范大学,2012[2018-08-20].http://kns.cnki.net/KCMS/detail/detail.aspx? dbcode=CMFD&dbname=CMFDTEMP&filename=1012424324.nh.

[4]张明轩.人口"空心化"背景下我国村民自治面临的困境及对策研究[D/OL].成都:西华大学,2017[2018-08-20].http://kns.cnki.net/KCMS/detail/detail.aspx? filename=1017246139.nh&dbname=CMFDTEMP.

▶ 编者按

本文的调研团队从新模式的文明乡村建设入手,以乐和家园项目在浙江省绍兴市上虞区项家村的成功实践为研究对象,深入研究从文化参与到乡村治理的优秀经验和存在的问题,并提出对策,为乡村振兴中乡村治理方面提出了有借鉴、可模仿、可实施的重要思路。

寻村嫂志愿服务模式　探乡村振兴发展方向

公共管理学院　褚鑫蕊　孙　澜

摘　要:村嫂志愿服务这种志愿服务新模式近年来在浙江省多个乡镇出现,由农村闲置劳动力组成的村嫂志愿服务队伍在村中从事着多项志愿活动。本文着重探索乡村志愿服务模式,探究乡村振兴发展方向,以村嫂志愿服务模式为出发点,将通过走访调研,了解村嫂志愿服务队的建设及乡村精神文明建设情况,为乡村振兴发展提供具体方向。

关键词:村嫂志愿服务　乡村文化　精神文明　乡村振兴

一、研究背景和意义

(一)研究背景

乡村振兴战略是"三农"政策从城乡统筹到城乡融合的升级与跨越,实施这一战略是新时代"三农"工作的总抓手。当地开展民情服务的需求,文明乡村建设要求,把民情服务置于重要地位,关注乡村建设中的薄弱环节,从而促进乡村大发展。服务群众旨在把马克思主义的群众观点和党的群众路线落在实处,带领群众进入乡村民情服务主阵地,形成"群众工作群众做"的稳固局面,使得群众成为乡村文明的建设者与执行者,共建魅力乡村,推动乡村振兴。

村嫂,这一由农村或乡镇中闲置的劳动力人口所组成的志愿服务群体,正在浙江省多个乡镇逐步发展起来。长期以来,部分农村妇女业余活动贫乏,文化生活单调,但是村嫂志愿服务队伍的出现使农村妇女有了实现自我、奉献自我的机会。它将乡镇的妇女组织起来,使其参与多项志愿活动,有效推动了乡村精神文明建设和乡村文化建设。为了切实了解乡村村嫂志愿阵地建设、"乡村振兴战略"实施的具体情况,助推浙江省乃至全国各地农村精神文明建设与道德风尚建设,本实践团队以浙江省嵊州市"村嫂志愿服务阵地建设"为研究对象,通过文献查阅、问卷调查、实地采访等形式开展调研,深入了解村嫂志愿模式助力乡村文明创建,推动乡村振兴的可行性,并提出建议。

(二)研究目的

村嫂志愿服务队,从初始的捡拾垃圾、清洁河道,延伸到调节交通、帮老扶幼、解困济贫、调解纠纷和文艺宣传等基层生活的方方面面。村嫂志愿服务队的成功组建,并逐渐成为乡村志愿服务的代名词,既少不了每位乡村妇女的真情奉献和热情参与,更少不了当地政府的支持和帮助。为了探索村嫂志愿服务队的发展模式,从中了解村嫂志愿服务工作情况,探寻乡村治理的方法,实践团队来到浙江省嵊州市的多个乡镇,寻找村嫂志愿服务队伍,深入基层了解其工作开展情况,通过发放问卷、走访村民、实地调查,获取村嫂志愿服务最新资料,探索村嫂志愿服务模式,为乡村治理提供良好的方法。

(三)研究设计

1. 研究工具与方法

本次调查主要使用的是文献法、问卷调查法以及实地访谈法。首先通过对相关文献进行搜索,简单了解相关情况。之后采用问卷调查的方式随机对浙江省杭州市市民、嵊州市多个乡镇的村民发放问卷,收集问卷后使用 SPSS 数据分析软件对整理后的数据进行相关关系的分析以及形成图解。

问卷发放采用随机抽样的方式,共发放问卷 904 份,回收问卷 904 份,回收率 100%。问卷的问题涉及公众对志愿服务的态度及参与情况,对村嫂志愿服务的态度及了解程度,对村嫂志愿服务队的未来发展状况等多个方面。并采用实地访谈的方法,对村干部、村嫂志愿者进行访谈,了解村嫂志愿服务的发展状况,从多角度探寻村嫂志愿服务模式。

2. 研究对象

通过前期查阅文献了解到,村嫂志愿服务队主要从浙江省嵊州市下王镇发展起来,当地村民对于村嫂志愿服务比较了解,并且有较多志愿服务者,因此调研队伍主要以嵊州当地村民为调研对象。

3. 资料收集与分析

初期,调研组通过文献查阅,设计制作调研问卷,首先在杭州市采用随机发放问卷的方式,收集杭州市民对村嫂志愿服务队的了解情况;之后在嵊州市多个乡镇中,对当地村民进行随机抽样问卷调查并针对乡镇情况进行访谈。问卷回收后,结合当地访谈情况和 spss 软件对问卷进行分析。

4. 研究设计的局限性

(1)调研地域和时间有限。受到团队人数、时间的限制,只选取嵊州市部分乡镇开展调研,无法明确整个浙江省的村嫂志愿服务阵地建设情况。

(2)沟通限制。由于被调查者多数讲当地方言,团队成员在访谈以及发放问卷时沟通交流困难。

二、调查结果与分析

(一)被调查对象的基本情况

在受调查的 904 人中,年龄在 18-25 岁所占比重最大,占总人数的 28.5%,年龄在 26-30、31-40、41-50、51-60 及 60 岁以上的被调查人数占比分别为 14.7%、17.7%、15.2%、12.2% 及 11.7%(如表 1),人数分布比较均匀,可以较好地了解不同年龄层次人群对村嫂志愿阵地建设的看法、态度。在职业方面,15% 的受调查者身份为家庭主妇,12% 为自由职业者,11% 为公司职员,10% 为服务业人员,9% 为专业人员,8% 为工人,有 31% 的人选择"其他"选项(如图 1)。经过详细询问受调查者后,我们发现选择"其他"的大多数为学生,或无业、待业人群,受调查人群职业分布较广。

表 1　年龄分布情况

年龄	人数	百分比
18—25	258	28.5%
26—30	133	14.7%
31—40	160	17.7%
41—50	137	15.2%
51—60	110	12.2%
60 以上	106	11.7%
总 计	904	100.0%

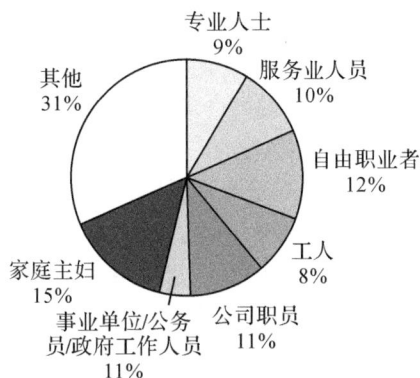

图 1　职业分布情况

(二)人们对于志愿服务活动的参与意愿,活动类型及承担角色相关情况

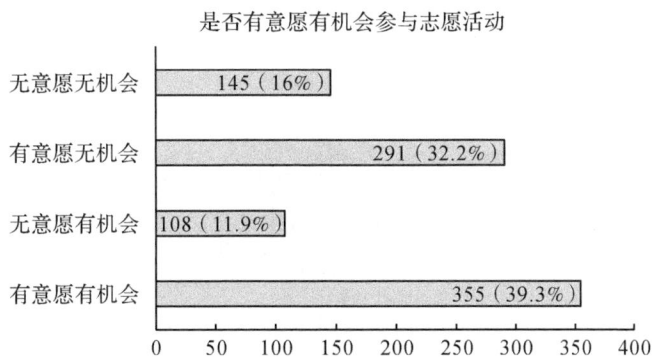

图 2　参与志愿活动意愿情况

　　从图 2 可知,多数人都有参与志愿活动的意愿,但比较缺乏机会,志愿服务活动的开展少不了人们的热情参与。根据调查结果显示,39.3%的受调查者有意愿且有机会参与志愿活动;32.2%的受调查者表示有意愿参与志愿服务活动,但是缺乏机会;16%的受调查者既无意愿也缺乏机会;仅有 11.9%的人没有参与志愿活动的意愿。

　　通过进一步调查统计,参与志愿服务活动的频率,每年一次的占 33.5%,比重最高,几乎没有从事过的占 29.5%，只有少部分人可以做到每周或每两周从事一次志愿活动，如表2。

表 2 参与志愿活动频率

	参与志愿活动频率	人数	百分比
	每周至少一次	80	8.8%
	每两周至少一次	66	7.3%
Valid	每月至少一次	179	19.8%
	每年至少一次	303	33.5%
	几乎没有	267	29.5%
总计		904	100.0

从中可以看出人们对于参加志愿服务活动的热情较高，但有待提升，当一些志愿服务机会出现时，受到社会因素、个人因素的影响，人们无法参与到志愿服务当中；而且目前社会提供的志愿服务活动较少，多由高校、民间组织自发开展，很多社会人士缺少途径、缺少机会参与到志愿服务活动中。因此，社会应该大力推广宣传志愿服务活动，提高人们的参与度；多提供志愿服务活动的机会，使有意愿的人都可以投入志愿服务活动中。

如图3，我们发现，针对"你更倾向于哪一类志愿活动"的问题，选择"社区服务"的人数较多，占整体选项的21%。下乡支教、公益环保和助老扶贫也是人们比较愿意参加的志愿活动。而有意愿参加扶贫建设、服务活动的人数较少，分别占6%和7%。

社区服务由居委会或村委会进行组织，人们在所在社区可以很方便地参与社区活动，例如文艺活动、环保活动等；下乡支教活动的参与人群多为大学生和教师；社区服务、公益环保和助老扶贫也是村嫂志愿服务队的志愿者倾向的志愿活动，根据实际情况来看，村嫂志愿者们所从事的志愿活动与其息息相关，如清理街道、河道，维持交通秩序，助老扶贫，看望留守儿童等。

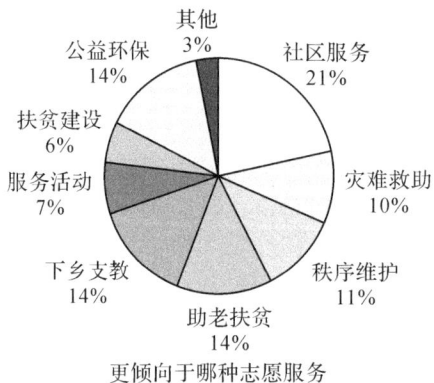

图 3 志愿活动倾向示意图

根据表3，51.9%的人愿意在具体的志愿活动中担任活动参与的角色，22.7%的人愿意进行活动宣传，愿意从事活动策划和活动领导的人数较少。从事志愿活动的人群以普通群众居多，一场志愿活动的策划和领导对于普通群众来说难度较大，活动的参与和宣传相对于策划和领导而言较容易，因此人们更愿意承担活动的参与和宣传。

表3　志愿角色倾向

愿意承担哪种角色		人数	百分比
项目	活动策划	102	11.3%
	活动领导	115	12.7%
	活动宣传	205	22.7%
	活动参与	469	51.9%
	总　计	904	100.0%

综合上述人们对于志愿服务活动的参与意愿,活动类型及承担角色等相关情况,我们可以看出目前人们对于志愿服务活动的参与热情较高,也有较多的机会可以参与,并且志愿活动类型较广,人们可以根据自己的意愿来参与志愿服务活动。村嫂志愿服务队的建设,首要因素就是人们的热情参与。而村嫂志愿服务阵地的建设对乡村志愿服务发展也起着至关重要的作用。

(三)人们对村嫂志愿服务队的了解情况

根据问卷调查,调研团队整理统计出村民对村嫂志愿服务队的了解情况。(见表4)"从未听说过"村嫂志愿服务队的人数占总人数的39.3%,比重较高,"听说过"的占26.5%,这说明目前人们对村嫂志愿服务阵地的了解程度较低,根据相关资料显示,村嫂志愿服务阵地主要在浙江省嵊州市的多个乡镇发展起来,也在逐步成长,缺乏强有力的宣传,因此其他省市的人群或是嵊州市外来人群,对村嫂志愿服务阵地不了解。

表4　对村嫂志愿服务队了解情况

	人数	百分比
很了解	142	15.7%
了解	165	18.3%
听说过	240	26.5%
从未听说过	355	39.3%

(四)村嫂志愿服务阵地的发展条件、发展状况

通过采访当地村嫂志愿者,了解到她们主要从事清理街道、河道,维持交通秩序,助老扶贫,看望留守儿童,文化娱乐,创业互助等活动。从图4中可以看到,从事村嫂志愿服务工作所具备的条件包含:知识完备、技能专业、经验丰富、时间充足、热情洋溢,其中"时间充足"占比最高,为24.2%。从事志愿服务活动,应该具备比较充足的时间和热情洋溢的志愿服务精神,而经验、技能和知识都可以在从事志愿服务的过程中培养或由专业人士来指导。村嫂志愿服务者多数为乡村妇女,她们具备时间充足的条件,但不具备专业技能和完整的知识储备。

从事村嫂志愿服务工作的条件

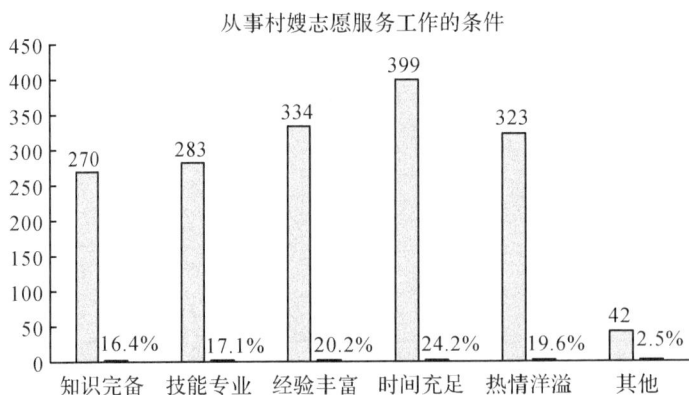

图 4　从事志愿工作条件

1. 村嫂志愿服务队存在并发展起来的原因

村嫂志愿服务队的成员由乡村闲置女性劳动力组成,她们大多数为全职妇女或退休在家且不从事其他工作,可自由分配的时间较多,因此可以投入到村嫂志愿服务活动当中。问卷的调查情况也证实了这一点,根据表5,有40.9%的受调查者认为"农村全职妇女较多,可自由支配时间"是村嫂志愿服务队存在并发展的原因;"社会资源少,业余生活单调"也是另一方面的原因。我们观察了调研所在地嵊州市下王镇石舍村的情况,村子位于山区,道路崎岖,社会资源相对较少,农村妇女的业余生活比较单调,而村嫂志愿服务队不仅开展环境清理活动,而且也有文艺会演、创新创业活动,可以为农村妇女们提供丰富的活动,在弘扬奉献精神的同时也丰富了她们的业余生活。

而"农村发展需要投入大量人力物力"这一方面也符合目前农村的发展现状,想要治理好河道,管理好交通,建设好乡风,就需要投入大量的人力物力,仅凭村委会的公职人员是无法做到的。以石舍村为例,目前有一百多人加入到村嫂志愿服务队伍中,又根据工作类型的不同分成各个小队,有力地推动乡村建设。

表 5　志愿服务队存在并发展的原因

村嫂志愿服务队存在并发展的原因		人数	百分比
项目	农村全职妇女较多,可自由支配时间	370	40.9%
	社会资源少,业余生活单调	261	28.9%
	农村发展需要投入大量人力物力	184	20.4%
	其他	82	9.1%
总计		904	100.0

2. 村嫂志愿服务队存在不足的原因

根据图5,村嫂志愿服务队的发展也存在较多不足。人们的积极性不高、政府及社会重视度不够是受访者认为村嫂志愿服务队存在不足的两个方面,活动资金不足、队伍专业化程度不高也是目前存在的不足。

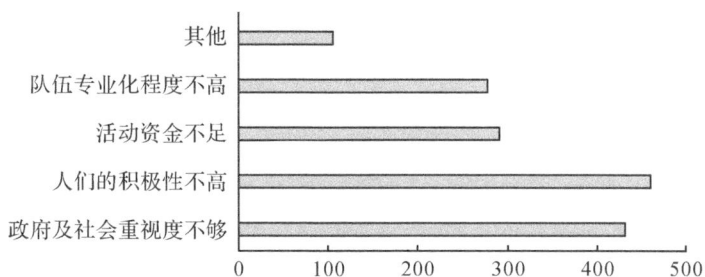

图 5　志愿队不足情况

"队伍专业化程度不高"也是村嫂志愿服务队的不足,根据问卷情况如表 6,有 524 人加入到服务队中,但参加过专业培训的人只占总人数的 16%,这说明大多数村嫂志愿者没有经过专业的培训,她们在进行志愿活动时依照以往经验或是根据受培训者带来的方法开展活动,这不利于服务队的长期发展。一个组织想要获得良好的发展,就需要专业的方法来支持村嫂们的活动,有了明确的培训方法、工作条例,不仅可以使村嫂服务队本身得到发展,而且可以将方法推广宣传出去,供其他地区借鉴和使用。因此,需要政府和社会加强重视,为村嫂志愿队提供专业的指导和培训。

表 6　村嫂培训情况

	是否参加过专业培训	人数	百分比
项目	是	145	16.9%
	否	367	40.6%
	总计	524	58.0%
	数据缺失	380	42.0%
总计		904	100.0%

人们的积极性不高受多方面的影响,根据问卷中的问题"加入村嫂志愿服务队的主要障碍"如表 7,我们可以得知"与工作生活冲突"是人们无法成为村嫂志愿者的主要原因。村嫂志愿者每周都会安排工作,例如清理道路、管理交通更是每天都需要从事的工作,那么对于每天有工作,需要上班的人而言,就无法加入村嫂志愿队中。另一方面,很多人对村嫂志愿队缺乏认同感,很多农村妇女的生活环境中很少出现"志愿服务"这类活动,并且在乡村缺乏有关志愿服务的宣传,所以会出现农村妇女不认同志愿活动的情况。因此,需要从各方面加强宣传,在村中营造良好的志愿服务风气,弘扬奉献精神。

表 7　加入村嫂团队障碍情况

		人数	百分比
项目	与工作生活冲突	374	41.4%
	无认同感	238	26.3%
	工作强度大	123	13.6%
	其他	147	16.3%
	合计	883	97.7%
	数据缺失	21	2.3%
总计		904	100.0%

(五)村嫂志愿服务阵地未来的建设

根据图6中"您希望村嫂志愿服务队增添哪些活动",此题为多选题,限选两项,"教育助学活动、心理健康活动,文化娱乐活动,邻里关系调解"都有较多的人选择。目前,村嫂志愿活动重心主要在保护环境和维持交通上,其他方面虽有涉及,但不够全面。根据人们的意愿,村嫂志愿服务队要适当增添相关活动,满足村民的需求,更好的建设乡村。

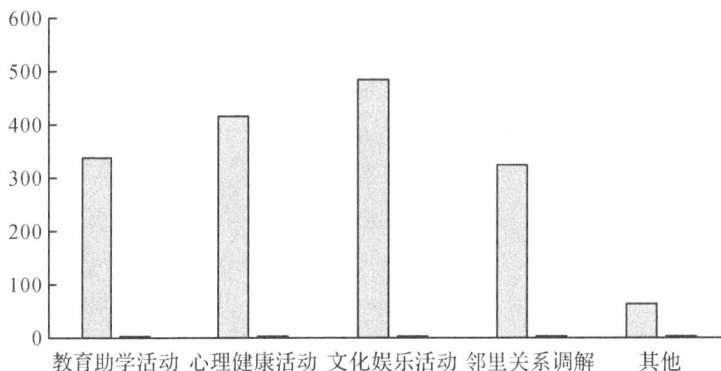

图 6　增添活动情况

根据图7,面对"大学生志愿者可以为村嫂做些什么"的问题,有32%的人希望可以扩大宣传面,增加社会的关注度,26%的人希望提供具体的实践机会,增加参与公共服务的可能,21%的人希望能够提供志愿形象,如礼仪、形象与魅力等方面的培训。大学生志愿者可以通过微信推送、微博推文等方式为村嫂志愿服务队扩大宣传面,吸引更多的人参与到志愿队伍中;也可以根据自己参与其他志愿活动时的相关经验,为村嫂提供志愿形象方面的培训;但对于提供具体的实践机会,目前大学生参与的志愿活动也是由相关组织进行安排的,大学生自身无法为她们提供更多的实践机会。

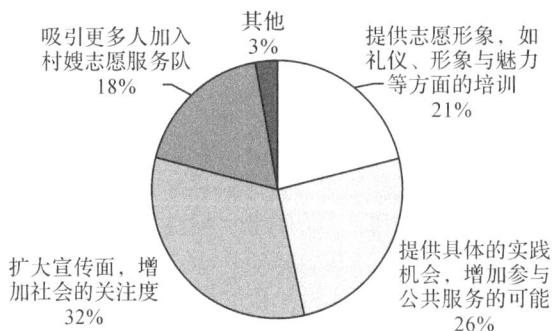

图 7　大学生志愿者可以为村嫂做些什么

三、结合村嫂志愿服务模式,为乡村振兴提供方向

经过一系列的调研,我们对村嫂志愿服务模式有了更深入的了解,村嫂志愿服务阵地基于乡村,为乡村文明建设贡献了重要力量。实践团队希望通过对其发展模式的探究和推广,助力乡村振兴。

(一)政府和民间组织互助互信

根据以上调查结果,我们可以看到,村嫂志愿服务群体由农村或乡镇中闲置的劳动力人口组成,该队伍起初由民间自发组织起来,由群众自行开展活动。虽说群众的力量是巨大的,但任何的民间行为或民间组织,如果缺少了当地政府的发现、扶持、引导,很难走得远。因此乡村振兴要依托于"政府"与"民间"的互信,"自下而上"与"自上而下"的互动。

例如村嫂志愿者在志愿活动中的角色多为活动参与和活动宣传,并且大部分村嫂缺乏专业的培训,村嫂志愿服务队如果想长远发展下去,需要专业的人才来为村嫂们提供培训和支持。乡村振兴发展也是如此,受教育、经济等条件的制约,乡村缺乏专业人才,也有很多人不愿意来农村发展,很多事情都是摸着石头过河,因此需要政府加强政策扶持,开发科技人才,发挥人力资本的作用,支持有专业技能、有领导规划能力的人参与到乡村振兴中。有了专业的培训和领导,加上农村群众的积极参与,无论是村嫂志愿服务阵地还是乡村振兴,都将得到发展。

村嫂志愿者从事维护环境、维持交通、助老扶贫等工作,工作辛苦但不求回报,她们的行动很好地在乡村中弘扬了奉献精神和志愿者精神。乡村振兴需要营造良好的乡风环境,这些村嫂可以作为优良乡风的传播者,政府应加强宣传,在村中营造良好的乡风文明,在文化层面助力乡村振兴。

(二)城乡融合,建立良性互动

农村较城市来说,发展相对落后,乡村振兴需要城市为其增添一分力量。以村嫂志愿服务阵地来讲,大学生志愿者的到来为村嫂志愿者增添了一股新鲜的活力,也带来不同的经验和方法。我们将问卷中这两个问题"大学生志愿者为村嫂做什么"和"如何吸引更多人加入"的答案进行交叉分析,所得结果如表8。

表8 "大学生志愿者为村嫂做什么"和"如何吸引更多人加入"

大学生志愿者为村嫂做什么	如何吸引更多人加入			
	保持地方服务特色	增加宣传力度	设置奖励机制,给予荣誉和表扬	其他
提供志愿形象方面的培训,如礼仪、形象与魅力训练等	87	119	73	9
提供具体的实践机会,增加参与公共服务的可能	84	100	65	10
扩大宣传面,增加社会关注度	74	85	68	10
吸引更多人加入村嫂志愿服务队	14	12	14	8
其他	1	2	4	4
总计	260	319	220	41

大学生志愿者无论是在为村嫂提供志愿形象方面的培训或是提供具体的实践机会,都要同时增加对村嫂服务阵地的宣传力度。目前人们对村嫂志愿服务阵地的了解程度还是不

够的,这也阻碍了村嫂志愿服务阵地与外界沟通交流经验,向其他地区推广村嫂志愿服务模式。大学生们大多有着丰富的创意,还可以利用便利的互联网和高新技术,在社会上为村嫂志愿阵地宣传推广,提高人们对其的认知度,增加社会各界对村嫂的了解,从而带来新的理念和发展思路。

乡村振兴也需要加强城乡融合,在城乡合作发展的基础上,逐步实现城乡生产要素的合理流动和优化组合,促使生产力在城市和乡村之间合理分布,城乡经济和社会生活紧密结合与协调发展,达到产业兴旺、生活富裕的新要求。

(三)乡村集体互助合作

除了政府与乡村组织之间的互助合作之外,乡村群众也要加强相互之间的合作,维护良好的乡风和仁爱互助的核心价值,要不断发展和壮大集体经济,达到村中群众生活富裕的要求。

从党的十九大报告到中央农村工作会议,以及习近平总书记一系列关于乡村振兴战略的讲话可以发现,迈向新时代的乡村振兴战略,是一个基于新思维、新理念、新思路的伟大战略。

四、总结与反思

本次调查基本达到了预期的效果,团队成员通过问卷调查、访谈、举办活动等形式基本了解到村嫂志愿服务队的发展情况,也了解了乡村志愿服务中存在的问题,并且从中提取经验,加强宣传,助力乡村振兴。

当然在整个过程中也有许多缺陷,受时间的限制,没有去调查其他乡村的村嫂志愿服务阵地或其他乡村的志愿服务形式,得到的信息不够全面;另一方面,在实际调查过程中受到语言方面的限制,未能和村中相关人员进行良好沟通;对村嫂志愿服务模式的一些问题调查和宣传还不够深入,需要后续进行跟进,深入了解,久久为功。

编者按

在城市发展中,志愿服务对城市文明建设起到了助推作用,乡村文明进程中也逐渐探索发展出志愿服务模式。村嫂志愿服务作为一种典型代表,在村风村貌建设、文明宣传等方面扮演了重要角色。该实践小组深入乡村,对村嫂志愿服务的经验进行调研和总结,准备充分,调研形式丰富,其调研成果对新时代乡村文明发展、美丽乡村建设有一定的借鉴作用。

关于杭州市临安区"家风家训"建设的调研报告

公共管理学院　金　硕

摘　要："好家风"建设对推进社会和谐具有重要作用。临安区开展"家风家训"建设多年，在此方面建设成果突出。临安区采取了一系列行之有效的措施来推动"家风家训"建设工作的稳步开展。比如：评选好家风家庭、建设文化礼堂展示好家风好村风等。这对传承与发扬临安区好家风和好家训具有积极的意义。本文通过实地走访临安区六个村庄，从临安区家风家训宣传场馆的现状及临安区各村镇好家风家庭的评选以及此做法对好家风家庭的影响，来分析临安家风家训建设情况，并提出如何进一步推动并推广家风家训建设的可行性建议。

关键词："好家风"家庭　家风传承　精神文明建设

家庭是社会的组成单位，家风影响着个人品格，好家风不仅对个人的成长起着直接作用，在形成良好的社会风尚和构建和谐社会方面更是起着重要的作用。习近平同志早在2015年的春节团拜会上就提出："不论时代发生多大变化，不论生活格局发生多大变化，我们都要重视家庭建设，注重家庭、注重家教、注重家风。"在即将建成全面小康之际，家风家训的建设作为精神文明建设的重要组成部分需要不断完善，因此，对家风家训的建设情况进行调研并提出可行性建议具有重要的意义。

本次调研选择的地点是杭州市临安区，临安区处于东部沿海，经济较为发达，家风建设起步较早，家风建设成果在全国位于前列。同时，全国重点文物保护单位——钱武肃王陵就位于临安，"钱氏家训"是临安区家风家训建设的文化源泉，钱氏家训及钱氏后裔的成就也是好家风、好家训对后代成才具有重要作用的体现。

本次调研的主要内容是临安区家风家训建设情况。通过了解临安区家风家训宣传场馆的现状及临安区各村镇好家风家庭的评选制度与对好家风家庭的影响，来分析临安区家风家训建设情况，并在实地走访中对好家风家庭的家风家训进行了采集和归纳。

本次调研的主要方法是实地调研法和访谈法。通过参观临安区钱王陵、衣锦小学等场馆，交流了解临安区的古今家风家训；通过实地走访泥川村、洪村村、浪口村、金岫村、桂芳村、肇村村等六个村，了解各个村的家风家训建设情况和好家风家庭优良家风。针对调研情况提出完善并推动家风家训建设的可行性意见和建议。

一、临安区家风宣传场馆的现状

(一)传承家风的学校教育——衣锦小学家风德育馆

衣锦小学家风德育馆由家风传家、家训立家、家书传世、家源寻根、家德讲堂、家风传承六个部分构成,收录了从三皇五帝时期,到唐宋元明清,直至近现代名人名家的家风家训。在家书传世这一板块中,既展示了毛泽东、习近平的红色家书,也展示了现今衣锦小学家长所写的包含对子女期望的家书。在家风德育馆的优秀校友墙上展示了各位校友的家风家训,对教育学生传承良好家风家训及成长成才具有积极意义。

通过与场馆负责老师访谈了解到,衣锦小学每年会定期组织学生参观家风德育馆,在场馆中开展传承优良家风家训的学习,场馆中的电子设备可以满足学生自主参观的需要。此外衣锦小学还会举行传承家风家训的主题演讲、写一封家书等家风家训传承活动来开展家风家训教育。

(二)传承家风的基地教育——钱王陵

钱王陵是唐末五代吴越王钱镠的陵墓,是浙江省唯一保存完好的帝王陵墓,是全国重点文物保护单位、杭州市爱国主义教育基地、杭州市临安区"红色之旅"景点。钱王陵展示了钱王生平、钱氏家训、钱氏后裔等。通过与景区工作人员访谈了解到,慕名来钱王陵参观的游人很多,临安区的居民也常常来这里,为了更好地开展旅游服务工作,景区准备了很多钱王陵的宣传手册供游客阅读,内容包括钱王生平事迹、钱王陵的历史、钱氏家训的注释讲解,等等,既方便了游客自主参观,也发扬了历久弥新的钱氏家训。

(三)各级文化礼堂的建设和使用情况

临安区的泥川村、洪村村、浪口村、金岫村、桂芳村、肇村村六个村都建设了文化礼堂。泥川村的文化礼堂设立了显示屏,是村民们每周一起观看影视作品或者开展文娱活动的场所,泥川村另外建设了文化长廊来展示泥川村的家风家训建设成果。浪口村的文化礼堂用来举办村里的各种文化活动,礼堂集中展示了好家风"小天鹅"志愿服务队在村庄治安、文艺表演、扶老助残帮困等方面开展工作的情形。洪村村、金岫村、桂芳村、肇村村的文化礼堂不仅用来展示家风家训,还设立了其他活动室供村民开展文体活动,如洪村村在二楼还设立了村民活动中心、乡风民俗馆、书画创作室等,肇村村设有舞蹈室、图书室等。

图1 调研小组随工作人员参观展室

通过访谈了解到,这些文化礼堂配备的活动室是固定时间开放的,村民可在开放时间内进行活动,有个别活动室如计算机房等,因为是贵重物品,在需要使用时要请管理员开放才可使用。由于村民们务农或者是外出工作,因此在开放时间内文化礼堂的文体活动室日常使用率不高,在文化礼堂外的广场进行球类活动或者广场舞是夜晚村民热衷的活动。

二、好家风家庭走访调研结果

(一)好家风家庭的评选现状

通过访谈调研,了解到泥川村的好家风家庭评选是通过民主投票选出来的,村民们的参与程度很高,举行评选活动的同时也激起了村民们向好家风家庭学习的热情。洪村村的好家风家庭评选是村干部在了解了各户家庭家风情况及邻里之间的互相评价以后进行选拔后产生的。正如村支部书记所言,有好家风的家庭乡里乡亲都看得见,这样的选拔可信度较高。肇村村的好家风家庭是村干部根据家庭的突出事迹直接进行评选产生的。

(二)好家风家庭家训的主要内容

好家训是好家风的载体,家训是对家家户户好家风的提炼。在调研中,走访了六个村庄的近二十户好家风家庭,通过与好家风家庭进行访谈,了解到好家风家庭的家训以及家训背后的故事。对好家风家庭的家训进行整理,大致涵盖以下三个部分。

1. 百善孝为先

肇村村的王乔根家庭,儿子于2014年病逝,女儿远嫁湖南,是孝顺的儿媳妇一直在照顾老两口,王乔根说媳妇像女儿一样孝顺他们,他们对媳妇也像对自己女儿一样。

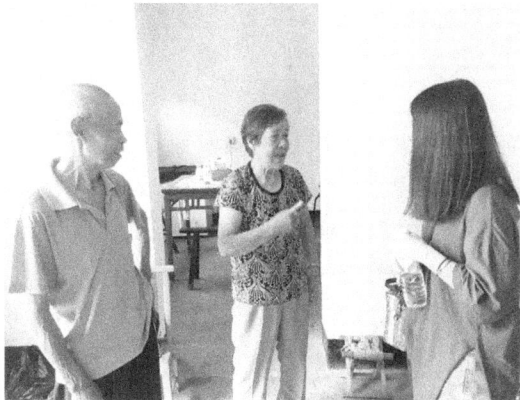

图 2 调研小组成员在与村民交谈

肇村村的陶莲芬家庭是2014年度临安区好家风家庭,公公丁叶根瘫痪十多年,媳妇陶莲芬一直尽心照顾。

2. 家和万事兴

洪村村的徐会珍家庭的家训是家和万事兴,弟媳徐会珍嫁入夫家后一直照顾丈夫瘫痪的哥哥,二十年无怨无悔,现在徐会珍的儿子也会照顾大伯。

桂芳村的老支书孙中明不仅注重家庭和睦、邻里和谐,在工作上也注重领导班子的团结。

3. 村干部发扬家风推动工作

洪村村李明星家庭 2014 年被评为临安区市级和镇级好家风家庭,李明星家庭的家训是"廉洁奉公、勤政为民、两袖清风、浩气长存"。李明星担任村主任二十多年,工作兢兢业业,村里的大小事务,甚至是修水管这样的小事他也会亲自去做,在村民中拥有很高的声望,现在他的三个儿子都是政府部门工作人员,传承和发扬了这一家训。

肇村村的徐荣华担任村主要领导 14 年,他将自己"和谐、团结、勤劳、务实"的家训带到工作中,通过办纤经企业带领村民以勤致富,在临安区"三改一拆"工作中带头拆除违禁厂房,作风务实。

浪口村的妇女主任、老党员单三英的家训是"邻里和谐、敬老爱亲、爱护环境、热心公益",在精品村建设期间,单三英首先提议由村里的女性党员负责绿道清洁工作、无偿服务,这一提议得到了村民的普遍支持,大家纷纷为精品村建设做出贡献。

家训内容大部分以家庭为中心,传承了中华传统文化的孝顺、以和为贵的文化内涵,也包括对家庭成员道德品质上的激励,如诚信、勤奋、团结,等等。通过走访,发现家风家训在凝聚家庭、和睦邻里、推动个人发展等方面都有着巨大作用。

(三)对好家风家庭的激励措施

每一户好家风家庭都会获得好家风家庭证书和家训牌匾作为鼓励。通过访谈,我们了解到泥川村对好家风家庭的激励力度是比较大的,据泥川村文化员介绍,村干部会对好家风家庭的子女在就业方面提供一些帮助,同时好家风家庭在贷款方面也有优惠。其他村子大多以证书和家训牌匾及一些奖品作为鼓励。此外,临安区对区级好家风家庭也有奖励,如肇村村陶莲芬家庭获得 2014 年度临安区好家风家庭,获得了市级奖杯和 800 元奖金。

三、结论与建议

调研访谈结果显示临安区的家风家训建设确实成果显著。在学校教育方面,衣锦小学家风德育馆从小学开始重视家风家训,为后续的家风家训教育与传承奠定了基础。在社会教育方面,钱王陵既是文化景区也是家风家训的课堂,钱氏家训从这里不断向外传播;各级文化礼堂的建立也为各个村镇发扬好家风、弘扬正能量提供了场所。在好家风家庭的评选上也选择了公正、公平、公开的方式,并对好家风家庭进行鼓励和帮助。但是,也存在着文化礼堂利用率不高,以及随着村工作重心的转移,对家风家训建设的重视程度有所减轻的现象。

(一)挖掘利用传统家风家训资源

钱王陵和钱氏家训是祖辈遗留的巨大财富,理应好好开发和利用。可以通过影视作品讲述钱王故事及钱氏家训,如制作钱王陵旅游宣传片、钱氏家训文化宣传片等,还可以组织中小学生参观钱王陵、学习钱氏家训的内涵。

(二)注重文化教育的作用,加强对好家风家庭的宣传

在社区和村镇对本地区当选的好家风家庭进行充分的事迹展示和宣传,如公开颁奖、宣

传栏展示事迹、推出本年度的好家风家庭手册供居民和村民阅览,还可以举行好家风好家训故事分享活动,请好家风家庭的成员向社区和村镇居民分享自己家庭的故事,加强对好家风家庭的宣传。

(三)与时俱进,丰富弘扬家风家训的活动

除了定期进行的好家风家庭评选,还可以在社区和村镇开展其他与时俱进的活动,如以纪录片的形式记录本年度好家风家庭的事迹,并组织大家观看等。针对村镇文化礼堂使用不充分的现状,可以通过更新文化礼堂的安全设施,比如改成持卡进入,既方便了管理,也可以延长文化礼堂开放时间供村民们自由使用配套的活动室。

▶ 编者按

何谓家风?顾名思义就是一个家族从古至今延续下来的风气,比如诚实、节俭,比如忠厚传家。家风的形成必然是一个家族历史的传承,对于整个社会文明来说举足轻重,因为社会文明本身需要家风的支撑。为了响应习近平总书记"注重家庭、注重家教、注重家风"的号召,在新时代发扬和传承优秀的家风家训,本文作者前往家风家训建设成果突出的临安区展开调研,并通过实地走访临安区六个村庄,在调研过程中队员们了解家风家训建设情况和收集整理各个好家风家庭的优秀家风与家训。根据调研情况提出了如何挖掘利用传统家风家训资源、加强对好家风家庭的宣传和与时俱进、丰富弘扬家风家训的活动等建议。

文化礼堂建设如何走向新高度

——关于浙江省丽水市文化礼堂发展的调研报告

人文与传播学院　詹莉琦

摘　要：以"文化礼堂，精神家园"为主题，浙江建立了一批集娱乐、教育于一体的文化礼堂。文化礼堂不同于原先的农村基础设施，它不仅功能多种多样，而且活动内容健康，对村民具有教化作用。本文从基本情况、遇到的困难以及提出的建议三个方面对文化礼堂进行阐释。在如何使文化礼堂建设走向新高度上，本文也将从实施资源共享，推动共同发展；开发新功能，打造多元式礼堂；发挥带头作用，调动其积极性；发展一人多职，实行网格化管理，有效反映问题五个方面进行论述。

关键词：文化礼堂　资源共享　多元式礼堂　网格化管理

实施乡村振兴战略，是党的十九大做出的重大决策部署，是新时代做好"三农"工作的总抓手，而建设文化礼堂正是其中的重要环节。农村文化礼堂是个集思想道德教育、文体娱乐活动、知识技能普及于一体的农村文化综合体，是开展中国梦教育、实现"精神富有"、打造"精神家园"的重要载体。它的建设有利于丰富村民业余生活，有利于打造精神家园，有利于弘扬新时代的主旋律。不管是以前的大会堂还是如今的文化大礼堂，它们无不彰显着乡村里每一位朴素的村民对知识的热爱，对文化的渴求。

2018年7月9日浙江工商大学人文与传播学院的学生赴丽水进行了为期五天的调研活动。本次活动采取访谈和问卷调查等形式对丽水莲都区、景宁县、龙泉市等地文化书屋和文化礼堂进行实地调查，了解现今丽水各县各乡镇文化书屋和文化礼堂建设历史和使用情况，找出当前文化书屋在建设使用等方面存在的问题，提出繁荣农村文化礼堂与文化书屋的策略，并将上述方法运用到浙江省的其他各市中，充分发挥丽水市文化建设先锋模范作用，促进浙江省文化繁荣与发展。

一、该市文化礼堂的基本情况

(一)"一市覆盖"，文化礼堂遍地开花

丽水市文化礼堂建设从2013年开始，属于全国首创项目。在与景宁县的叶书记进行交谈的过程中，他告知目前该县已建设50座文化礼堂，预计5年内500人以上的村庄实现全覆盖。不管是从无到有还是从大会堂到文化大礼堂，"一村一堂"模式已经基本落实。如今文化礼堂已经成为全村人活动的主要场所，在礼堂内我们不仅能看到舞台、书籍、电脑等，也能看到关于乡村历史、乡村成就的宣传栏。文化礼堂把每颗心汇聚起来并传向四面八方。

(二)"一堂多能",文化礼堂功能多样

文化礼堂在发展中已打破原有的概念,逐渐向多方位多层次的目标靠拢。在文化礼堂中除了能看到原概念的文化礼堂——主办活动的场所,也能看到老年活动中心、农村书屋、电子阅览室、陈列室等。在老年活动中心,许多老人聚集在一起说着家长里短,偶尔也会下几盘棋。除了提供休闲的场所,老人也能在此处享受免费的午餐。在参观农村书屋的时候,我们能看到书架上的书籍品类众多,有情感类、益智类等,其中大多数的书是捐赠所得,孩子们在此处静静地看书,徜徉在知识的海洋。而陈列室主要是摆放一些村里的标志性物件,比如在参观景宁县梧桐乡的时候我们能在陈列室中看到早些年的屏风、电话机等。文物代表着文化积淀,它见证着一代一代人的成长与发展,对整个村来说有着举足轻重的地位。

(三)丰富生活,文化礼堂成为聚集地

近些年,随着年轻人在外打工,"空巢"老人、留守儿童现象突显,而文化礼堂正好有效解决了这一问题。老年活动中心把老人集中在一起使他们不会孤单地待在家里,有利于他们的身心愉悦。许多小孩由于缺少父母的陪伴,再加上一些外在因素,所以容易输在"起跑线"上。而农村书屋能提供一方天地,让孩子拓展视野,学习知识。除此之外,文化礼堂定期会举行大型活动,让老人小孩享受文化、艺术的熏陶。

(四)星级评定,文化礼堂成为重头地

自2013年浙江下发文化礼堂建设的文件,星级评定机制也在不断落实。每个村的文化礼堂将根据一年来的使用情况等被进行评级,评级由一星到五星,获得五星的文化礼堂会成为示范点,这对于村庄是一种荣誉,而且还能获得更多的项目资金扶持。因此我们能看到每个村子都把建设文化礼堂放在重要位置,争取成为示范礼堂。

(五)内容健康,文化礼堂成为宣传地

文化礼堂多用于召开村民大会、举办报告会、开展表彰活动、进行文艺活动等。它也用于中小规模的政策宣讲、主题教育、知识学习、技能培训。它与远程教育接轨,经常性播放一些与新农村建设密切相关的生产经营专题片。这些活动内容健康符合新时代的主旋律,有利于在乡村中形成好的社会风尚,对于村民的思想引导也有积极的意义。

二、该市文化礼堂发展遇到的困难

(一)投入与产出的失衡

在一些不足500人或没有像大会堂那样有原型的村庄新建一座文化礼堂需要的成本高达百万元,而真正受益的人可能只有不到10个人,投入与产出严重失衡。以丽水市景宁县为例,景宁县的各乡截至目前已建成50座文化礼堂,但接下来许多村庄总人数不足500人,如果强行建一座文化礼堂,受益的人只能是这几百个人,并不能有效地利用资源。除此之外,不同的村有不同的情况。有些村庄文化礼堂建设得很好,然而当它们的投入一样的时

候,发展好的村庄会出现资金不足以支持发展的情况,而发展不好的村庄会出现资金闲置的情况,这样会导致投入影响产出,不利于各个文化礼堂的健康发展。

(二)老百姓参与度不高

文化礼堂每年都会举办各种活动,国家也会开展春泥计划,让各类艺术团下乡进行表演。但每逢表演之际,礼堂内出现座无虚席的场面极少,只有在像春节这样大的节日里才会出现。通过与村民的交谈,我们发现有三点原因,其一是宣传力度不到位。活动的发布大多以文字的形式张贴在门外,由于村子比较大,远离文化礼堂的人家很难知道此项活动。其二是活动内容重复,无新意。大多数的活动以歌舞、唱戏为主,而村民会因为每年都看而产生厌烦心理。其三是活动范围小。有些村子的文化礼堂内部活动空间小,桌椅的数量无法提供村民足够的位子,导致老百姓只能站在一旁看节目。要解决老百姓参与度不高这个问题,这些因素亟待注意。

(三)后期管理问题严重

每个文化礼堂都有管理章程,都会落实岗位责任制。例如文化礼堂的桌椅、电脑、投影仪、照相机、摄像机、乐器、音响、报刊图书等设备,由财务进行登记造册,建立专人专档,再派一管理员实行每日签到制度,不迟到,不早退,不擅自脱离工作岗位,另有专职文化管理员,同时有兼职文化管理员辅助。职责细分,落到实处。但这样也出现了一个问题,当文化礼堂不办活动空闲的时候就会出现每个职工分配到的任务急剧减少的现象,那么职工的作用就不能充分发挥出来。这些劳动力该如何更好地体现价值值得我们思考。

三、该市文化礼堂如何走向新高度

(一)实施资源共享,推动共同发展

文化礼堂可以通过资源共享的方式使各村受益。其一利用项目资金融合使资金分配更加合理。当每个村的投入一样时,投入会极大地影响产出,资金融合后再分配,有利于每村自己文化礼堂的发展。其二利用设施、人员共享,提高文化礼堂的利用率,让每个人都受益此项目带来的成果。例如该村的文化礼堂活动空间大,环境好,那么在隆重的节日时就可以邀请其他村的村民来此一起欢度节日,其他村的工作人员在该村繁忙的时候也可过来帮忙,让活动办得更好。

(二)开发新功能,打造多元式礼堂

如今的文化礼堂局限于农村书屋、舞台、老年活动中心,没有对形式进行创新,注入二次生命。云和县上城门贵溪村文化礼堂内的烘焙屋启发了我们。除了基本的文化活动,也可以尝试着往更多的方面发展,不仅仅是烘焙体验,健身广场、声乐舞蹈培训班也可以开设。我们应该致力于打造多元化多方面的文化礼堂,培养孩子的兴趣爱好,同时也要因地制宜,依据本村的特点开展活动。例如景宁县的打鼓戏比较有名,就可以培养孩子这方面的兴趣,把村里的文化带出去搬到全国的舞台上进行展示。

(三)发挥带头作用,调动其积极性

老百姓参与热情不高一直是文化礼堂建设过程中的一大突出问题。这时我们应该关注一个事实,基本上每家每户在村里都有少说一两个多则七八个的亲戚,利用亲戚的关系能帮助我们达到预想的效果。当有一家人知道了这个活动,我们可以引导他们把亲戚一起叫上共同去观看节目,参与度会大大提升。毕竟农村与城市不同,城市的建房方式导致对门互不识的尴尬局面,但村里最看重的是走家串门。

(四)推行一人多职,避免尸位素餐

为了避免文化礼堂空闲,我认为可以推行"一人多职"的方式。"一人多职"指一位员工担任本村的多个职位且多个职位具有共同特点,即工作性质具有一致性,这可以减少员工的压力,也可以发挥职员的社会价值。这样的做法有利于更好落实每个职员的职责,防止出现光吃饭不干事的情况。

(五)实行网格化管理,有效反映问题

习近平总书记强调改革要坚持以人民为中心,实行扁平化和网格化管理,最大限度方便群众、服务群众。文化礼堂也可以实行网格化管理,进行网格划分把某些村分在一起,并同时设立网格员进行管理。最多跑一次,最多反映一次体现了方便群众的思想,而文化礼堂网格化管理大同小异,也方便了群众对文化礼堂建设的反馈,有利于促进文化礼堂建设走向新高度,同时也让村民享受到成果,并且对推进乡村振兴也有巨大作用。

文化礼堂建设工作任重而道远,需要我们及时总结,积极宣传,进一步扩大工作辐射面,增强工作吸引力,加强平等互动的双向交流,营造良好的文化氛围。今后我们需要积极调动各方的积极性,为文化礼堂走向新高度做出贡献。

▶ 编者按

该调研小组通过实地走访乡村文化礼堂,以丽水市为例,深入了解文化礼堂建设基本情况和困境,并提出文化礼堂进一步发展的对策。作为乡村文化振兴的重要载体,文化礼堂在浙江各个乡镇广泛推行,推动当地的文化重构和与时俱进。

少数民族乡村的振兴之路探索

——基于丽水市景宁畲族自治县的调研报告

财务与会计学院　戴　月

摘　要：调研团队以景宁畲族自治县2个镇多个村庄为调查对象，通过问卷调查、实地走访等调查方法，切身探访少数民族乡村振兴榜样村落，从经济、社会、文化三方面观察，梳理总结少数民族乡村振兴的景宁模式和部分成果，为助力少数民族乡村振兴提供一定的借鉴经验。

关键词：乡村振兴　畲族　景宁　少数民族

一、调研背景

党的十九大报告指出："农业农村农民问题是关系国计民生的根本性问题，必须始终把解决好'三农'问题作为全党工作重中之重。要坚持农业农村优先发展，按照产业兴旺、生态宜居、乡风文明、治理有效、生活富裕的总要求，建立健全城乡融合发展体制机制和政策体系，加快推进农业农村现代化。"报告提出了"产业兴旺、生态宜居、乡风文明、治理有效、生活富裕"，用20个字系统概括了新时代农业农村发展总要求。浙江作为"绿水青山就是金山银山"这一重要论断的发源地，在乡村振兴发展中形成了独特的浙江特色。

丽水被誉为"浙江绿谷"，山多，风景秀丽，2006年，时任浙江省委书记的习近平到丽水调研，提出了"绿水青山就是金山银山，对丽水来说尤为如此"的重要论断，并叮嘱丽水"守住了这方净土，就守住了'金饭碗'"。景宁县是全国唯一一个畲族少数民族自治县，也是浙江省最有特点的县区之一，拥有代代相传、弥足珍贵的畲族风俗文化。在乡村振兴战略的背景下，景宁依托自身地理位置、自然环境、文化背景优势，探索了少数民族地区的振兴发展之路，并凭借畲族歌舞入选2018—2020年度"中国民间文化艺术之乡"名单。

为更好地了解和概括总结景宁少数民族乡村振兴之路，调研小组走进景宁，实地走访了两个镇四个乡村，从民生民情、乡风文明到生态宜居，以政治、经济、文化三方面为主要脉络，提炼总结少数民族乡村的振兴之路，并通过宣讲和宣传片投放为其他畲族村落提供样板，助力乡村振兴。

二、调研设计

调研小组以景宁乡村的现状与发展为主线，运用采访笔录、实地观察、问卷调查等方法，实地探访鹤溪镇、东坑镇、东弄村、马坑村、桃源村、大漈乡等地，获取当地真实的发展现状。探讨在景宁乡村振兴之路探索中的路径和潜在可能性。

（一）调研方法

1. 实地观察

调研小组前往景宁县实地观察调研乡村产业、景区发展、家风祠堂等。

2. 面对面访谈

根据前期实地观察调研地实际情况，小组制定详细的采访提纲，从三个不同的角度了解少数民族聚居的村镇文化发展现状和前景规划。一是村镇干部，小组联络了鹤溪镇、东坑镇、东弄村、马坑村、桃源村、大漈乡等地的村支书及干部进行面对面访谈。二是畲族文化及手艺的传承人，从传承人的角度深入了解文化传承的现状及迫切问题所在。三是当地居民，小组随机采访了当地居民，从民众口中了解他们对当地乡村振兴工作和成果的看法和评价。

3. 问卷调查法

问卷调查涵盖范围广，效率高。调查对象是鹤溪镇的村民。采用随机抽样的方法展开调查，现场回收，同时对个别村民进行采访。最后收集全部的问卷数据进行数据分析。

（二）调研行程

表1　调研小组调研行程表

日　期	地　点	具体活动
第一天	鹤溪镇	发放及回收问卷
		参观畲族博物馆
		采访文化局负责人
		交涉"畲乡印象"宣传会相关事宜
		整理问卷/审核纪录片/新闻稿（整理采访）
第二天	鹤溪镇	探访惠明茶行业协会、专卖店
		访问人民艺术家（酒、银饰）
		拜访慰问退伍老兵
		和村妇联一起组织观看《家庭教育圆桌会》
		整理问卷/审核纪录片/新闻稿（整理采访）
第三天	鹤溪镇	参观烈士陵园
		社区爱国主义宣讲活动
		举办"畲乡印象"宣传会
		整理问卷/审核纪录片/新闻稿（整理采访）
第四天	马坑村	参观文化长廊
		走进当地人家，采访当地老人
		征集家风家训，采访游客感受
		整理问卷/审核纪录片/新闻稿（整理采访）
第五天	桃源村	采访、考察"碧水映村"项目
		整理相关资料

三、调研结果

(一)经济

景宁拥有得天独厚的地貌格局和自然条件,"九山半水半分田"和"两山夹一水,众壑闹飞流",山水资源充分,基于自身特色,景宁始终在探索适宜的产业发展路径,其间我们探访了大漈乡、桃源村,了解当地的产业经济发展情况。

大漈乡依托"绿水青山",发展美丽经济,形成高山冷水茭白和农家乐民宿两大农民增收的支柱产业,促进第一、三产业的融合发展,使乡民增收添富。靠着美丽经济做起了大文章,让老百姓真正尝到了"绿水青山就是金山银山"的甜头。农家乐和民宿经济也是乡亲们已经发展起来的主要模式,开辟了致富增收新渠道。依托4A级景区,积极促进农旅融合。农家乐、民宿的发展,成就一条适应生态的小康之路。

大漈乡未来的目标是要创立5A级景区,将古民居古民宅纳入景区生态链,发展高端古镇产业,铺开全域旅游格局。而目前尚待解决的问题是交通,改善可进入性,同时也要积极探索延长茭白产业链,提高产品附加值,进行农产品深加工,生产蔬菜脆片等即食食品,打造打响品牌,颠覆传统农产品销售模式,做好品牌推广,在有限的产量里,发挥最大的资源效用。

在"五水共治"的影响下,桃源村将两岸的河堤填平,以沙地为依托,建立了大型的葡萄种植基地。山头的海拔适中,利于阳光照射,加上有场地搭种植棚,山泉资源丰富,灌溉便利,山区较大的昼夜温差更有益于葡萄生长的糖分积累。因当地突出的气候优势,桃源葡萄也小有名气,逐渐发展为桃源村的特色产业。

现在,桃源村正在打造水果沟露营地,通过建立露营区、水果采摘区、天然泳池、戏水区、索桥、主题民宿等,以采摘、戏水和独特的住宿体验为卖点,吸引顾客,形成满足原生态体验和品质度假两大核心需求的度假方式。桃源村的发展历程,可谓有效利用绿水青山与生态红利,旅游带动产业促进农旅融合,真正走出了属于桃源的乡村振兴之路,也是丽水市乡村振兴的典型代表之一。

从大漈乡和桃源村的乡村振兴道路,我们不难得出:产业做大做强的意义,是带动全村、全镇的居民共同富裕。桃源和大漈的乡村振兴道路,有共同点,也有当地独具的特色。两地一方面加强基础设施建设,为企业不断延伸产业链、增加附加值提供基础保障;一方面依托因地制宜、科学生态的标准化作物生产基地和休闲景观建设,为种植户增产增收,带动周边发展乡村旅游,积极推动产业转型升级,值得大多数乡村借鉴。

(二)社会民生

调查显示,经济收入的提升充分提高了村民的幸福感。经过走访及问卷发放,我们了解到,通过当地农业及旅游业的发展,农民的家庭经济收入显著提高,被调研村庄的村民(以下简称村民)年收入提升,留住了很多村民外出务工的脚步,在赚钱养家的同时,也有余力关心家庭。特别是旅游业的发展,也逐步影响了村民的生活方式,在生活水平提升的同时,也有余钱用于休闲消费,幸福感提升。在调查中,关于家庭收入的满意度,绝大多数的村民都表示较为满意。

另一方面,政府多项以人为本、便民利民政策的制定和实施,对村庄文明建设和村民幸福感提升也起到了至关重要的作用。由政府牵头为孤寡老人专设爱心卡和爱心菜园;老人免费乘车早已普及;在政府的支持和帮助下,村中的公共空间和活动设施也逐步完善,文化礼堂、停车场、凉亭等随处可见,在鹤溪镇小河边的凉亭里,许多老人愉快地聚在一起打牌闲聊,这种悠闲的生活已经成为村里老人生活常态。

(三)文化

1. 畲族文化

畲族文化是景宁特色之一,也是景宁乡村振兴之路上区别于其他乡村的突破点,在社会民生、经济转型方面的发展具有可复制性,但畲族文化则为景宁乡村振兴注入了文化的灵魂。景宁作为全国唯一一个畲族少数民族自治县,其珍贵的文化瑰宝也是乡村文明振兴的重点。

经过深入访谈和学习,调研组了解了当地的畲族文化和风俗,在纷繁瑰丽的文化中,有两方面的发展和传承引起了我们的关注:山歌传语和婚俗仪式。

通过探访畲族非物质文化遗产传承人得知,畲语的传承绝大部分是依靠世代的口头相传,只有语言,没有文字,山歌便成为畲语传承的重要途径。我们了解到畲族人以山歌为语言,以歌诉情。然而,没有文字的支撑,畲语传承之路面临许多的挑战和困难,这时候山歌的重要性尤为突出。山歌形式为畲语增添了趣味性,使得年轻一辈有兴趣去学习语言,寓教于乐。为了更好地传承畲语,景宁开创畲族山歌进课堂的方式,进一步加强年青一代对其的感知,更好地学习畲语,效果颇丰。

另一方面,畲族婚俗作为极具民族特色的仪式,是畲族文化重要的载体,并于2014年经国务院批准列入第四批国家级非物质文化遗产代表性项目名录。传统婚俗中的盘歌定亲、刁难"亲家伯"、新郎唱席、"考赤郎"等形式,在现代也有部分沿袭。但在时代潮流中,旧俗传承也面临障碍,而畲族人也在寻求与时代交流的途径,畲族婚俗通过简化和现代婚礼仪式相结合,形成既具民族特色又不落俗套的婚庆礼仪。在文化传承的过程中,非遗传承人起到了推动作用。

新时代年轻人在现实生活与文化传承之间,并不是矛盾冲突的。据了解,现在的年青一代对于畲族文化其实也是持积极的态度并愿意积极参与其中。通过对景宁少数民族文明传承现状的探访,不难看出,前景是广阔而光明的,政府的大力支持、传承人的努力付出、乡民的积极参与,等等,都使得山歌婚俗等文化在乡间传递,乡间洋溢的山歌、别具一格的婚俗都能体现畲族人对美好生活的向往,并且其以开办培训班、工作室来保护和传承珍贵文化遗产的行为也为其他地区提供了很大的借鉴作用。越是珍贵的传统民俗文化,越需要我们好好地梳理其脉络,用科学的方法去挖掘与传扬。

2. 家风乡风

除了传统的畲族文化之外,家风乡风建设也在景宁文明创建中起着重要的作用。景宁大漈人重视教育,梅氏家族历来重视耕读风尚,家中子弟读书的风气很浓。从宋朝起,梅家曾出过数十名进士和举人,因而直到现在乡民们仍保留着良好的文化学习氛围。梅家祠堂深刻演绎了梅家宗祠崇学尚儒的大孝如山,从梅氏宗祠的建设中流传至今的"木马择匠"正是中国招标文化的起源,因这个典故,吸引了诸多单位及政府人员到此学习,践行"廉政文化"。

习近平总书记要求把家风建设摆在重要位置。而作为"廉政文化教育基地",大漈乡不断丰富旅游业态,投入大量资金,打造廉政文化教学点的"清风教育专线"。完善廉政电影博物馆的功能,展出不同时期的廉政文化内容,让培训人员身临其境地感受廉政文化;梅氏家风馆以大漈梅姓为主脉络,展演梅氏家族耕读传家、廉洁清风的家风故事;"清风园"以农事体验、廉政警示教育为主,以廉旅融合铺开了全域旅游发展的新模式,助推农民"三产"增收。大漈以优秀的廉政文化系列建设为国内其他乡村提供乡村文化振兴之路的范式。

基于传统民族文化的文明创建为少数民族乡村的振兴之路提供了选择,在探索丽水景宁少数民族自治县乡村振兴的过程中,景宁依托自身自然资源优势,加快经济结构转型,有了一定的经济基础后,当地政府和村委会大力创建文明村庄,社会民生愈加和谐、公平,传统民族文化也越来越繁荣。在传承传统文化的过程中,景宁积极探索与时代相契合的发展方式,因地制宜,绿色发展,这也是目前许多乡村正在探索的方式。而作为其特有的属性——少数民族乡村,景宁的乡村振兴之路为其他乡村发展提供了一定的借鉴作用。

编者按

"绿水青山就是金山银山"在浙江的生动实践,让许多乡村转换了面貌,在山多、自然资源丰富的丽水乡村中,成功的案例也不为少数。调研团队紧抓景宁少数民族自治县的特征,开展乡村振兴和文化文明传承的调研,通过实地走访观察,了解了景宁模式的发展之路,为许多乡村提供了一定的借鉴作用。

乡土文化的传承与传授

——以田洋陈村暑期乐园乡土教材实践调研为例

财务与会计学院　黄施施

摘　要：有些青少年对成长地的历史、地理等知识的认识很少，除了家长的言传身教之外，没有其他的途径去了解这方面的知识，而本地的文化对于青少年来说，有重要意义，除了能培养他们自身对故土的热爱之外，还能让他们增长一份除了传统教育意义上的课本以外的知识并向下一代传授，所以乡土文化的教育迫在眉睫。而本次青藤支教服务队暑期社会实践的支教活动中开设的乡土课程以及对当地的乡土教材调研正好与乡土文化息息相关。本文论述了该次乡土教材调研的相关结果以及对今后乡土课程开设和乡土文化保护的一些意见。

关键词：支教　乡土教材调研　乡土课程　乡土文化

一、引言

乡土教育是不同于传统意义上的教育。乡土教育的历史颇为久远，早在 18 世纪，法国思想家 J.－J. 卢梭和瑞士教育家 J.H. 裴斯泰洛齐就曾主张教给儿童乡土地理知识。但乡土教育并不局限于当地的地理知识，还可扩展到历史、风俗甚至是传统文化、风味小吃等。然而，现如今的教育形式让乡土教育的处境非常的不乐观，不仅仅是学生的兴趣问题，最大的问题在于没有一本专门的乡土教材和专业的教育课程来教授学生们专业的乡土知识，来给予学生一个对乡土的总体认识与把握，而这正是值得我们去探索的。

二、调查背景

(一)田洋陈村乡土教材撰写的可行性

2014 年，在天台县政府的带动下，全县陆续开展传家风、诵家训、写家训、唱家歌等主题活动。2015 年 11 月 10 日，田洋陈村建成全市首家家风家训教育基地——天台山家风家训馆。不仅如此，在田洋陈村这样一个小小的村落，家风家训的标语也是随处可见。而家风家训就是属于田洋陈村比较独特的本地文化，这也是在田洋陈村，甚至是天台的少年们应该去学习并且主动传承的。同时在田洋陈村的附近还有国清寺等名胜古迹，这也为田洋陈村乡土教材的撰写提供了极大的可行性。

(二)调查对象背景

天台县田洋陈村为此次调查的地点，暑期乐园的孩子及其家长、当地的老人为此次调查的对象,其中暑期乐园的孩子们为此次调查的主要对象。本次暑期乐园的学生为150人,除幼儿园和一年级的学生之外,开课前收集的有效问卷数为91张,42.9%的男生和57.1%的女生。其中,二到四年级的学生对乡土了解其少,了解意愿较低,占40.7%;五到八年级的学生对乡土文化有一定的了解,而且了解意愿较高,占59.3%。

三、目前暑期乐园对于乡土课程的需求现状

(一)学生开课前后的对比分析

表1为开课前的问卷分析,表2为开课后的问卷分析。在孩子们被问及是否喜欢上乡土课程时,大部分的学生都是喜欢的,但是天生活泼爱动的孩子面对有些枯燥的乡土课程时,即使是再有兴趣也难免在上课时听不下去,所以乡土课程的内容与上课形式显得尤为重要。在给孩子们发的问卷中正好有一道对乡土课程课堂现状提出改进意见的题,不少孩子跟老师们想的是一样的,将枯燥的内容与有趣的游戏相结合或是上课时多放一些通俗易懂的视频。但是总的来说,孩子们对于"乡土"这门不同于语文、数学、英语的课程还是保持着一定的兴趣的,而这也为乡土课程的引进奠定了极好的基础。同时乡土课程对于孩子们来说是一个极为陌生的词汇,不存在刻板印象,这也使乡土课程的开设有了一个良好的开头。

表1 学生开课前后对比分析表

知道什么是乡土课程吗	知道	36　0.396 2—4:10　0.278 4男6女　0.4　0.6 5—8:26　0.766 7男19女　0.296　0.731	• 乡土课程是讲爱国的故事 • 乡土课程是让我们了解当地特色、风俗的课程 • 比如习俗、有名的人 • 爱国和治家 • 乡土课程就是乡土、乡风、乡情
	不知道	55　0.604 2—4:27　0.491 13男14女　0.481　0.519 5—8:28　0.509 15男13女　0.536　0.464	

1. 暑期乐园的同学们对"乡土课程"始终保持好奇,充满兴趣

表2 学生对所开课程的感兴趣程度分析表

	A.特别喜欢	B.喜欢	C.一般	D.不喜欢
你喜欢老师教你们关于乡土教材的课吗	21　0.2 2—4:9 0.429 5男4女 0.556　0.444 5—8:12 0.571 5男7女 0.167 0.583	42　0.42 2—4:15 0.537 5男10女 0.333　0.667 5—8:27 0.624 14男13女 0.519　0.481	28　0.28 2—4:13 0.464 10男3女 0.769　0.231 5—8:15 0.536 6男9女 0.4　0.6	8　0.08 2—4:2 0.25 2男1女 5—8:6 0.75 5男1女 0.833　0.167

2．乡土课程的内容选择易与社会主义核心价值观相结合

在给孩子的问卷中，我们将内容的设置与社会主义核心价值观相结合，而这些内容也受到了孩子极大的欢迎，其中选择爱国篇和诚信篇的人数是最多的，同时在其他类型的内容的选择上，风味美食也有极高的人气。这一系列类型的问题，为我们开发乡土课程和相关内容的设置上提供了极大的参考意义，对提高当地孩子的乡土文化修养也有非常大的帮助。我们相信只有孩子们感兴趣，学起来才会开心，所以课程内容的设置尤为重要。

表3 学生对所开课程的章节兴趣不同的分析表

对哪个章节比较有兴趣（多选）	A. 爱国篇	B. 治家篇	C. 修身篇	D. 诚信篇
	62 0.62 2—4:25 0.403 14男11女 0.56 0.44 5—8:37 0.597 19男18女 0.514 0.486	31 0.31 2—4:10 0.323 7男3女 0.7 0.3 5—8:21 0.677 12男9女 0.571 0.429	18 0.18 2—4:7 0.389 5男2女 0.714 0.286 5—8:11 0.611 8男3女 0.727 0.272	48 0.48 2—4:15 0.313 10男5女 0.667 0.333 5—8:33 0.687 17男16女 0.515 0.486
	E. 孝顺篇	F. 好学篇	G. 和睦篇	H. 敬业篇
	44 0.44 2—4:11 0.25 6男5女 0.545 0.454 5—8:33 0.75 11男22女 0.333 0.667	41 0.41 2—4:13 0.317 5男8女 0.385 0.615 5—8:28 0.439 11男17女 0.393 0.607	28 0.28 2—4:7 0.25 3男4女 0.429 0.571 5—8:21 0.75 7男14女 0.333 0.667	23 0.23 2—4:9 0.391 6男3女 0.667 0.333 5—8:14 0.609 7男7女 0.5 0.6

（二）家长方面的分析

1．家长十分赞成开设乡土课程，传授本地文化

即使当今面临巨大的教育竞争压力，家长们仍然认为乡土文化应该受到重视，这样当地的孩子才能不忘本，保持一颗回报故乡的初心，也能够将一些有价值的乡土文化一代代地传递下去。同时家长们也觉得，比起自己平日里的言传身教，在学校开设专业的乡土课程，对促使孩子们理解本地文化、热爱本地文化更为有利。这样就会构成家庭和学校的双重"教育"，给予孩子更多的帮助。而且家长对乡土文化的内容的关注也是集中在风味美食、名胜古迹等有趣的事物上，这也就给我们撰写乡土教材的内容提供了极大的帮助。

表4 家长对所开课程赞成程度的分析表

你觉得孩子有必要接受乡土文化教育吗	A. 有必要	B. 没必要
	0.95	0.05

（三）老年人调查分析

1. 老人普遍认为向下一代进行乡土文化教育有极大的意义

超过九成的老人认为乡土教育对下一代有积极作用，并且愿意让下一代接受相关的乡土课程教育，他们觉得除了能增长一些知识之外，还可以提升道德和文化修养，能让后代人知道天台的习俗，并把有意义的东西传承下去，也可以让小孩子们牢记根本、不忘初心。在我们发放问卷的过程中，即使是不识字、没有文化的老人也用方言向我们传达着他们对下一代人传承本地文化的渴望，而我们应该做的就是探索出一种良好的、简便的但又是最有效的乡土文化的传授之道。

表 5　老人对所开课程肯定程度的分析表

	A. 是	B. 否	能让后代知道天台的习俗与乡土文化，把有意义的东西传承下去
您认为进行乡土文化教育对下一代是否有积极意义？有哪些积极意义			使下一代对乡土文化更了解、更喜爱传播乡土文化
	91.3%	8.7%	提升道德和文化修养
			可以促进小孩子多读书，把书读好，更着重看书
			不忘本，以后可以继承传播本地文化

四、总结

（一）问题总结

"乡土文化"在推崇时尚潮流的今天被很多人忽视甚至是抛弃，很多从村子里走出去的人竭力想摆脱"本地""乡土"，越来越多的人不知当地的传统、风俗、古老建筑、名胜风景，每当孩子问起"这些是什么"的时候，他们只能尴尬一笑，却无从答起。这值得我们去反思，为什么当今的孩子精通英文、上知天文、下知地理，却在远方的朋友来到自己这里玩时，不知如何向他们介绍自己的家乡？除了家长自身的问题外，学校的教育也存在着某些偏差。

教育是为了"立德树人"，教育也不能让孩子们忘了自己的"根本"，忘了自己所生所长的故乡的东西。除了考试要用的知识，应该留一点时间和精力去学习一下"故乡的知识"。

而正是由于这些问题的存在，乡土课程的开设以及合适的乡土课程的研发才显得尤为重要。

（二）建议

1. 家长重拾乡土知识，并在日常生活中潜移默化地影响孩子

家长在孩子的成长过程中扮演着极其重要的角色，首先就是榜样的角色。孩子们以父母为榜样，以父母的行为和思考为自己行动的模板，父母亲本身对天台较为了解，通过日常的相处能给予孩子更多、更有用的本土知识，但家庭教育所传授的应是比较基本的乡土知识。

2. 学校应开设相关乡土课程

不同的地区有不同的乡土文化，而这些乡土文化的独特性使得乡土课程在枯燥之余更具趣味性，同时一些比较专业的乡土知识如名胜古迹、地理风俗等应通过课堂这样一个专业的平台来传授给孩子们。枯燥的课堂难免乏味，这时就需要乡土小游戏和小视频来增加一些综合趣味，使得同学们在玩耍中也能学到更多的知识。

3. 相关政府部门应出台乡土文化保护政策

"乡土文化"本身就是一个随着时间的推移而逐渐消失的人类精神文明，所以我们需要学习，更需要懂得去保护这些珍贵的精神文化宝藏。除了民间自主发动的保护和人们日常的保护之外，有关的政府部门也应该重视这方面的保护，成立相关的乡土文化保护部门，落实到各个乡镇、村落，并且推出相关的乡土文化保护政策和法律法规，给保护者更多的鼓励，给予破坏者以严厉的惩罚，使得乡土文化能够更好地被保护下来，从而更好地被学习、被发扬！

▎▶ 编者按

习近平总书记为乡村振兴战略指明了五个具体路径：推动乡村产业振兴、乡村人才振兴、乡村文化振兴、乡村生态振兴和乡村组织振兴。毫无疑问，乡土教育是乡村文化振兴的重要内容。我们希望乡村在发展经济的同时能够守护住自己的特色、自己的文化。黄施施等同学开展实地调研，既了解到当地学生、家长和老年人对开展乡土教育的积极态度，又对现在的乡土教育课程内容及形式进行了反思，为发展乡土教育提出了切实可行的意见。浙江工商大学学子当如此：积极响应习近平总书记号召，助力乡村振兴！